Miedo

Miedo

Viaje por un mundo que se resiste
a ser gobernado por el odio

PATRICIA SIMÓN

Papel certificado por el Forest Stewardship Council®

Primera edición: enero de 2022
Segunda reimpresión: diciembre de 2025

© 2022, Patricia Simón Carrasco
© 2022, Penguin Random House Grupo Editorial, S.A.U.
Travessera de Gràcia, 47-49. 08021 Barcelona

Penguin Random House Grupo Editorial apoya la protección de la propiedad intelectual. La propiedad intelectual estimula la creatividad, defiende la diversidad en el ámbito de las ideas y el conocimiento, promueve la libre expresión y favorece una cultura viva. Gracias por comprar una edición autorizada de este libro y por respetar las leyes de propiedad intelectual al no reproducir ni distribuir ninguna parte de esta obra por ningún medio sin permiso. Al hacerlo está respaldando a los autores y permitiendo que PRHGE continúe publicando libros para todos los lectores. Ninguna parte de este libro puede ser utilizada o reproducida con el propósito de entrenar tecnologías o sistemas de inteligencia artificial. PRHGE se reserva expresamente la reproducción, la extracción y el uso de esta obra y de cualquiera de sus elementos para fines de minería de textos y datos y el uso a medios de lectura mecánica u otros medios que resulten adecuados (art. 67.3 del Real Decreto Ley 24/2021). Diríjase a CEDRO (Centro Español de Derechos Reprográficos, http://www.cedro.org) si necesita reproducir algún fragmento de esta obra. En caso de necesidad, contacte con: seguridadproductos@penguinrandomhouse.com

Printed in Spain — Impreso en España

ISBN: 978-84-18619-06-9
Depósito legal: B-17.619-2021

Compuesto en Pleca Digital, S. L. U.
Impreso en Vadear Digital, S. L.
Medina del Campo (Valladolid)

C 61906 A

A papá
A mamá
Gracias por quererme libre

Índice

Prólogo, *de Bob Pop* 13
Nota para la lectora, para el lector 17
Introducción 19

1. Miedo a los otros 29
2. Miedo a la pobreza 83
3. Miedo a la soledad 153
4. Miedo a la muerte 211

A mi niña la crie como se crían los sueños.

            Miren Agur Meabe

La soledad del filósofo, el aislamiento del científico y del artista, la imparcialidad del historiador y del juez, y la independencia del buscador de hechos, el testigo y el reportero.

    Hannah Arendt, Modos de decir la verdad

       Qué vulgar es la satisfacción,
       qué pura la alegría.
       Esto es ser mortal,
       esto es ser eterno.

           Marianne Moore

Prólogo

Hay una canción de Astrud que me encanta, «Miedo a la muerte estilo imperio»:

> *Miedo a la muerte estilo imperio.*
> *Depresiones Biedermeier.*
> *Mal rollo Luis XV, mal rollo.*
> *Y mira lo en serio que me lo tomo.*
> *Y mira el asco que doy,*
> *cómo se me dispara el factor cursi.*
> *Que me quieras, te digo.*

Una canción que es casi tan buena como este libro de Patricia Simón, aunque a ella nunca se le dispare el factor cursi. La queremos igual; la queremos más, incluso. Porque Patricia nos habla de miedos reales e imaginarios sin imaginar ninguno. Porque este miedo de Patricia está escrito a partir de narraciones y certezas de quienes tenemos razones más que de sobra para temer. Patricia escucha, piensa, escribe, no juzga, piensa otra vez y acaba elaborando un relato a través de voces que sobre el papel no tiemblan. Otra cosa es lo que hagan nuestras manos mientras sostenemos el libro y lo leemos. Porque a veces el temblor es inevitable:

> Somos una sociedad traumatizada y embrutecida por la crueldad sistémica a la que hemos sido expuestos durante los últimos años.

> Somos lo que pensamos porque nadie resiste hacer permanentemente lo contrario de lo que piensa; porque hacemos aquello que creemos posible y, en la mayoría de las ocasiones, las ideas que nos dictan el siguiente paso que dar son las transitadas un millón de veces; porque activar la imaginación y mantenerla encendida requiere que alguien alguna vez te haya mostrado que las cosas se pueden hacer de muchas maneras y que crear es cosa de todos los humanos, no solo de artistas.

Aunque las manos de Patricia, cuando escriben, también nos confortan:

> Ser periodista es mi forma de luchar contra la impotencia, narrar me regala el espejismo de sentir que puedo hacer algo con todo lo que nos pasa, aunque sea clasificar, disponer en cajas ordenadas, todo lo que no nos debería pasar. Un catálogo que quemar.

Y mueven a un pensamiento posible, que es al que suelen conducir los buenos libros como el suyo. Porque el de Patricia es un mapa trazado con intención que recorre los lugares donde la autora fue en busca de la verdad para acabar convirtiéndose en el territorio mismo, en el territorio de los miedos que nos unen, nos paralizan y también nos mueven, queramos o no:

> Al final, un momento histórico se define por lo que decidimos ver y lo que decidimos ignorar: los líderes políticos, los medios de comunicación, la ficción, el arte... definen nuestra forma de interpretar el mundo a través de dónde fijan la mirada y desde qué plano.

Este libro habla del miedo y por lo tanto de nosotras, de nosotros, de nosotres. Y de cómo ellos utilizan nuestros temores para hacerlo todo peor, más difícil, más feo y más cruel:

> Pero para sentir miedo y odio por el pobre hay que hacerle responsable de su situación, en lugar de ser el resultado de un sistema

económico, el neoliberal, que necesita agigantar perpetuamente la desigualdad para ser exitoso. Y ese es el trabajo que están haciendo desde hace tres décadas la derecha más escorada y la extrema derecha: embrollar el debate público para que se olvide que la economía y el mercado no son fenómenos naturales, sino que siguen una lógica que provoca el empobrecimiento de una mayoría en pos del enriquecimiento de una minoría. Esto desmiente uno de los pilares en los que se ha sustentado el sistema democrático liberal en las últimas décadas, la meritocracia.

Ese libro que estás a punto de empezar a leer es, sobre todo, un antídoto contra el cinismo:

> El cinismo tiene una gran capacidad de expansión porque, al practicarse, se hace pedagogía de la indecencia y porque su objetivo es desterrar la idea y el horizonte del bien como virtud a la que aspirar.

Y una forma de entender que no es cierto que el miedo sea libre; el miedo ya tiene dueños, los mismos que poseen muchas de las cosas importantes, las mismas que deberían ser comunes y darnos alegrías, no terrores.

Ojalá.

Bob Pop

Nota para la lectora, para el lector

A lo largo de las siguientes páginas encontrarán que uso tanto el masculino genérico como el femenino genérico, así como términos que nos incluyen a todas las personas como «ciudadanía» o «quienes». La razón es obvia: el lenguaje es una herramienta que nos permite representar el mundo y crear imaginarios, y aspiro a que mis palabras contribuyan a crear una sociedad en la que todas las personas tengamos derecho a ser nombradas y a proyectar unos imaginarios en los que todas tengamos derecho a participar desde nuestra identidad. Puesto que la lengua es puente para el conocimiento y la comprensión mutuas, nunca me cansaré de malearla y buscarle las vueltas para que, además de decir, cuide y respete.

Introducción

> Primero, el miedo.
> Después, si no estás atento,
> la crueldad lo invade todo.
>
> Isabel Bono

El día que dejamos de saber qué debíamos hacer y nos dijeron que la mejor opción era quedarnos en nuestra casa, ya no hubo manera de acallar nuestros miedos como sociedad. Poco a poco, el mundo empezó a pararse hasta que un 60 por ciento de la población del planeta quedó confinada, encerrada, aislada. En España, donde se decretó uno de los confinamientos más estrictos, ir al centro de las ciudades en los primeros días del estado de alarma nos trasladaba a una estampa postapocalíptica: apenas coches, apenas algún transeúnte; las calles vacías y sus pobladores más fieles, sentados acá y allá: las personas sin hogar, de repente, eran más visibles que nunca. Cuando menos testigos tenían, más atención atraían: los pocos que pasaban a su lado, me contaban en aquellos días, parecían querer decirles algo desde esos mismos ojos, ahora enmarcados por las mascarillas que, hasta entonces, habían rehuido sus miradas. La ciudad desnuda, silenciosa, despojada de la apremiante actividad que les permitía fundirse en sus rincones, en sus soportales, bajo sus puentes, en sus sombras, ahora era más suya que nunca. Hasta que las administraciones, que no habían tenido entre sus prioridades que hubiese suficientes plazas en los albergues, suficientes raciones en los comedores, suficientes condenas contra aquellos que las apalean y vejan, se apresuraron a encerrarlas en polideportivos cuando temieron que pudieran ser un foco de contagios. Ellas sabían que no lo hicieron por su salud, sino por la de los demás, por la de quienes tienen valor para la sociedad.

Poco sabíamos en aquellos días sobre casi nada, así que lo fácil era dejarse aplastar por el peso de lo imprevisible y asumir el silencio. Cuando solo hay preguntas y nadie parece tener respuestas, el soliloquio puede volverse enloquecedor. Así que la sobreinformación se convirtió en la mejor tapia para la insonorización: dejarse aplacar por el ruido de fondo de la televisión, de la radio: a ratos, la mejor compañía; a ratos, somníferos. Ante la incertidumbre, lo habitual es desear que alguien tome el mando, dé instrucciones, y cumplirlas. Es el deber de un Estado democrático, garantizar la seguridad y el bienestar de su ciudadanía y coordinar la respuesta ante las situaciones más complicadas. Y una pandemia global de un virus desconocido lo es. Por ello, la restricción de los derechos y libertades decretada de manera excepcional en forma de estado de alarma no debería ser un problema si lo que está en juego es nuestra propia supervivencia.

Mi preocupación era que los estados de derecho occidentales llevaban desde los atentados del 11 de septiembre de 2001 en Estados Unidos dando claras señales de un creciente autoritarismo, amparados en el dilema interesado entre seguridad y libertad. El Gobierno de George Bush Jr. había instaurado la política del miedo a través de la Patriot Act y, desde entonces, veíamos como los atentados terroristas en Europa desembocaban en estados de emergencia cuyas restricciones terminaban incorporándose a sus códigos penales. La presencia de la extrema derecha en buena parte de los parlamentos europeos, la ola involucionista que llevaba años colonizando los cinco continentes y la instauración de las tecnologías de control social a través de nuestros terminales merecían, al menos, precaución a la hora de valorar las medidas dirigidas a controlar la pandemia. En mi caso, la suspicacia no era tanto por las medidas en sí, sino por el alivio acrítico con el que eran recibidas por buena parte de la población. Y, sobre todo, por si, superada la crisis sociosanitaria, serían derogadas o pasarían a engrosar la infraestructura del miedo que atraviesa nuestras instituciones desde principios de este siglo. El miedo no solo sustenta políticamente los regímenes autoritarios, sino que es también una herramienta fundacional y estructural de las democracias liberales. Si el miedo es el temor ante lo desconocido y la incertidumbre ante el futuro, la pandemia se ha convertido en un acelerador de este proceso: las democracias están siendo secuestradas por el gobierno de los miedos.

Por eso, el 13 de marzo de 2020, horas después de que el presidente del Gobierno español, Pedro Sánchez, anunciase el estado de emergencia y el confinamiento obligatorio, publiqué en *La Marea* una breve columna titulada «Tengo miedo».

> Me da miedo que se aplaudan decisiones coercitivas como el confinamiento forzoso que, incluso pudiendo ser necesarias, son el resultado del fracaso de la propia ciudadanía para actuar cívicamente y evitar en la medida de sus posibilidades las interacciones sociales.
>
> Me da miedo lo rápido que perdemos la confianza en la sociedad cuando tenemos miedo.
>
> Me da miedo perder derechos democráticos por una medida excepcional —por muy excepcional que sea el escenario del coronavirus— y tener que vivir durante semanas bajo un sistema más autoritario.
>
> Me da miedo saber que, en determinadas circunstancias, gran parte de la población apoyaría la instauración de un sistema autoritario por un supuesto bien común, así sea el de preservar la salud o, incluso, la vida.
>
> Me da miedo percibir la presteza con la que nos convertimos en policías de la moral, en acusadores de nuestros vecinos y vecinas, en vigilantes de un Estado policial.
>
> Me da miedo la velocidad con la que, perturbados por el miedo y la desconfianza, somos capaces de pensar que este tipo de crisis se gestionarían mejor bajo un régimen dictatorial.
>
> Me da miedo el miedo que esta sociedad le tiene al miedo.
>
> Me da miedo en lo que nos puede convertir el virus del miedo.
>
> Me da miedo plantear estos miedos y ser acusada de inconsciente, ingenua, insolidaria, desleal.

INTRODUCCIÓN

> Me da miedo que, cohibida por ese miedo, me calle estos miedos.
> Me da miedo el miedo que le tenemos a las dudas.
> Dudar no me da miedo.

No podía imaginar entonces que, precisamente, sería la palabra «miedo» la que más escucharía en cada una de las entrevistas que he realizado sobre la pandemia desde entonces. En los hospitales, en las residencias de personas mayores, en los centros de refugiados, en los invernaderos y explotaciones agrarias, hablando en las calles con las personas sin hogar, con los menores extranjeros que migran sin adultos, con quienes tienen que acudir a iglesias y asociaciones para conseguir algo que comer... Pero no solo. «Miedo» fue también la palabra que más me dijeron cuando cubrí el incendio del campo de refugiados de la isla griega de Lesbos, en las ciudades estadounidenses a las que viajé durante las elecciones que acabaron con la Administración de Donald Trump, en los campos de desplazados por el terrorismo yihadista en Mozambique, en La Habana después de que, en el verano de 2021, tuvieran lugar las manifestaciones más importantes desde el triunfo de la revolución en 1959, y en los otros lugares a los que viajé desde que la COVID-19 lo trastocase todo. Me resultó tan llamativo que decidí echar la vista atrás y repasar la médula espinal de mi labor periodística. Descubrí así que llevaba veinte años trabajando sobre procesos, hechos y personas atravesados y determinados por miedos que no lo explicaban todo, pero sin los que no se puede entender el rumbo que ha adoptado el siglo XXI. De hecho, muchos de los temores que hemos empezado a verbalizar durante la pandemia llevaban articulando nuestras vidas, al menos, desde 2008, cuando comenzó la crisis que cambió para siempre nuestros sueños y expectativas. O que, directamente, los arrasó durante la siguiente década, a la que ahora llamamos «vieja normalidad» y a la que, en ese incesante soliloquio interno que supuso el confinamiento, muchos llegaron a la conclusión de que tampoco querían volver.

El miedo al otro, a la pobreza, a la soledad, al dolor, al fracaso, a la enfermedad, a la vejez... han empujado a la humanidad a avanzar desde su origen con la vacua esperanza de que se les podía esquivar. Y durante la segunda mitad del siglo XX creímos que podíamos conseguirlo: las sociedades occidentales navegaban sobre el trasbordador de la idea del progreso. Con la caída en 2008 de Lehman Brothers y la bancarrota de la economía de buena parte del planeta, descubrimos que el neoliberalismo nos había dado el cambiazo por un cascarón que, en su hundimiento, nos dejaba sin rumbo: sin posibilidad de progreso, sin horizonte de mejora social, solo nos quedaba pedalear tan rápido como pudiéramos, tantas horas al día como el cuerpo nos permitiese, con la perenne sensación de que siempre podíamos esforzarnos un poco más. Alrededor veíamos caer a nuestros vecinos y vecinas: desahuciados bajo las porras, humillados por el desempleo, enfermos de precariedad, acosados por la ansiedad de la irrelevancia e, incluso, atormentados por la pérdida de los últimos derechos, que terminaron, en muchos casos, convertidos en privilegios. Y, de repente, el parón en seco de la pandemia, del confinamiento, de la rueda del hámster. Y como si la Tierra hubiese dejado de rotar de un segundo para otro, salimos despedidos a la velocidad de la luz a un páramo desconocido: nosotros, nosotras encerradas en nuestro hogar sin fecha de salida. No hay radio, televisión o aplausos suficientemente atronadores para acallar entonces las preguntas incómodas. Nunca imaginamos que parar físicamente nos pudiera provocar tal terremoto mental.

Eso, quienes pudieron confinarse. O elegir dónde y con quién confinarse. O algo.

* * *

A finales de marzo, dos semanas después de que el Gobierno de España decretase el confinamiento obligatorio, una decena de operarios cargaba camas y colchones en unas furgonetas frente al anfiteatro romano de Málaga, en el centro mismo de la ciudad. Cuando se dieron cuenta de que tenían testigos, cruzaron miradas entre sí. Cualquier actividad en el espacio público adquirió en aquellos días tintes de clandestinidad. Tendemos a mimetizarnos con el contexto en el que actuamos y el de aquellos días no tenía precedentes, ni patrón. Así que, sorpresivamente, cuando me presenté como periodista y les pregunté dónde las llevaban, todo lo que obtuve fueron respuestas elusivas: «por si hacen falta», «para estar preparados»... Eran simplemente camas, estábamos inmersos en una pandemia global, los hospitales en ciudades como Madrid o Barcelona ya estaban colapsados. No tenía sentido tanto misterio. Sin embargo, como comprobé en las semanas siguientes, hasta la más mínima responsabilidad empezó a afrontarse con la actitud del deber marcial: había que ejecutar, no pensar mucho y hablar poco. Las mascarillas acentuaban esta actitud: la verborrea constante en la que vivíamos hasta entonces había quedado sofocada por el trapo en la boca. Al principio nos faltaba el aire por la falta de costumbre. Poco después, parecía que nos hubiese ayudado a redescubrir la prudencia o, al menos, que no se estaba tan mal en silencio.

Yo tenía la suerte de ser periodista y, por tanto, de tener un carnet de prensa que me permitía ir donde estimara que estaba ocurriendo algo de interés público —que es lo mismo que decir a cualquier parte— y de poder ser testigo tanto de las grandes gestas que personas anónimas estaban librando para garantizar nuestra supervivencia como de las pequeñas escenas que arrojan destellos sobre quiénes somos, sobre la naturaleza humana. En aquel instante en el que intentaba confirmar que aquellas camas estaban destinadas a un albergue juvenil que se estaba habilitando para las personas sin hogar, como me habían contado antes trabajadoras sociales, dos habitantes de la calle pasaron por nuestro lado. Uno de ellos preguntó a los operarios con sorna: «No serán para nosotros, ¿no?». Nadie contestó, pero fue precisamente aquel gesto espontáneo el que relajó el ambiente. A partir de ese instante, los trabajadores municipales empezaron a contarme cómo había cambiado su función: «No sabemos qué vamos a hacer al día siguiente», «Estamos a disposición en cada momento de lo que nos van pidiendo», «A ver si en un par de semanas todo ha pasado...».

Dos semanas después atravesé España conduciendo de sur a norte, de Málaga a Barcelona, para seguir documentando las consecuencias de la pandemia. Durante las diez horas de conducción, apenas me crucé con turismos. Si las calles eran ahora de las personas sin hogar, las carreteras eran de los camioneros. Ellos, también invisibles hasta entonces, reducidos a menudo a estereotipos, conseguían mantener la maquinaria funcionando para que los que pudiesen permaneciesen en casa, frenando así la cadena de contagios. Eran parte de lo que se llamaron «actividades esenciales». Y los esenciales eran, en un amplio porcentaje, los que el sistema había considerado prescindibles, intercambiables, desechables: los trabajadores y trabajadoras del campo, de la ganadería, de los mataderos, de la pesca; cajeras, reponedoras, limpiadoras; basureros, repartidores, transportistas: cuidadores y cuidadoras en el sentido más amplio de la palabra... Ocupaciones precarizadas y menospreciadas, realizadas en su mayoría por personas que han tenido pocas oportunidades, por mujeres y migrantes, en condiciones de explotación, sin posibilidad alguna de prosperar. Siempre habíamos dependido de ellas para la subsistencia básica, pero nunca hasta esa coyuntura habíamos sido tan conscientes de que éramos tan interdependientes y, sobre todo, tan dependientes de los parias de la globalización. El foco mediático se puso en el personal sanitario, pero fuimos muchos los que, en aquellos días, nos preguntamos en nuestro foro interno qué valor tenía lo que hacíamos y qué sabíamos hacer para sobrevivir. Y, especialmente, qué seríamos capaces de hacer si ellos y ellas dejasen de acudir a sus trabajos y empezasen a escasear el pan, las verduras, la electricidad, el agua corriente... Qué pasaría con ese vecino al que saludábamos desde el balcón, tras aplaudir a las ocho de cada tarde, si fuésemos a coger a la vez el último producto de primera necesidad en el estante del supermercado. Las preguntas que hacíamos en las conversaciones con nuestros familiares y amigos estaban dirigidas, en su mayoría, al exterior, a un narrador omnisciente: hasta cuándo durará esto, cuántos morirán antes de que acabe, qué será de mí entonces. Las preguntas que apenas verbalizábamos nos tenían a nosotros mismos como destinatarios y eran tan prebélicas como la retórica que miembros del Gobierno eligieron para sus ruedas de prensa diarias: si yo fuese médica, ¿a quiénes elegiría salvar y a quiénes tendría que dejar morir?, ¿qué estaría dispuesta a hacer por salvar a mi padre y a mi madre?, ¿qué estaría dispuesta a hacer por salvarme yo?

La posibilidad de la muerte, la única condición irrenunciable a cambio de estar vivos, volvía a ser una certeza palpable en Occidente, donde vivíamos de espaldas a ella. Era tan invisible e imprevisible como lo había sido siempre y, sin embargo, no dejábamos de verla reflejada en los rostros de nuestros seres queridos. Tuvo que quedar el tiempo suspendido para que el socavón que abre la posibilidad de la muerte suplantase a las manecillas del reloj. Justo lo contrario a lo que había ocurrido de donde yo había vuelto a principios de marzo, Irak.

En la antigua Mesopotamia, la pandemia había obligado a muchos jóvenes a volver a poner sus vidas en pausa, las mismas que llevaban exponiendo desde hacía más de seis meses a las balas de los francotiradores y los militares para decir al mundo que ya no aguantaban un día más muertos en vida, que ya no se resignaban al secuestro de su futuro al que les había condenado el régimen político impuesto por el Trío de las Azores en 2003. Lo mismo ocurría en Francia, adonde había viajado para cubrir la huelga general de noviembre de 2019. Un crisol de sindicatos y movimientos sociales, como los chalecos amarillos, estaban consiguiendo frenar el desmantelamiento del estado del bienestar orquestado por el presidente Emmanuel Macron. La República se enfrentaba a su mayor crisis institucional desde Mayo del 68. Semanas antes, intentaba conseguir el visado para viajar a Bolivia, donde el presidente Evo Morales había sido forzado abandonar el país y sus partidarios se enfrentaban al ejército en las calles.

Hasta la expansión de la COVID-19, el planeta vivía la mayor ola de protestas ciudadanas desde la década de los sesenta del siglo XX. Lo que no consiguió la represiva respuesta de la mayoría de los gobiernos, lo logró la pandemia, que las fue sepultando, una tras otra, en apenas unas semanas según avanzaba de Oriente a Occidente. Pero sus reclamaciones, lejos de quedar silenciadas, adquirieron mayor legitimidad cuando aquel virus microscópico fue capaz de revelar con cristalina nitidez la sorprendente fragilidad del sistema capitalista neoliberal.

INTRODUCCIÓN

Apenas un mes después de que el coronavirus colapsara los hospitales de Italia y España, el Fondo Monetario Internacional tenía que retrotraerse hasta la Segunda Guerra Mundial para encontrar un paralelismo con sus proyecciones de la devastación económica a la que nos abocábamos. En el caso de España, a 1939: la posguerra del pan y la cebolla. Hasta ahora no se ha cumplido la previsión, en gran medida porque la Unión Europea aprendió de la anterior crisis que dejar que algunos de sus países miembros se hundan en la desesperación perjudica al resto y socava los pilares del conjunto. La UE ha prometido grandes fondos de recuperación a países como España porque, al salvarla, se salva a sí misma. No en vano, para eso nació esa confederación de estados, para dificultar las agresiones entre ellos. Pero, aunque no sea la situación de 1939, millones de personas se precipitan desde la pobreza a la miseria sin hacer apenas ruido, como les gusta a los ricos, sin que hagan escándalo de su desgracia. Son quienes llevaban años sobreviviendo en la más absoluta precariedad, recibiendo los envites de la bestia austericida que se resiste a ser domesticada. En septiembre de 2019, el periódico *The Economist*, la biblia neoliberal británica, sorprendió a sus lectores con una portada impensable hasta entonces: «Capitalism, time to reset». No ha habido reinicio alguno, pero durante unos días parecía que el virus consiguió ponerlo al ralentí.

«Llevamos tanto tiempo luchando por, al menos, seguir siendo pobres y no sin techo, que lo único que temenos ante esta nueva crisis es morirnos no ya de coronavirus, sino de agotamiento», me explicó, mientras esperaba para recoger comida en la iglesia de Santa Anna de Barcelona, Juana Gómez. Ella es una de las personas que inspiraron este libro, dedicado a los miedos que definen estas dos primeras décadas del siglo XXI, a quienes los azuzan para su lucro y beneficio, y a quienes los conjuran para recuperar su derecho no solo a un futuro, sino también a un presente.

1

Miedo a los otros

> Es un acto criminal todo cuanto obliga al ser humano a desarraigarse o que le impide echar raíces.
>
> SIMONE WEIL

El día que el mundo se paró en España, la única diferencia que notó Rachid fue que la mujer que le daba algo para comer cada mañana lo hizo sin abrir del todo el portón de su casa de campo y que le entregó la bolsa con el bocadillo guardando una distancia que no había mantenido hasta entonces. Le dijo algo que, como solía ocurrir a menudo, no entendió. Los días siguieron transcurriendo igual en la chabola en la que vivía desde que había llegado a Málaga, tras vivir en un albergue para personas sin hogar en Cádiz, tras haber pasado dos años en un centro de menores en la ciudad fronteriza de Melilla, tras despedirse de sus padres y de su país, Marruecos, cuando aún no había cumplido los dieciséis años.

Entonces empezó a llover. Y no paró en días. España se sumió en la primavera más fría, húmeda y gris en años. El colchón en el que Rachid pasaba los días y las noches exudaba barro. Su única distracción era taponar las goteras que reaparecían a cada rato. Por las noches, las lluvias eran torrenciales. Una granizada colapsó las calles vacías de la ciudad andaluza paralizada por el estado de alarma. Conseguir comida era cada vez más difícil. Conseguir un trabajo en un país cerrado a cal y canto por un virus desconocido hasta entonces, una entelequia. Cuando un par de meses después, sentados en una plaza soleada, le pregunté si en aquellos momentos se había arrepentido de tantos años de esfuerzo, si deseó estar de vuelta en su casa en Nador con su familia, sin pensarlo dos veces respondió: «No. Sabía que algún día dejaría de llover».

En los meses previos a que la pandemia de la COVID-19 arrasase con la ilusión propia de los privilegiados de que vivíamos en un mundo previsible y controlable, los jóvenes como Rachid —extranjeros pobres que viajan sin adultos— habían sido convertidos por la extrema derecha en una de las mayores amenazas para la integridad, bienestar y tranquilidad de la población local. Vivíamos en uno de los países más seguros del mundo y en el que los anuncios de las empresas de alarmas nos alertaban a todas horas, por las radios y las televisiones, de una realidad paralela a la que daba miedo asomarse. Mientras, los millones de personas que se habían convertido en pobres durante la última década de crisis lidiaban a diario con el miedo a no encontrar trabajo o a perderlo, a perder su casa o a no poder asumir los alquileres cada vez más caros, a no poder costear los estudios de sus hijos o a, ni siquiera, plantearse tener hijos, a tener que elegir entre comer productos frescos o pagar la luz... Nunca este país había sido tan temeroso y la razón era que, por primera vez en nuestra historia reciente, no había horizonte de progreso, de mejora: el futuro llevaba más de una década yendo siempre a peor. Las previsiones apuntaban a que, lejos de mejorar, la aspiración más optimista debía limitarse a que todo se mantuviese igual de mal. Y los líderes de la ultraderecha y las derechas habían convencido a parte de la población a través, en gran medida, de su omnipresencia en la televisión de que los culpables eran los Rachid del mundo: los aún más pobres, más desesperados, más pisoteados. Para instalar una conclusión tan absurda en el imaginario colectivo de sectores amplios de la sociedad hicieron falta tres décadas de esforzada propaganda y manipulación por parte de las élites políticas de los países ricos. Y no solo de las conservadoras.

Nací y crecí en Estepona, una población costera malagueña colindante con el estrecho de Gibraltar. A finales de los noventa, los veranos de mi adolescencia empezaron a llenarse de imágenes televisadas de naufragios en playas en las que había jugado con mis hermanas. El primer muerto en las costas españolas por el volcado de una patera del que tenemos constancia fue en 1988. No podremos olvidarlo gracias a una fotografía de Ildefonso Sena. Una década y decenas de muertos después, mientras nadaba en esas mismas aguas de Tarifa, sentí el escalofrío de temer rozar un cadáver. No fue hasta pasados otros diez años cuando ese temblor intuitivo se plasmaría en discurso político a través de una idea que terminaría convirtiéndose en una frase hecha: que la política de cierre de fronteras de la Unión Europea había convertido el Mediterráneo en una fosa común. Me pregunto cómo nos ha transformado como sociedad acallar estas certezas, desoír esa voz que nos dice que no está bien que el lugar donde yacen los restos de miles de personas por las decisiones políticas de nuestros representantes —elegidos democráticamente—, que el cementerio improvisado en el que desaparecieron hijos, madres, esposos de personas que siguen preguntándose qué fue de ellos, sea nuestro lugar de recreo, el horizonte en el que descansamos la vista para imaginar ilusionantes proyectos. Pero que no esté bien no significa que no sea humano. O, incluso, lo más humano. Construimos nuestra vida sobre la gran fosa común que es la historia de la humanidad. Y si algo he aprendido en estos casi veinte años como periodista, escuchando a cientos de personas que han sobrevivido a los mayores horrores, y a algunas que los han ejecutado, es que solo las que vivimos en la fantasía del lado amable del mundo fingimos, incluso ante nosotras mismas, una mala conciencia por desarrollar estrategias para cumplir con el mecanismo de supervivencia de vivir lo mejor posible. No es una excusa, ni una justificación. Tampoco es una verdad concluyente. Es la interpretación de mi experiencia. Como cada uno de mis artículos y reportajes, como este libro. Sobraría decirlo si parte del periodismo no se hubiese convertido en una homilía de verdades categóricas. Por el contrario, creo conveniente recordar, cada vez que es posible, la poliédrica condición humana, porque solo podremos afrontar una verdadera reflexión crítica si la asentamos en una verdad íntima incontestable: que cada uno de nosotros somos un constructo de incoherencias, dudas, deseos, miedos, vileza y nobleza. En constante pugna, en frágil equilibrio. Por eso, me he seguido bañando todos los años en ese mar, mientras contaba las historias de quienes se tragaba y de quienes conseguían cruzarlo a un coste altísimo. Por eso, en este libro vuelvo sobre los miedos que he ido documentando desde principios de este siglo, retomo las historias de quienes conocí cuando se enfrentaban a ellos, para preguntarnos en voz alta qué ha cambiado en este tiempo: si los miedos, ellos, yo o mi manera de abordarlos.

* * *

> Gobernar a base de miedo es muy eficaz. Si usted amenaza a la gente diciéndoles que les va a degollar, y luego no les degüella, entonces les puede azotar y explotar. Y la gente dice «Bueno, no es tan grave». El miedo hace que no reaccione. El miedo hace que no se siga adelante. El miedo es, desgraciadamente, más fuerte que el altruismo, que la verdad, más fuerte que el amor. Y el miedo nos lo están dando todos los días en los periódicos y en la televisión.
>
> JOSÉ LUIS SAMPEDRO,
> en el programa *Salvados*

Rachid dice no tener miedo, pero genera miedo. Rachid, cuyo verdadero nombre prefiere omitir para preservar su identidad, no tiene miedo al futuro pese a que la pandemia impidió que pudiera asistir durante más de un año a clases de español o a cursos para aprender un oficio. Sigue sin trabajo, pero al menos ya no tiene que vivir en una chabola. Cuando la Asociación Marroquí para la Integración de los Inmigrantes se enteró de su situación, ante la falta de plazas en los albergues y centros de acogida en pleno estado de alarma, consiguió que un cura de un pueblo malagueño le dejase dormir en su sacristía. Ahora comparte habitación con otros jóvenes magrebíes en uno de los pisos que gestiona esta entidad. «Yo solo quiero trabajar, en lo que sea, en donde sea», me dice con el ansia de los dieciocho años que, en su caso, son los de un adolescente con más vidas que las de muchos viejos. Viejos y no tanto que han sido convencidos desde algunos medios de comunicación de que Rachid ha venido para ocuparles su casa, quitarles las ayudas, violar a sus hijas y esposas, y arrebatarles el mismo empleo que ansían para sus hijos y nietos. Es natural que le tengan miedo.

A más de cuatro mil quinientos kilómetros de distancia, a Festus Ogbeifun ya solo le da miedo que el coronavirus termine de hundir la economía de su país y que no consiga sacar adelante a su hijo. Desde que este geofísico tuvo que huir de Nigeria en 2002 por su activismo contra las petrolíferas, ha visto tanta gente morir en sus dos viajes a Europa por el desierto que, cuando él mismo se sintió muerto en vida encerrado en un centro para inmigrantes indocumentados en Estocolmo, solo atinó a decir: «Quiero volver a casa. Estoy muy cansado». Durante diez años había vivido en varios países intentando que «alguien se diera cuenta de que tenía algo que aportar, de que no era solo un negro al que explotar». De fondo, mientras hablamos por teléfono, se escuchan desde su casa en el noroeste de Nigeria las risas de su hijo. La mezcla de la angustia de su voz con las carcajadas del crío me retrotrae a cuando lo conocí en 2005, en Rabat.

El 25 de junio de aquel año, el periódico *El País* publicó una noticia inaudita. La Audiencia Nacional anulaba la expulsión de un activista nigeriano ejecutada dos años antes y ordenaba al Gobierno español que realizase todas las gestiones necesarias para traerle de vuelta. La deportación había sido obra del entonces presidente José María Aznar, que ordenó a su ministro de Interior, y posterior presidente, Mariano Rajoy, que «en el plazo máximo de diez días» resolviese las solicitudes de asilo de los cientos de personas que sobrevivían desde hacía meses en las calles de Ceuta. El delegado del Gobierno para las Migraciones y Extranjería de ese momento, Ignacio González, ahora en espera de ser juzgado por varios casos de corrupción durante su etapa como vicepresidente de la Comunidad de Madrid, coordinó una operación por la que, el 17 de enero de 2003, fueron citadas más de doscientas personas en la comisaría de la ciudad autónoma. Allí, se les instó a firmar un documento en español, sin asistencia letrada ni intérprete. Veinticuatro horas más tarde, se les comunicó que sus solicitudes de asilo habían sido desestimadas y se les obligó a firmar su orden de expulsión. Los que se negaron fueron obligados a estampar su huella dactilar, según consta en la sentencia de la Audiencia Nacional. La mayoría de ellos malvivía en una fábrica de conservas abandonada. Diez días después, fueron detenidos allí mismo por sorpresa. Les dijeron que por fin serían trasladados a Madrid y puestos en libertad. Los metieron esposados en furgonetas y, encerrados en el aparcamiento de un ferry, cruzaron el estrecho de Gibraltar. Tras dos días en los calabozos de la comisaría de Málaga, les anunciaron que iban a ser deportados. El único que recibió asistencia letrada fue Festus.

«He estado luchando como activista contra las injusticias cometidas en mi país por las compañías petroleras y por el Gobierno. Si me entregan, corro peligro de muerte. Ya han ejecutado a otros miembros de mi organización. Yo conseguí escapar tras ser buscado en mi casa, donde me ocultaba tras el ataque de los soldados a una reunión clandestina en la que mataron a varios compañeros. Nuestro líder fue ahorcado después de citarle a dialogar y detenerlo a traición. Soy de una comunidad donde las compañías petroleras internacionales nos despojan de nuestras tierras y los campesinos sufren hambre, falta de agua, etcétera. Nosotros hemos luchado contra esta injusticia, e incluso tras la ejecución de nuestro líder conseguimos parar los pozos de petróleo. Si me devuelven, me matarán», declaró para su solicitud de asilo, preparada en el último minuto por la abogada Lourdes Navarro, de la Comisión Española de Ayuda al Refugiado (CEAR), gracias a la insistencia del fotoperiodista Javier Bauluz, que seguía su historia desde hacía semanas.

A las pocas horas de prestar declaración, Festus aterrizaba en el aeropuerto de Abuja con otros cincuenta hombres. «Había gente de, al menos, diez nacionalidades. ¡No eran todos nigerianos! Estaba aturdido, no entendía nada», recuerda aún con estupefacción. Dos años más tarde, la sentencia de la Audiencia Nacional tomaría en consideración los motivos de persecución que había denunciado: que era miembro de la Ijaw Youth Council, el órgano de representación y defensa de los intereses de la comunidad Ani Kuruwa frente al Gobierno, que explotó sin autorización de su comunidad unos yacimientos petrolíferos, por lo que organizaron protestas; que tras celebrarse el 4 de abril de 2002 una reunión con representantes del Gobierno, los representantes comunitarios fueron encarcelados; que se produjo un enfrentamiento entre las comunidades y el ejército, y que se emitió una orden de busca y captura contra él. Pero entonces era demasiado tarde.

Tras ser desembarcado en el aeropuerto de Abuja, Festus consiguió pasar los controles sin ser identificado por la policía nigeriana dando un nombre y domicilio falsos. Las autoridades del país africano habían aceptado que España les enviase a migrantes de otras nacionalidades, por lo que el caos era mayúsculo. «Convirtieron en indigentes a las personas que habían deportado y que no eran nigerianos. No tenían dónde ir, ni familia, ni conocidos. Fueron los propios migrantes de mi país los que tuvieron que llevárselos a sus casas. Yo no podía. Ir a mi casa hubiese significado la muerte». Festus se escondió en residencias de amigos y conocidos mientras recaudaba el dinero necesario para reiniciar su huida. «Ni siquiera le pude decir a mi madre que estaba en Nigeria. Yo ya sabía lo que significaba cruzar el Sahel, pero no cuándo iba a acabar aquel infierno de huida constante. Es como si perdieses el control de tu vida y entrases en un túnel oscuro en el que solo hay un objetivo: ni siquiera vivir, porque aquello no era vida; se trata solo de no morir».

De nuevo, cientos de kilómetros de desierto: Mali, Libia, Argelia, Marruecos. De nuevo, compañeros de viaje que dejan de serlo porque se mueren de sed, cadáveres por el camino, mujeres embarazadas que son violadas por los tratantes, por los compañeros de viaje, por los policías fronterizos corrompidos por las redes.

Ya en Marruecos, por segunda vez, y apenas un par de meses antes de que nos conociéramos, Festus fue herido durante una redada policial. La cicatriz seguía atravesándole la pierna cuando nos vimos. El tajo era tan profundo que los agentes que se la habían provocado decidieron llevarle al hospital, donde, según nos contó Festus, la cosieron sin anestesia. Unas horas más tarde, lo trasladaban en un camión para ganado, junto a decenas de hombres y mujeres, al desierto de Uxda, en la frontera con Argelia. Marruecos practica regularmente este destierro de migrantes. «Durante diez horas permanecimos sentados en el suelo, hundidos en el excremento animal. Cuando pararon, empezaron a gritarnos para que saliéramos y a disparar para que corriésemos hacia el territorio argelino. Tropezábamos y nos levantábamos. Hasta que nos encontramos frente a frente con policías de Argelia. Separaron a las mujeres del grupo y se las llevaron a una zona apartada. Cuando las trajeron de vuelta, algunas lloraban en silencio, otras tenían la mirada perdida. Había mujeres embarazadas y acababan de ser violadas. Otra vez. La mayoría de las mujeres que migran son violadas varias veces antes de llegar a su destino».

Festus se quedó en silencio tras estas palabras, interrogándome con la mirada. Es habitual que los entrevistados midan las reacciones de los periodistas ante sus testimonios. Al fin y al cabo, están depositando su confianza en un desconocido sobre quienes apenas saben su nombre. Para entonces, 2005, ya se sabía que «la mayoría de las mujeres que migran a Europa son violadas varias veces antes de llegar a su destino». Pero la sucesión de aquellos vocablos aún tenía la capacidad de trasladarnos a la escena, de encarnarse, de atravesarnos, de desgarrarnos con su violencia. Seis años más tarde, conversando con Sofía, una de esas decenas de miles de mujeres que se ven forzadas a recurrir a las redes de trata ante la imposibilidad de migrar en avión por el cierre de fronteras de la Unión Europea, me contaba no solo las violaciones sufridas desde que salió de Nigeria, sino también el aborto que contra su voluntad le practicó un hombre en Marruecos: «No creo ni que fuese médico, estaba borracho. Lo contratan las redes para vaciarnos y, así, prostituirnos rápidamente cuando llegamos a Europa». Embarazos que, en su mayoría, son resultado de las violaciones que sufren durante el viaje migratorio. De nuevo, la misma mirada escudriñándome, queriendo confirmar si realmente estaba entendiendo el nivel de crueldad de lo que me estaba contando. A continuación, Sofía, cuya verdadera identidad omito para proteger su integridad, reveló la clave de todo, con la sencillez e intrascendencia con la que se manifiestan las grandes verdades: «No puedes decir "no" porque no tienes palabra». Aún hoy sigo extrayendo contenido de esa frase que nunca se agota. Escribo este libro, entre otras razones, para entender qué ha pasado, qué nos ha pasado, para que «la mayoría de las mujeres son violadas...» ya no nos quiebre cuando quien lo dice, por no tener, no tiene ni palabra.

Qué decir cuando las palabras ya no nos dicen nada,
cuando «un niño ahogado tras volcar su patera»
ya no nos hace ser niño, ni ahogarnos, ni hundirnos con él en el naufragio
ni ser madre que se sentirá morir el resto de sus días
asfixiada por cada minuto de la condena de la vida salvada.

Para qué escribir «una mujer embarazada ha muerto bajo las bombas»
si las palabras también están heridas de muerte,
si no tienen quien las haga carne,
quien se deje hacer por ellas jirones,
quien las convierta en grito,
quien las abrace en el desconsuelo.

Para qué seguir contando si de tanto contabilizar
las cifras nos han vuelto burócratas del dolor
y las masacres no cuentan ni cuando son genocidio.
Para qué teclear masacre o genocidio si no cuentan.

Urgiría resucitar las palabras,
insuflar vida en los oyentes,
si al final no llegase un
«Sinceramente, los muertos me dan igual»
que nos revelase que el problema no era de las palabras,

ni de los que las escriben,
ni de los que nos matan,
ni de los que sobreviven.
El problema era,
es,
que,
sinceramente,
los muertos nos dan tan igual
como los vivos.

Escribí este poema, que titulé «Las palabras muertas», tras ver la película *Simpatía por el diablo,* que retrata la experiencia del reportero francés Paul Marchand durante el asedio de Sarajevo. A mitad de la cinta, el periodista se encuentra de visita en un piso de una pareja «mixta»: ella es serbocristiana; él, bosniomusulmán. Su crío de dos años desaparece de la escena. Segundos después, volvemos a verlo, tumbado en el suelo de la cocina, muerto por el disparo de un francotirador. Cuando Marchand narra los hechos en la crónica radiofónica, constatamos que, por muy afinada que sea la descripción, no consigue hacernos rozar qué significa el asesinato de un niño, la muerte de un hijo. «Su cráneo ha sido destrozado. El niño no ha sufrido, pero su madre ha estado gritando durante todo el camino al hospital. Y mientras tanto, la comunidad internacional se tambalea, incapaz de aprobar ninguna resolución que detenga esta masacre que cada semana mata a decenas de inocentes», locuta el enviado especial desde el centro de la prensa internacional.

La rabia por la impotencia del periodista crece cuando, desde la redacción, su jefe le pide que cambie la crónica por considerarla demasiado «apasionada». «Quieres una versión más suave, pero te juro que las palabras que he usado no se acercan a la realidad porque no hay palabras para esto», grita al teléfono el actor que interpreta a Marchand.

¿Qué es «esto» para lo que no hay palabras? «Esto» es el intento de dar sentido a lo que contamos mediante la descripción de causas, factores y consecuencias, como si los hechos tuviesen que responder siempre a una sucesión lógica de origen y desenlace o a un patrón de ética pública que es, ni más ni menos, que la loable constitución de una aspiración teórica compartida. Pero que, es hora de ser sinceras, es difícilmente apreciable en la mayoría de las situaciones cotidianas en buena parte del planeta. Denunciamos un día tras otro hechos que nunca debían haber ocurrido y que, sin embargo, no dejan de repetirse desde el inicio de la historia de la humanidad. Esa es una de las grandes paradojas a las que se enfrenta el periodismo tal como lo entendemos quienes decimos defender los derechos humanos: nos hundimos en el infructuoso ejercicio de presentar la barbarie como excepción cuando es una de las leyes que rigen el comportamiento del ser humano en aquellos contextos en los que la supervivencia no está asegurada ni la ignominia penada. Y, por el contrario, nos empeñamos en presentar una serie de normas alumbradas en Occidente con vocación universal como el marco desde el que analizar lo que vemos, pese a que esos derechos rara vez han evitado que los protagonistas de nuestras informaciones hayan sido vejados y maltratados de mil y una formas posibles. Por ello, pese a lo que podamos creer, incluso los más desesperanzados seguimos viviendo en el pensamiento utópico de manera cotidiana, si atendemos a la descripción que hizo Eduardo Galeano: «La utopía está en el horizonte. Camino dos pasos, ella se aleja dos pasos y el horizonte se corre diez pasos más allá. Entonces ¿para qué sirve la utopía? Para eso, sirve para caminar». El problema es que, aunque el mundo, en términos globales, esté notoriamente mejor que hace un siglo, la ciudadanía tiene la percepción de que hace tiempo que ha dejado de caminar, de avanzar. Y así no hay pensamiento utópico que pueda cristalizar en algo parecido a la realidad.

Tras la Segunda Guerra Mundial, en Europa vivimos un periodo de necesaria y entusiasta reconstrucción de la confianza en el ser humano. El conflicto global se había cobrado la vida de entre cincuenta y setenta millones de personas y decenas estaban en riesgo de morir de hambre. Carecemos de capacidad de proyección suficiente para dimensionar lo que significan esas cifras. Por eso, si algo podemos intuir sobre lo que significa esta o cualquier otra guerra, es gracias a los relatos que recuperan la dimensión humana, la medida individual: la vecina de Minsk a la que explosionaron ante sus hijos introduciéndole una granada en la vagina; la campesina alemana a la que el comandante ruso ordenó violar por cada uno de sus soldados; el niño francés que tenía que dar, cada mañana, los buenos días a los asesinos nazis de su padre...

Las ciudades y las almas quedan entonces destruidas en Europa, el centro del poder mundial hasta ese momento, y no hay reconstrucción posible sin esperanza en el futuro. Para ello, se pone en marcha una batería de instituciones y políticas, como las Naciones Unidas, la Comunidad Europea del Carbón y el Acero —raíz de la Unión Europea—, la Organización Mundial de la Salud, así como el Plan Marshall, el Fondo Monetario Internacional, el Banco Mundial o la Organización del Tratado del Atlántico Norte (OTAN) —con sus agendas e intereses paralelos—. Las democracias occidentales liberales alumbran el estado del bienestar como el culmen de su perfección. Los medios de comunicación viven las décadas de mayor capacidad de influencia y fiscalización, y la ciudadanía tiene la percepción de que el periodismo puede reconducir las actitudes y decisiones que se desviaban de lo correcto y ético. Si los valores de la Ilustración tuvieron un momento en el que parecía que podían consumarse, fue entre los años cincuenta y ochenta del siglo pasado. Los de mayor pobreza y tasas de crecimiento del continente. De la desgraciada Europa de la primera mitad del siglo XX, nació su aspiración para la segunda mitad: ser la potencia, el faro de los derechos humanos, el estandarte normativo del mundo.

El espejismo estalló por los aires con las guerras de los Balcanes en los noventa. En el corazón de Europa se volvía a perpetrar un genocidio, y ser informados puntualmente por los enviados especiales de cómo se cometía no lo evitó. Quienes ahora nos acercamos a la cuarentena, crecimos con esa conciencia, que luego sería reafirmada por los conflictos de Afganistán, Irak, Siria; las políticas criminales de Europa y Estados Unidos contra los migrantes; la respuesta austericida a la crisis de 2008 que acabó agrandando la brecha entre pobres y ricos como nunca antes en la historia de la humanidad. La ciudadanía global lleva cuatro décadas siendo convencida de que el conocimiento no nos hará libres, ni más justos, ni mejores personas. Y los periodistas, de que nuestro esforzado trabajo no sirve para frenar el embiste de la injusticia contra los más vulnerables. Nuestra función parece haber quedado reducida a ser escribanos del horror para los futuros historiadores. No basta, como sostiene el mítico reportero Robert Fisk, con que «las generaciones futuras no puedan decir que no saben lo que ocurrió». No era nuestra vocación, ni nuestro cometido hablarles a los que aún no han nacido. El periodismo sin capacidad de incidencia, de combatir la impunidad, se vacía de significado. Y entonces, es lógico que sus crónicas, sus palabras, terminen heridas de muerte, y sus destinatarios, la ciudadanía, carcomida por la impotencia, sorda, impasible, en coma.

Escribí el poema «Las palabras muertas» tras una noche soñando con la reflexión del reportero Marchand y despertar leyendo el siguiente titular en *El País*: «Sinceramente, los muertos me dan igual». La frase se la había dicho en julio de 2020 una joven que hacía botellón en la playa de Barcelona al periodista que intentaba entender por qué no respetaban las medidas destinadas a frenar la nueva ola de contagios que vivía la ciudad. Hablaba de los muertos y, al hacerlo, estaba definiendo su relación con el resto de los vivos. Estas palabras no solo no estaban muertas, sino que conseguían resucitar al lector al hacerle entender de veras. ¿Cómo?

«Lo que estoy recopilando lo definiría como "el saber del espíritu". Sigo las pistas de la existencia del alma, hago anotaciones del alma. El camino del alma para mí es mucho más importante que el suceso como tal, eso no es tan importante. El "cómo fue" no está en primer lugar, lo que me inquieta y me espanta es otra cosa: ¿qué le ocurrió allí al ser humano? ¿Qué ha visto y que ha comprendido? Sobre la vida y la muerte en general. Sobre sí mismo, al fin y al cabo. Escribo la historiografía de los sentimientos».

La periodista bielorrusa Svetlana Alexiévich lo explicaba así en *La guerra no tiene rostro de mujer* (Debate, 2015). En este libro definitivo sobre la Segunda Guerra Mundial, relatada por cientos de mujeres que combatieron el nazismo desde las filas soviéticas, logramos entender qué es una guerra con frases como: «Dejamos de llorar porque para llorar hacen falta fuerzas. Lo único que queríamos era dormir. Dormir y dormir». Decir, leer, «para llorar hacen falta fuerzas» nos fuerza a explorar hasta qué límites físicos y mentales puede debilitarnos una guerra.

«Recuerdo el crujido... Comenzaba la lucha cuerpo a cuerpo y enseguida venía ese crujido: eran los huesos humanos que se rompían. Los gritos, las voces inhumanas... Yo iba al ataque junto a los soldados, solo un poquito más atrás. Lo veía todo... Los hombres dándose bayonetazos, unos a otros. Rematándose unos a otros. Clavando las bayonetas en las bocas, en los ojos... En el corazón, en la barriga... Y era... ¿Cómo lo describo? No llego... No llego a describirlo... En pocas palabras, las mujeres no conocen a los hombres en ese estado, en casa no los ven así. Ni las mujeres, ni los niños. Es espantoso». Ese crujir de huesos que aniquila al desventrado y quiebra la condición humana del que desventra. Para que las palabras nos vuelvan a decir debemos estar dispuestos a batirnos con lo que quieren mostrarnos. Y para eso hace falta tiempo, cultura y esfuerzo.

Por supuesto que, frente a la industria multimillonaria de la desinformación —liderada por la extrema derecha global y los gobiernos ruso, estadounidense, israelí e iraní, con sus agencias y falsos medios de comunicación dedicados a intoxicar el debate y la opinión pública— el periodismo que investiga, revela y contrasta los hechos es más necesario que nunca. Además de cumplir con su función democrática, logra importantes victorias. La mayor: recordar un día tras otro que, aunque la indecencia, la maldad y la corrupción gocen a menudo de impunidad y, cada vez más, de la aprobación de las urnas, no son aceptables. O no deberían serlo. Como explica Alberto Senante, experto en comunicación de ONG: «Sabemos que las campañas de sensibilización rara vez hacen cambiar de opinión, pero necesitamos seguir dando argumentos a los decentes para que no les llegue solo el mensaje del odio. Es como Coca-Cola: hace publicidad no para darse a conocer, sino para que sus clientes no se olviden un segundo de su existencia».

Por eso mismo, porque hemos constatado que los hechos no bastan para entender, ni para hacer cambiar de opinión, ni para que nos pongamos en el lugar de la otra persona, es más evidente que nunca que necesitamos también desentrañar su esencia, que es mucho más que conocer a los protagonistas de las noticias: es seguir ahondando en la naturaleza humana. Y para ello, debemos hacerlo con sus luces y sombras, sin idealizar a unas y demonizar a otras buscando una falsa empatía. La empatía solo puede ser real cuando aceptamos y entendemos que la inmensa mayoría de nosotras seríamos capaces de lo mejor y de lo peor en determinadas circunstancias. Y que lo que entendemos por «lo mejor» y «lo peor» desde nuestros sofás no lo es, en absoluto, para la inmensa mayoría de la población mundial en determinadas circunstancias.

Simplificar hasta la caricatura la realidad, dividirla en bandos maniqueístas de buenos y malos, de víctimas y verdugos, nos ha llevado al momento de mayor polarización y crispación social de nuestra historia reciente. Y, a buena parte de los periodistas, a una terrible frustración. No teníamos suficiente tiempo para conocer a los protagonistas de nuestras informaciones, páginas suficientes para hacer retratos afinados y complejos, y nos dejamos atrapar por la urgencia de denunciar las injusticias más visibles, flagrantes y obscenas casi en formatos de telegramas encabezados por un SOS. Y de tanto reclamar unos segundos de atención desesperadamente, nuestros destinatarios dejaron de creer que era urgente. Nos empeñamos en buscar las historias de resistencia, de fortaleza, de supervivencia, pensando que al recordar que son mucho más que víctimas, que tienen capacidad de agencia y el enorme mérito de salir adelante en situaciones que a nosotros se nos presentan casi como merecedoras del suicidio, contribuiríamos a cerrar la brecha entre el «ellos» y el «nosotros». Quisimos contrarrestar los discursos de odio basados en la criminalización con historias de éxito, de inclusión, de solidaridad de sus víctimas. Legitimamos así el lesivo discurso de que debían ser superhéroes y superheroínas, seres de luz, para merecer estar entre nosotros (¡oh, raza superior!). Y así llegamos al esperpento con noticias como: «El héroe que salvó a un hombre de las llamas en Denia: "El corazón me dijo que tenía que salvarlo"».

En diciembre de 2019, Gorgui Lamine Sow trepó por la fachada de una vivienda en llamas para rescatar a su dueño, un hombre con problemas de movilidad que pedía auxilio en el balcón. Tras sacarlo a hombros, el ciudadano de origen senegalés desapareció sin más de la escena, generando una gran expectación mediática. Gorgui temía perder el autobús que le llevaría de vuelta a casa, junto a su esposa e hijo. Cuando lo localizaron y descubrieron que, además de ser negro, no tenía papeles, su historia fue publicada en numerosos medios locales e internacionales. La Delegación del Gobierno en Valencia anunció inmediatamente que le concedería el permiso de residencia y de trabajo. Y la mayoría de las cabeceras aplaudieron la decisión dando al traste con uno de los principios fundamentales de los estados democráticos: que los derechos son inalienables a las personas y que, por tanto, no se pueden conceder aleatoriamente como si de un concurso de supervivencia se tratase.

Gorgui no fue considerado un héroe por subirse a una patera para mejorar su vida y la de su familia, pero sí por haber salvado a uno de los «nuestros». Cuando la policía le preguntó si había sido él el que rescató al vecino de Denia, sintió «miedo porque había entrado a una casa que no era mía y no sabía si me podía pasar algo porque no tengo papeles», contó entonces al periódico *Las Provincias*.

No deja de ser ridículo que mientras que Gorgui sentía que sencillamente había cumplido con su deber de socorrer a una persona en peligro, los medios de comunicación crearan un relato en torno a la épica del héroe que lo único que consigue es convertir la decencia en una cualidad excepcional solo al alcance de una minoría. ¿No es acaso lo que todo el mundo, con las condiciones físicas necesarias, debería hacer? ¿Acaso hubiese sido lo normal que el hombre se hubiese achicharrado ante la mirada del vecindario? ¿Es la condición de negro lo que convierte el hecho en un relato con moraleja? ¿No es la moraleja profundamente racista y paternalista? Y, por último, ¿que el Estado documente a una persona y regule su condición laboral para que pueda pagar impuestos y recibir contraprestaciones no es acaso su obligación? ¿Cómo hemos llegado a aceptar que lo normal sea que los estados hagan dejación de una de sus funciones primarias, tener identificados y localizados a los habitantes de su territorio? Sencillamente aplicando la táctica de los hechos consumados: convierte en política pública un delito y será concebido como legítimo.

Así es como «en esta época, es triste, hay que llamar triunfo a un acto de justicia», escribía Juan Carlos Onetti en *El Astillero* (Seix Barral, 2002). Así es como Gorgui tuvo que salvar a un hombre para que el Estado le reconociese su condición de ciudadano.

* * *

Los periodistas nos hemos equivocado de estrategia, porque si algo había conseguido el neoliberalismo era precarizar las condiciones de la mayoría social, de los autóctonos y de los extranjeros, y convencerlos de que las privaciones de los primeros eran culpa de los segundos. Como ha hecho el capitalismo desde sus inicios, enfrentar a los pobres contra los pobres por las migajas. Y para romper con esta dinámica que alimenta el miedo al otro, necesitamos ser nosotros mismos los que dejemos de reproducir el «ellos versus nosotros». De lo contrario, solo la extrema derecha y los populistas totalitarios nombrarán los miedos y sufrimientos de quienes padecen la incertidumbre de un mundo que cambia a un ritmo vertiginoso y que, creen, no tiene nada para ellos. Si negamos su percepción de la realidad, sentirán que solo la reconocen los que retuercen y acrecientan sus miedos para lucrarse, ganar poder e imponer su agenda reaccionaria. El objetivo ya lo vislumbró el filósofo Zygmunt Bauman en su teoría de la manipulación de la incertidumbre. Ante la incapacidad o desinterés de los dirigentes políticos para dar respuesta a los grandes desafíos de nuestro tiempo, necesitan crear falsos enemigos a los que culpar de nuestra creciente desigualdad, de las consecuencias de la crisis climática, de la instalación del precariado como sistema económico hegemónico... Y para ello es necesario implantar como ley natural «la banalidad del mal», la teoría que tan bien desentrañó la filósofa y teórica política Hannah Arendt en una de sus obras más relevantes y vigentes, *Eichmann en Jerusalén*. La intelectual judía, que había sido forzada por el III Reich a refugiarse en Estados Unidos para salvar su vida, decide cubrir para *The New Yorker* el juicio al oficial nazi encargado de coordinar el Holocausto, Adolf Eichmann. Durante los cuatro meses en los que, además de prestar declaración, tuvo que escuchar a decenas de supervivientes, el criminal de guerra no mostró ningún signo de arrepentimiento por ser el ideólogo y responsable directo de la llamada «solución final» que acabó con la vida de más de once millones de personas. Además de los, aproximadamente, seis millones de judíos asesinados, también lo fueron millones de polacos, de militantes de izquierdas, de gitanos, de homosexuales, de personas con discapacidad, de presos soviéticos... Se estima que, al menos, un millón eran niños y niñas. Eichmann se limitó a repetir una y otra vez que era su deber cumplir las órdenes recibidas y que hacerlo, además, lo convertía en un ciudadano ejemplar. Al contrario del monstruo antisemita que describe la fiscal, Arendt lo define como un hombre «terriblemente y temiblemente normal», de los que renuncian a pensar por sí mismos y siguen la corriente a la mayoría social de su tiempo. La estudiosa concluye que si pudo cometerse el genocidio fue precisamente por lo que representaba ese discurso de los «ciudadanos normales», la mayoría silenciosa que acepta acríticamente y da por buenas las leyes, costumbres y tradiciones de su sociedad. El hombre-masa, como lo llamó Ortega y Gasset, esa gran parte de la población que asume y cumple con las reglas dictadas por los estamentos superiores del sistema sin reflexionar sobre sus implicaciones y consecuencias. Una interpretación del comportamiento humano de plena vigencia. ¿Cómo, si no, podría calar la idea de que personas que tienen que jugarse la vida para migrar sin nada más que su determinación para seguir vivas puedan ser una amenaza? Pero ¿acaso no es cierto también que entre ellas, que han tenido que huir en muchos casos de países en conflicto, habrá algunas que han cometido asesinatos o que han violado a sus compañeras de éxodo? Al negar lo obvio, al crear un marco mental en el que los marginados y oprimidos, para merecer nuestra solidaridad, han de ser no solo víctimas, sino portadores de las historias más desgraciadas imaginables y, por encima de todo, inocentes de toda mala actuación, estamos creando una ficción imposible de asumir. Especialmente por parte de aquellos que también sufren pobreza y violencia en los mismos barrios, ciudades y pueblos en los que nacieron. Y quizá no lo hemos querido o sabido contar porque no eran historias tan evidentes o maniqueas, ni nos situaban tan claramente en el bando de las víctimas y, por ende, a nosotros en el bando de los buenos. Y porque no es tan excitante coger un metro para documentarlas como subirse a un avión para bajarse en la otra punta del mundo. Y porque reporta más reconocimiento público narrar los abusos sufridos por personas de países empobrecidos que los soportados por los miserables de nuestros propios países. He cometido, uno tras otro, todos estos errores. Si no fuese por ellos, nunca habría podido mejorar en mi oficio ni conocer todos estos miedos.

Pero, sin que sirva de excusa, hay que entender que, para explicar procesos complejos, se necesitan tiempo y recursos para investigar, para escribir, y tiempo para que sus destinatarios y destinatarias lo puedan leer. Y si algo nos han robado los hombres grises, como contaba Michael Ende en *Momo*, es el tiempo. Tiempo también para escuchar: «Muy pocas personas saben escuchar de verdad. Y la manera en que sabía escuchar Momo era única. Momo sabía escuchar de tal manera que a la gente tonta se le ocurrían, de repente, ideas muy inteligentes. No porque dijera o preguntara algo que llevara a los demás a pensar esas ideas, no; simplemente estaba allí y escuchaba con toda su atención y toda simpatía».

Casi todo el mundo ha vivido alguna vez la sorprendente complicidad que se puede trabar en una conversación espontánea con una persona prácticamente desconocida hasta ese momento. La única diferencia con una entrevista es que el resultado de ese encuentro tiene vocación de ser compartido, público. Y pese a ello, resulta sorprendente el grado de apertura e intimidad que a veces se puede obrar. El milagro de este oficio se da cuando la persona decide abrir su alma, con sus luces y sombras, sin temor a ser juzgada. Y han sido esos casos, cuando he podido conocer a sus protagonistas lo suficiente para entender que no hay ángeles y diablos claros, los que mejor me han permitido conocer contextos tan complejos como, por ejemplo, la guerra de Colombia.

* * *

> *Atravesé multitud de pueblos, multitud de océanos.*
> *Llegué a estas pobres tumbas, hermano,*
> *para traerte la última ofrenda debida a los muertos*
> *y hablar (¿por qué?) con la ceniza muda.*
>
> ANNE CARSON, «NOX»

«Sientes satisfacción porque tu hermanito no siga ahí enterrado como un perro, pero también mucha tristeza por ver en lo que ha quedado tu familia por una guerra que ni le va ni le viene», me dice Luz tras comprobar que el rosario que ha sacado el médico forense del agujero era el de Norbei, asesinado diez años atrás por los paramilitares, cuando este tenía diecisiete y paseaba con dos amigos por el monte. Lo enterraron en un cerro atravesado por corrientes subterráneas que han conservado su cuerpo en un estado gelatinoso. Intacta permanece su cabellera morena, que corona la silueta humana dibujada por una camiseta de publicidad desteñida, unos pantalones vaqueros, las botas de agua verdes. La calavera falsea un rictus en las concavidades llenas de barro. El encanto se desmorona, las formas se derriten cuando el equipo de la fiscalía colombiana intenta recoger el cadáver para meterlo en una bolsa de plástico. Entonces, la madre, una anciana de cincuenta años que ha asistido a la escena impertérrita hasta ahora, se derrumba convertida en gelatina ella también. La sostiene en brazos su yerno, un joven que cometió crímenes parecidos al que acabó con la vida de Norbei. Dejó de cometerlos cuando abandonó las filas de los paramilitares para comenzar una vida con Luz, exguerrillera de las Fuerzas Armadas Revolucionarias de Colombia (FARC). Ahora coincidíamos todos asomados a la fosa para ver qué hay en el fondo del abismo. Era 2008.

El entonces presidente de Colombia Álvaro Uribe Vélez intentaba lavar su imagen después de que la Corte Penal Internacional estudiase procesarle por crímenes de lesa humanidad por sus vínculos con el paramilitarismo. Para ello, puso en marcha un proceso de paz con estos grupos que, en la práctica, les permitió borrar su sangriento historial a cambio de entregar las armas y aportar información para localizar a las personas desaparecidas. Paradójicamente, las exhumaciones de sus víctimas consiguieron echar tierra sobre sus crímenes y proteger a sus responsables últimos, los autores intelectuales, de la acción de la justicia. Mientras, las consecuencias de sus políticas asesinas seguían latiendo en cada hogar.

«Primero mataron a mi tío Jaime, los paramilitares. Después, mi tío Gustavo fue muerto cuando la guerrilla tumbó la comisaría de policía de San Francisco, nuestro pueblo. A mi padre lo mató uno que, primero, fue guerrillero y, luego, paramilitar. A mi hermanito Norbei, lo mataron las autodefensas. Era un campesino de diecisiete años. Luego, la guerrilla se llevó a mi hermano menor cuando tenía dieciséis. Lo apresó el ejército y lo mataron. Estaba de civil y mataron a seis o siete compañeritos como él», relata Luz, que, sin quererlo, había terminado convertida en la cabeza de la menguada familia. Ella misma había sido reclutada forzosamente por las FARC siendo aún menor de edad. «Tocaba caminar harto, cocinar, cargar leña... Me cansé de ver tanta injusticia porque la ideología es bonita, pero cuando uno ve los hechos, cómo tumban pueblos, provocan masacres, matan a inocentes... En la ideología lleva razón, pero los hechos son atroces. Así que a los dieciocho años me escapé».

Luz sabe bien que hay vidas con un estrecho margen de maniobra y un escaso poder de decisión. No es extraño, por tanto, que, al enterarse de que aquel joven espigado, serio y silencioso del que se había enamorado era un ex paramilitar, no desechase sus sentimientos ni aparcara su deseo. Eran dos niños de familias campesinas pobres, que habían sido convertidos en soldados y que encontraron en la comprensión del otro el mejor refugio desde el que empezar una vida fuera de la violencia sin sentirse juzgados. «Los desmovilizados, así seamos de la guerrilla o de los paracos, no tenemos ninguna oportunidad para encontrar trabajo: seguimos siendo considerados delincuentes, criminales, aunque no fuese nuestra decisión coger las armas», sostiene Luz, a sus veinticuatro años, metro y medio de altura, cara de niña y cuerpo desgastado por llevar siendo demasiado tiempo mujer.

«Nos conocimos, nos enamoramos y estamos casados por la Iglesia», me suelta orgullosa la muchacha, convencida de que con estas pocas palabras queda explicado todo. Está subida con su madre y su marido en la bañera del todoterreno de la Fiscalía, camino del laboratorio de Medellín en el que les tomarán las muestras de ADN a ellas y a los restos de la bolsa negra que rodeamos. A cada salto de la *pickup* por los baches del camino de tierra, sentimos cómo su cráneo, sus huesos, sus células envueltas en grasa y barro, se estrellan contra nuestros pies, contra los de su madre, contra los de su hermana, contra los de su cuñado al que nunca conoció y que quién sabe si podría haber sido su asesino.

* * *

«Se oye la sangre de tu hermano clamar a mí desde el suelo» (Génesis 4, 10). Eso mismo sentía yo. Que, en aquel silencio, cargado de tanto alivio como constricción, el hermano muerto me clamaba que le atendiese, que entendiese que, a través de ese instante, de esa escena de aparente horror, podía contar la historia de Colombia, de su guerra, de su desigualdad, de su irreprimible y exorbitante pasión por la vida en general, de su desesperante desprecio por la vida de los pobres. No sabía si sería capaz de contarlo, pero sí del privilegio que suponía estar viéndolo con tal nitidez.

Buena parte de la clase política, la mayoría de los medios de comunicación colombianos y un importante sector de la opinión pública habían convencido a Luz y a Francisco de que eran enemigos. Así que, cuando siendo unos críos fueron forzados a convertirse en combatientes, les pareció lo natural, lo inevitable. Porque ellos tampoco podían decir que «no» porque, como Sofía, no tienen «palabra». De haber entrado en combate, se habrían tenido que intentar matar respectivamente. Sin razones reales para hacerlo ni capacidad de decisión sobre ello. Ahora que habían tenido la oportunidad de conocerse, así fuese por azar, se amaban. El absurdo explica gran parte de los acontecimientos más importantes de la humanidad y es uno de los elementos que solemos omitir. Porque la mente humana está diseñada para buscar coherencia y, cuando no la hay, se hace trampas al solitario. Pero fue la casualidad de ese encuentro la que les brindó la oportunidad de empezar a desenredar el origen del miedo al otro.

En 2014, un amigo israelí, activista por los derechos humanos de la población palestina, me presentó en Tel Aviv a su novia, una reputada cirujana de cincuenta años. Ella era una de las integrantes de Physicians for Human Rights, una ONG que presta atención médica en los poblados más devastados por la ocupación sionista. «Como médica considero que es mi obligación contribuir en lo posible a que estas personas tengan asistencia sanitaria. Pero no me considero defensora de los derechos humanos de los palestinos», me contestó cuando le propuse entrevistarla. En una sociedad tan atravesada por la mentalidad del *apartheid*, son una minoría los israelíes que dan el paso de significarse participando en este tipo de iniciativas, por el temor al estigma social de ser considerados, prácticamente, aliados de los «terroristas palestinos». Así que le hice ver mi desconcierto ante su respuesta. «Crecí en un kibutz rodeada de personas que tenían tatuado su número de ingreso en los campos de concentración nazis. Me criaron en el miedo al exterminio y al nuevo enemigo que quiere aniquilarnos: los palestinos. Y aunque sé que es un trauma, que no es así de sencillo, no puedo evitar sentir en peligro mi existencia y la de mis seres queridos en todo momento. Sería cínico definirme como una defensora de los derechos humanos de los palestinos, a los que, aunque no quiera, percibo como mis enemigos», me explicó esta mujer políglota, formada en universidades europeas y estadounidenses, que durante el servicio militar obligatorio israelí fue piloto de cazas.

Me sorprendió no solo su sinceridad, sino también su consciencia de que parte de su relación con ese mundo que veía a diario desde la ventana de su casa en Tel Aviv no era resultado de una reflexión racional, sino de su educación, de la historia de su pueblo y de prejuicios y traumas heredados. Dos semanas después, volví a encontrarme con su pareja, al que había conocido años atrás en España, cuando le entrevisté durante una de sus giras en que denunciaba los crímenes del Estado israelí. Llegó excitado al encuentro en un restaurante, con un brillo en la mirada que no le había visto antes. «¿Sabes? Tras tu conversación con mi novia, la convencí para que viniese a cenar con una familia de amigos palestinos de Jerusalén. Al principio estaba tensa, pero según fueron llegando sus hijos y nietos, fue integrándose en el alboroto. Cuando salimos, me confesó que era la primera vez que compartía un encuentro espontáneo, natural, con palestinos. Y que, entonces sí, había sentido, y no solo sabido racionalmente, que son personas como nosotros. No sabes lo que eso significa».

Esa mujer había nacido y vivido prácticamente sus cincuenta años de vida en Israel, se cruzaba a diario con palestinos, desconfiaba de su propia percepción de sus vecinos, participaba en una asociación humanitaria... Y, sin embargo, no había compartido un rato con ninguno de ellos, de igual a igual, hasta entonces. Bastó un tiempo de encuentro para que todo el imaginario del enemigo comenzase a agrietarse. Pero no es fácil, ni aquí ni allí, encontrar espacios en los que empezar a conocernos. Pensemos, si no, cuando acabamos de llegar a una ciudad, sobre todo quienes que trabajamos en casa o con pocas personas, ¿dónde podemos ir a conocer gente y crearnos así un círculo de amigos y conocidos? No tiene sentido que, cuando más falta hace reconstruir la convivencia y el conocimiento mutuo, lo único que tengamos a mano sean los bares. Durante la pandemia se hizo evidente el excesivo protagonismo que habían adquirido en nuestras vidas y poblaciones estos espacios privados, en los que, además, estamos obligados a consumir cuando lo que buscamos a menudo es compartir y socializar. Necesitamos urgentemente espacios públicos vecinales en los que tejer redes de complicidades, apoyo mutuo e, incluso, estrategias de rebelión. Para que soledades como las de Festus no se puedan repetir.

* * *

Lo opuesto al miedo es la solidaridad.

Soledad Gallego-Díaz

Cuando conocí a Festus en julio de 2005, ninguno de los dos podíamos imaginar que lo que le iba a quebrar definitivamente no iba a ser lo que había vivido intentando ponerse a salvo huyendo a Europa, sino lo que le esperaría en la siguiente década en España, Suecia, Suiza y Dinamarca.

Ese día, al muchacho de rostro jovial y redondo le costaba sonreír. Se esforzaba por deferencia ante la excitación de los periodistas que habíamos ido a acompañarlo en su entrada a Europa por la puerta grande, porque eso es lo que representaba la sentencia de la Audiencia Nacional. No terminaba de creerse que estaba a punto de lograr su objetivo: vivir en paz. Nos dirigimos al caserón blanco rodeado de muros que alberga el consulado de España en Rabat. Allí el cónsul debía entregarle el salvoconducto que le permitiría cruzar en un ferry a la Península. Era la primera vez que un diplomático español recibía a un inmigrante africano por orden de un alto tribunal. El cónsul nos dio la mano primero a nosotros, los periodistas, y habló en español. A quien tenía que pedirle disculpas por la actuación ilegal de su Gobierno era a Festus, que habla perfectamente inglés. Cuando me extendió a mí el documento, le señalé con la mirada a su destinatario. Aquel hombre trajeado seguía, literalmente, sin ser capaz de ver a Festus. El racismo y el clasismo resultaban tan desesperantes para mí como naturales para él.

Desde aquel barrio residencial en la zona alta de Rabat, nos dirigimos en taxi a la periferia. Festus miraba en silencio aquel folio con el sello de la Corona española estampado en una esquina. Le pregunté qué pensaba. Esperaba que me dijese que no entendía cómo había podido pagar un precio tan alto por la falta de este trozo de papel. Pero lo que me contestó significaba todo lo contrario, que no entendía por qué tener ese papel le iba a liberar a él de tanto sufrimiento desde ese momento. «No sé cómo decirles a mis compañeros que yo me puedo ir porque tengo este sello. Si he sobrevivido desde que llegué a Marruecos ha sido gracias a ellos, que me han acogido y apoyado cuando yo no tenía dinero ni para pagar por un colchón en el suelo. Y ahora, yo me voy y ellos se quedan».

Cuando llegamos al decrépito barrio en el que vivían, cuando entré en el edificio de paredes de hormigón visto en el que dormían en colchonetas en el suelo, cuando conocí a Charity y a Fred, empecé a entender. Estos dos hermanos nigerianos se habían convertido en la familia de Festus. Aquella noche, Charity preparó una cena especial en honor a los invitados y a la noticia que esperaban. En el descansillo de la escalera, como tenían que hacer el resto de los vecinos —todos negros, todos migrantes, todos de camino a Europa patera mediante— encendió en el suelo el hornillo de camping. Acuclilladas mirábamos cómo se cocían unos huevos y el arroz con especias picantes. Las obras del edificio nunca habían sido concluidas. No tenía ventanas al exterior ni pasamanos en la escalera. Quizá su dueño se había dado cuenta de que no era necesario para empezar a sacarle rendimiento. Pagaban sesenta euros por el cuartucho en el que vivían los tres. Eran cuatro plantas y en cada una había cuatro habitaciones. Casi mil euros de ingresos mensuales. Entonces, el salario mensual mínimo en Marruecos era de ciento sesenta euros. Hoy es de doscientos.

Cuando nos sentamos a cenar, se nos atragantaban las bolas de arroz que compactábamos con las manos. Festus miraba al suelo callado, mientras la única fotografía pegada en la pared desconchada nos devolvía una imagen de él vestido de gala agarrando por la cintura a una joven sonriente. Era del día de su graduación, impresa en un folio de papel. Finalmente, habló. Contó que a la mañana siguiente nos marchábamos a España. Sus amigos lo abrazaban mientras cantaban y lloraban. Él seguía inmóvil. Si las despedidas son las celebraciones más agridulces, esta parecía más bien un entierro. Sospecho que intuían que nunca se volverían a ver.

Poco después, mientras recogíamos los platos, Charity me llevó a un rincón y me susurró: «Necesito que me ayudes a salir, queremos subirnos a una patera, pero no conseguimos el dinero suficiente». Volvió a mirar hacia el interior de la habitación para comprobar que los hombres no nos podían oír. «Me violaron, mi hermano no pudo ayudarme, era la única forma de pasar la frontera. ¿Qué podía hacer?».

Pero en su voz había rabia y reproche. Según supo Festus años después, ella murió ahogada cuando naufragó la patera en la que viajaba. Fred sobrevivió, pero poco más tarde dejó de contestar sus llamadas.

Al día siguiente, fuimos temprano a recoger en coche a Festus. Traía solo el salvoconducto en una mano y una camisa blanca en la otra. Cuando nos disponíamos a abrazar a Charity y Fred para despedirnos, un grupo de jóvenes marroquíes empezaron a insultarnos y a tirarnos piedras. No pareció sorprenderlos, estaban acostumbrados a un racismo brutalmente cotidiano. Nos subimos rápidamente al automóvil y arrancamos. En un estado policial como Marruecos, era cuestión de minutos que apareciesen los agentes. Y lo último que necesitaban aquellos hermanos era ser detenidos por estar ilegalmente en el país. A Festus le reconcomían los remordimientos por dejar a sus amigos atrás. Yo solo volví a sentir tal grado de vergüenza como ciudadana europea diez años después, cuando cubrí el éxodo de refugiados y refugiadas en Macedonia del Norte. Ninguno volvimos la mirada atrás. Viajamos en silencio durante las dos horas y media que tardamos en llegar al puerto de Tánger, donde nos subimos en un ferry que nos llevaría en cuarenta y cinco minutos a la Península Ibérica.

Festus empezó a derrumbarse en el momento mismo en que tocó suelo europeo. Como solicitante de asilo, accedió a una habitación en un piso de acogida para refugiados en Gijón. Encerrado entre aquellas cuatro paredes, entró en una profunda depresión. ¿Quién era ese hombre que veía en el espejo? Ya no estaba en peligro perpetuo ni tenía que dedicar todas sus energías a sobrevivir. Tampoco quedaba rastro del reconocido activista que luchaba contra las gigantes petrolíferas y el Gobierno de Nigeria. Por lo que veía en muchas de las miradas con las que se cruzaba en la calle, era solo un inmigrante negro más. Y le dolía reconocer que él no se sentía así, que también en él habitaba el clasismo del universitario revolucionario, que él no había salido por hambre, sino a causa de su valentía y entrega. Aun así, sabía que de algo tendría que vivir cuando se acabasen las ayudas en nueve meses. Miraba a su alrededor, veía las noticias en la televisión y lo que encontraba eran migrantes por todas partes, decenas de miles de negros como él buscándose la vida en ciudades y pueblos. Entonces ¿por qué tanta violencia para evitar que otros como él llegaran a su destino?

Entre los años 2000 y 2010, España pasó de tener uno a 5,7 millones de inmigrantes. La población total alcanzó los 46,6 millones. Fue la década de mayor crecimiento económico de nuestra historia gracias a la burbuja de la construcción, y en la que se inició la mayor crisis vivida hasta el momento con el hundimiento de Lehman Brothers y el resto del capital financiero mundial. Pese a toda la maquinaria de militarización de nuestras fronteras, con el reforzamiento de las vallas de Ceuta y Melilla, las patrullas de la Agencia Europea de la Guardia de Fronteras y Costas (FRONTEX) cerrando las rutas marítimas de Mauritania, Senegal y Marruecos, los centros de internamiento de extranjeros (CIE) y las batidas policiales en busca de inmigrantes, solo en España entraron de manera irregular casi cinco millones de personas. ¿De verdad se puede colar esa cantidad de gente sin que se dé cuenta una de las mayores economías del mundo?

El investigador Eduardo Romero, autor de numerosos ensayos sobre las políticas migratorias, analizó este fenómeno desde una perspectiva histórica y llegó a otra conclusión, bastante más creíble y coherente con las políticas desarrolladas por los países enriquecidos:

A lo largo del último siglo y medio, la inmigración ha servido para generar no solo la suficiente fuerza de trabajo, sino el exceso que el mercado capitalista requiere. Es falso que el ideal sea un equilibrio entre la demanda y la oferta. Históricamente ha funcionado «mejor» cuando existe un exceso de fuerza de trabajo. En 1945, Charles de Gaulle, tras la muerte de millones de personas y la perspectiva de un gran crecimiento económico, pide desesperadamente a las mujeres francesas que tengan «doce millones de preciosos bebés» porque necesitaban trabajadores para las fábricas. Aunque las francesas se los «hubiesen dado», que no lo hicieron, hubieran tardado casi dos décadas en poder trabajar, así que rápidamente empezaron a llegar inmigrantes de Argelia, España, Portugal...

España necesitaba con urgencia mano de obra atemorizada y vulnerable, dispuesta a aceptar cualquier condición laboral. Algo que, por razones lógicas, ocurre cuando las personas acaban de llegar, se encuentran en situación administrativa irregular y necesitan el más mínimo ingreso para sobrevivir. La lógica nos diría que, una vez que acceden a la documentación y estabilizan su situación, empezarían a demandar condiciones dignas y equiparables a las de la población local. Por ello, como sostiene Romero, hay que «eternizar el desarraigo». Con ese fin se diseñó una ley de extranjería por la que la mayoría de las personas migrantes tienen que pasar una media de una década para conseguir un permiso de residencia mínimamente estable, que les permita no estar siempre atemorizadas ante la posibilidad de ser expulsadas. En 2009, en pleno hundimiento económico, se estimaba que había casi dos millones de personas sin papeles en España mientras accedían al país de manera irregular más de seiscientas mil. Se deportó a sus países de origen a trece mil.

En 2002, el año en que Aznar se jactó de su «expulsión masiva» ilegal, como la definió el Consejo General del Poder Judicial, entraron a España más de ochocientas mil personas. La mayoría de ellas por el madrileño aeropuerto de Barajas y el barcelonés del Prat, aunque la atención mediática se concentrase en los desembarcos en los puertos, por la facilidad para grabarlos, y en la ciudad fronteriza de Melilla, por la espectacularidad de los saltos a la valla. ¿Qué sentido tenía, pues, aquella deportación de un centenar de personas —incluido Festus—, a todas luces ilegal y realizada de cara a las cámaras? El mismo que toda la legislación de extranjería: normalizar la deshumanización de estas personas ante la ciudadanía local. Y recordar a las personas migrantes, las que sopesen venir a Europa y las que ya residen aquí, que siempre estarán de prestado, que pueden ser desechadas en cualquier momento y que no hay derecho que les ampare, porque no son ciudadanas, sino potencial e intercambiable mano de obra que habrá de aceptar lo que se le ofrezca. Por eso, en Lleida, en el verano de 2020, mientras los temporeros migrantes eran acusados de causar rebrotes de COVID-19, cada mañana seguían llegando encargados para contratarlos en la plaza más céntrica de la ciudad. En lugar de los 6,70 euros por hora estipulados por el convenio laboral del campo, los encargados se asomaban a la ventanilla de la furgoneta para ofrecerles 5,70; 5; 4,50 euros... «Nosotros les decimos que no porque les estamos regalando sudor. Pero sabemos que detrás hay otros veinte que van a decir que sí. Porque están durmiendo en la calle, como nosotros, y necesitan trabajar así sea para juntar el dinero que les permita volver a sus casas», me explicaba Moctar sin soltar el cartón que había recogido para echarse a la sombra hasta que el pabellón municipal abriese a las ocho de la tarde. Allí había terminado durmiendo junto a varios centenares de jornaleros que no conseguían trabajar más que algún día suelto. Este licenciado en Ciencias Ambientales por una universidad alemana lleva más de veinte años en España. En pleno estado de alarma, la patronal hizo un llamamiento recordando que, como cada año, se necesitaban más de treinta mil pares de manos para recoger melocotones, ciruelas, peras... que, en su mayoría, terminarán en Israel, Brasil o Arabia Saudí. Mientras gran parte de la población estaba confinada, hasta aquí llegaban diariamente miles de personas de toda España o, incluso, como en el caso del senegalés Moctar, de las islas Canarias. «Veías toda la ciudad paralizada, vacía, mientras a la estación de trenes y autobuses no dejaba de llegar gente, cargando solo con una mochila», me explicaba Leo Badía, activista de la plataforma Fruta con Dignidad.

Aquel año las empresas agrarias tampoco cumplieron con su deber de ofrecer alojamiento a los trabajadores que residan a más de setenta y cinco kilómetros de la explotación, ni había suficientes viviendas o habitaciones para alquilar en la comarca del Segrià. Del tajo a la calle, un clásico que se repite todos los veranos en la comarca del Segre. La razón no hace falta volver a describirla. Ya lo hizo John Steinbeck en *Las uvas de la ira*, la novela que retrata el impacto del crac de 1929 y la robotización de la agricultura en el campesinado estadounidense, y su migración masiva para trabajar en los cultivos de naranjas de California.

«Quizá necesite doscientos hombres, así que habla con quinientos, que se lo dirán a otra gente, y cuando llega al sitio del trabajo hay allí unos mil hombres. El jefe dice: "Pago veinte centavos por hora". Más o menos la mitad de los hombres se marcharán. Pero aún quedan quinientos y están tan muertos de hambre que trabajan aun por unas galletas [...]. Cuanta más gente haya y más hambrienta esté, menos tendrá que pagar. Si puede, se queda con uno que tenga hijos», escribió el premio Nobel.

Por eso, en 2010, en uno de los momentos álgidos del discurso antiinmigración en pleno derrumbamiento económico, se alcanzaba el máximo porcentaje de población extranjera en España: el 12,2 por ciento. En aquel momento, se estimaba que había unos dos millones de personas sin papeles o con un permiso de residencia temporal. «Todo este sistema represivo que puede acabar en la expulsión está dirigido a crear miedo e inseguridad jurídica», me respondió Eduardo Romero cuando le pregunté por esta paradoja.

Pero el miedo no era exclusivo de los migrantes: los trabajadores autóctonos también sufrían la doctrina del shock de la caída en picado en la pobreza. Y muchos creyeron lo que el Estado y numerosos medios llevaban años repitiendo: que su causante tenía rostro oscuro, un nombre difícil de pronunciar y que, sobre todo, profesaba la religión musulmana.

Lo mismo que ocurría con los negros a principios del siglo XX en Estados Unidos. Así lo retrató la filósofa francesa Simone de Beauvoir en *América día a día,* el diario que publicó en 1947 tras su viaje de dos meses recorriendo ese país: «En 1894, aquí se utilizó a los negros como esquiroles, lo que hizo que los blancos se aliaran en su contra y los excluyeran. Cuando, durante la guerra de 1916-1917, los patronos volvieron a recurrir a ellos, la mayor parte de los sindicatos obreros se negaron a admitirlos en sus filas [...]. Desde entonces, este juego continúa: los empresarios se aprovechan de la situación de miseria de los negros, quienes tienen permitido un número muy reducido de empleos, y los utilizan de forma sistemática contra los sindicatos obreros». Por ello mismo, escribía, no contaban con el «apoyo de su propia clase».

Como añade el también filósofo y catedrático de Ciencias Políticas Sami Naïr en *Acompañando a Simone de Beauvoir,* los blancos venidos a menos interpretan la competencia social de los trabajadores negros como «una voluntad de "sustitución", de robo del estatus social. A la inversa, cuando el negro se lamente de vegetar en la miseria por falta de empleo gratificante y de movilidad social, el trabajador blanco le explicará que es culpa suya. Este mismo reproche se le hace al inmigrante desempleado, al colonizado en su tierra o al excolonizado en los países desarrollados. La exclusión del Otro, en razón de su situación o de factores externos transformados en determinantes genéticos de su comportamiento (los negros son "ladrones", "holgazanes", "violadores", "incultos", "mentirosos", etcétera), prejuicios que constituyen el núcleo de la visión del mundo del racista de manual».

Pero si los gobiernos legalizan la discriminación por origen, etnia, clase social o religión, si crean todo un entramado legislativo, policial, militar y económico para garantizar su explotación y exclusión social, la ciudadanía asumirá que lo natural y legítimo es que las personas extranjeras pobres trabajen sin contrato y por menos de cinco euros la hora a cambio de cultivar nuestros alimentos, cuidar de los mayores, de los enfermos y de los menores, de cocinar en los restaurantes o de limpiar nuestros hogares. Solo así se explica que cuando, en junio de 2020, en plena pandemia, la entonces ministra española de Trabajo y Economía Social, Yolanda Díaz, anunció inspecciones en las plantaciones para verificar que se cumplían los derechos laborales de los empleados, un portavoz de la patronal agraria de Navarra publicase en las redes sociales un vídeo en el que le advertía: «No sé en qué fase se podrán sacar los tractores a la carretera, pero le doy mi palabra de que esta vez no vamos a ser pacíficos. Como no retire las inspecciones y no retire ese cuestionario, no vamos a ser pacíficos». Cada vez que un gobierno de un país enriquecido ha anunciado medidas de castigo contra los abusos de los trabajadores y trabajadoras más precarios, portavoces de la oligarquía y de la patronal se han pronunciado con ultimátums de este tipo que evidencian su sensación de impunidad.

Cuando se normaliza la explotación de un grupo social, se está configurando una categoría de subciudadanía, de subhumanos: los desechables, como se les llama en Colombia. A esto en Sudáfrica se le denominó *apartheid*. En Francia, la investigadora Claire Rodier los encasilló como mercancía del «negocio de la xenofobia». Y nosotros, los periodistas, no conseguimos explicarlo. O no conseguimos hacernos entender. Porque en 2015 las sociedades europeas se indignaron ante la foto del niño sirio Aylan, cuyo cadáver fue expulsado por las mareas a la orilla de una playa turca, y decenas de miles de personas se manifestaron contra los gases lacrimógenos disparados contra las familias que intentaban encontrar refugio en el continente por la ruta de los Balcanes. Y todo lo que entonces se hizo allí contra estas personas se había experimentado durante dos décadas aquí: en la frontera sur, en la ciudad de Melilla, sin que consiguiéramos que apenas nadie dijese «Bienvenidos, refugiados», «¡Acogida ya!» o, al menos, «Trátenlos como a seres humanos».

* * *

En la tumba de Oussama Bounouar no hay flores. Ni placa con su nombre. Ni nada que nos recuerde que aquí yacen los restos de un adolescente que murió por intentar mejorar la vida de sus padres.

Hach Mimoun, el enterrador del cementerio musulmán de la mezquita de Melilla, recuerda levemente su historia cuando le pregunto por el lugar donde se halla la tumba. No es el único muchacho al que ha tenido que amortajar sin que nadie pudiese ir a llorarle. Él recuerda al menos una decena de veces en las que se encontró ante un cadáver escuálido, al que aún le quedaban unos centímetros por crecer, cuya muerte por violencia en un centro de menores, ahogamiento en algún rincón del puerto o caída desde un barco contra un pantalán de hormigón fue resumida por la prensa local con un gélido «fallece un "mena"», el acrónimo de menor no acompañado. Quién sentiría compasión por un mena... Esa palabra sí que dice, porque así se han encargado algunos medios de que nos quede claro: «mena» no es un niño, ni un adolescente, ni un joven; «mena» es delincuencia, violencia, suciedad, miedo... Si Aylan hubiese perdido a sus padres en la guerra de Siria, en su huida por tierra por la ruta libia, o en el mar por el Mediterráneo Central; si tras años errando hubiese llegado a Melilla y hubiese muerto como Oussama, el niño Aylan no habría tenido quien le llorase porque solo habría sido un mena. Así de poderosas, frágiles y peligrosas son las palabras. Por eso, habría que escogerlas y llevárnoslas a la boca como quien recolecta moras: sujetándolas con la presión justa para no estrujarlas y la necesaria para evitar terminar pinchándonos con las espinas.

Hach abre un gran libro sobre la mesa de la minúscula habitación que hace las veces de oficina del camposanto. Parece uno de esos antiguos en los que los dueños de las ferreterías llevaban las cuentas. Pero aquí no hay haberes ni debes. Para sus protagonistas ya pasó todo eso. El hombre encorvado arrastra sus dedos por la columna de 2015 mientras dibuja nombres en el aire con los labios: 26 de mayo de 2015. «Aquí está», dice el anciano señalando un número con su dedo. Me acompaña. Me deja a solas en el lugar. Desde aquí, la panorámica es un compendio de la sinrazón de la política europea de cierre de fronteras. A apenas un centenar de metros, la valla de Melilla serpentea por el perímetro de la ciudad; justo delante, se retuerce sobre sí misma para dejar en territorio marroquí los restos de una antigua mezquita, alrededor de la cual permanecen las huellas del anterior cementerio musulmán de la ciudad. A la izquierda, Beni Ensar, la localidad fronteriza por la que, hasta la pandemia, cruzaban diariamente miles de mujeres y hombres para cargar sobre sus hombros toneladas de mercancía. Un negocio millonario que a ellos les reportaba unos quince euros diarios. Al fondo, las casas encaramadas a la colina del barrio Cañada Real, habitado mayoritariamente por musulmanes en Melilla. A la derecha, el Centro de Estancia Temporal de Inmigrantes, el famoso CETI, donde viven durante meses o, incluso, años, los migrantes que logran cruzar la frontera. Enfrente, en el centro, un campo de golf que se hizo famoso por una fotografía de 2014 tomada por el defensor de derechos humanos José Palazón. En ella, unos jóvenes negros permanecen encaramados a la valla por temor a ser deportados mientras unos melillenses blancos continúan con el partido a apenas unos metros.

***

> La imagen vuelve visible lo que se oculta bajo el desgaste de las palabras.
>
> PATRICK BOUCHERON

El fotoperiodismo, como plasmación gráfica del periodismo que es, alcanza la excelencia cuando, retratando una situación que hasta entonces podría resultarnos ajena, se convierte en espejo. Entonces no hay crónica escrita que pueda englobar todas las reflexiones que suscita, como ocurrió con la fotografía de Palazón. Las más obvias acusaban a los golfistas de inmorales o sentenciaban que, en realidad, ellos éramos todos, la ciudadanía blanca española, europea, occidental... De nuevo, el todo o la nada. Y, en medio, la vida. Y su violencia.

Mi mano arroja una pala de latón contra la mujer de piel oscura que me cuida, es el verano de 1933, poco después de nacer mi hermana, mi madre está enferma y ha vuelto al hospital. Un recuerdo borroso, abochornado, de un corte sangrante en su frente. Me riñen, me obligan a pedir perdón. Tengo «mal genio», por el que a menudo me castigan, pero este incidente permanece grabado vívidamente mientras que otros se difuminan. La distancia entre el lenguaje y la violencia ya se ha reducido. La violencia se convierte en un lenguaje. Si lancé palabras junto con la pala, soy incapaz de recordarlas. Después, años más tarde, las recuerdo: «¡Negra! ¡Negra!». La palabra educada se convierte en un epíteto, sustituye al epíteto feo, la palabra tabú. La maldición. El enfado de una niña blanca por la ausencia de su madre traducido ya a un lenguaje racial (algún tipo de saber lo posibilita). Ellos son culpables de cualquier dolor que uno sienta.

ADRIENNE RICH, «La distancia entre el lenguaje y la violencia»

Oussama tenía dieciocho años cuando murió intentando colarse en un ferry para llegar a Europa. Porque sí: para los Oussama del mundo, la ciudad africana de Melilla no es España ni Europa. Para empezar porque, si lo fuese realmente, no podría haber controles fronterizos internos para impedir que puedan cruzar en barco o avión los doscientos cincuenta kilómetros de Mediterráneo que la separan de la Península: es como si pidieran el DNI para ir de Oviedo a Santander o de Medellín a Bogotá. Así lo llevan recordando sentencias del Tribunal Superior de Justicia de Andalucía y el Defensor del Pueblo desde hace más de veinte años. Pero Melilla es uno más de los agujeros negros que la Unión Europea tiene repartidos por sus países meridionales en los que los estados incumplen sistemáticamente la normativa nacional e internacional cuando los destinatarios son extranjeros pobres. Lejos de ocultarlo, lo publicitan. Así lo pudimos comprobar en 2015 con las llamadas «devoluciones en caliente», deportaciones ilegales de las personas que intentan cruzar a Melilla desde Marruecos. El Gobierno conservador de Mariano Rajoy pasó de negar su existencia a facilitar que las grabásemos justo antes de anunciar que iba a legalizarlas a través de la Ley Orgánica de Protección de la Seguridad Ciudadana, popularmente conocida como Ley Mordaza. El ministro del Interior de entonces, Jorge Fernández Díaz, transmitía así a la ciudadanía que el derecho se había convertido en un obstáculo para cumplir su obligación de protegernos de la invasión de los bárbaros. Y que, por ello, había que regularizar lo que según todos los tratados internacionales es ilegal: devolver a una persona a otro país sin darle la oportunidad de pedir asilo, ser informada de sus derechos y abrirle un proceso judicial con todas las garantías. Como ahora hace Grecia con los refugiados que devuelve a las costas turcas, como hace Francia con los que llegan a su territorio por las fronteras terrestres española o italiana. Para los subhumanos las formalidades legales sobran.

En el caso de Oussama, la Administración española tampoco estimó conveniente cumplir con su deber y documentar a un joven que llevaba dos años bajo su tutela. Esta irregularidad es habitual. A los quince años, Oussama dijo adiós a su familia en Fez, una ciudad marroquí a trescientos kilómetros de Melilla, e ingresó en el centro de menores La Purísima. Allí, niños de entre once y dieciocho años se ven forzados a compartir camastro por la falta de espacio, como llevan décadas denunciando organismos de derechos humanos. Al cumplir la mayoría de edad, Oussama fue expulsado de este infecto edificio sin el permiso de residencia al que tenía derecho y que le habría permitido subirse al ferry y buscarse la vida en la Península Ibérica o en cualquier país europeo comprando un pasaje por sesenta euros. Tras meses malviviendo en la calle e intentando decenas de veces colarse en el buque trepando por una soga, una noche su cuerpo se estrelló contra el agua desde una altura de veinte metros. Nunca sabremos si, cuando no pudo cargar más con su propio peso, imaginó el desenlace. O cómo se interpreta la muerte cuando llevan años llamándote mena, que es lo mismo que decirte que no eres nada. De haber habido foto de su cadáver, probablemente no habría provocado ninguna ola de solidaridad, así fuese tan volátil como la que se produjo tras la muerte de Aylan. Quizá porque estos niños ya están entre nosotros, porque es más fácil exigirles responsabilidad y solidaridad a los gobiernos turco o griego que al nuestro, o lo que podría ser peor: que España decidiese respetar los derechos de estos jóvenes, los mismos teóricamente que los de los españoles. ¿Realmente aceptaríamos repartir los cada vez más escasos recursos con los vilipendiados «menas»?

Cuando Oussama murió, sus amigos de la calle le organizaron un homenaje en la Ciudad Vieja de Melilla, desde donde suelen vigilar las entradas y salidas de barcos en el puerto. Cantaban y lloraban, mientras la Guardia Civil le pedía la documentación a José Palazón para denunciar a su ONG, Prodein, por desórdenes públicos. Aquella mañana los críos se habían duchado con ahínco en la mezquita, donde es habitual verlos también lavar y tender su ropa. Es destacable cómo protegen la dignidad de su aspecto y se autoimponen ciertas disciplinas que doten a su vida diaria de una mínima regularidad. Oussama era uno de los mayores del centenar de chicos que, de media, suelen vivir en las calles de la ciudad africana mientras intentan, una y otra vez, colarse en los bajos de un camión, en los contenedores de basura o, directamente, en el ferry para continuar su viaje a Europa. «En los medios se refirieron a él como "un hombre marroquí" y en ningún momento mencionaron que había salido hacía seis meses del centro de menores La Purísima, por supuesto, sin la documentación y el permiso de residencia al que tenía derecho. Las pocas declaraciones que hicieron las autoridades estaban dirigidas a dejar claro que era mayor de edad y que, por tanto, no era de su competencia», me explicó entonces Sara Olcina, una de las personas que mejor conocían a los chavales. En 2015, esta joven que solía vestir pantalones anchos, sudadera y gorra, montó junto con otras educadoras sociales la asociación Harraga. En muy poco tiempo, se convirtieron en el mayor apoyo de los menores de la calle: acudían a ellas cuando resultaban heridos intentando saltar al ferry o en peleas; les pedían consejo sobre sus derechos y, sobre todo, durante un ratito por las tardes, podían volver a ser niños jugando en los partidos de fútbol que ellas organizaban. El acoso institucional y de la prensa local llegó al extremo de acusarlas de pederastas y tratantes, por lo que tuvieron que terminar marchándose de la ciudad. Que unas veinteañeras pudieran pasar con ellos buena parte de sus días y noches significaba que no eran esos seres desalmados y peligrosos que repetían una y otra vez los políticos y la prensa conservadores. Había que acabar con Harraga para eliminar la semilla de la comprensión. Porque sí: si siendo mujer, caminar sola por las calles de noche, a veces, da miedo, encontrarte con unos jóvenes en una esquina solitaria es normal que dé un poco o bastante más. Y si pertenecen a esa subcategoría humana de menas, el pavor puede acabar aplacando cualquier resquicio de autocontrol racional.

* * *

Entre los amigos de Oussama que participaron en el homenaje se encontraba Mehdi, un joven de dieciséis años al que visité en la chabola que se había construido con palés en una ladera, cerca de la pista de aterrizaje del aeropuerto. Llevaba días sin poder salir porque un grupo de jóvenes de Melilla le habían dado una paliza hasta romperle una pierna. No parecía guardarles rencor, era parte de su vida en los márgenes. Su rostro se infantilizaba con su forma de hablar en español: con diminutivos, bajito y con ese vocabulario reducido que, automáticamente, relacionamos con la niñez. Creo que si toda la población mundial hablásemos una lengua común, además de la propia, sería mucho más fácil contrarrestar esa ceguera que el filósofo William James sostenía que tenemos los seres humanos frente a los que consideramos diferentes: jamás es posible la empatía completa con el otro, advirtió.

El caso más evidente de ese puente que es la lengua común lo constaté en los campamentos de población refugiada saharaui en Tinduf (Argelia). Los testimonios que grabé en vídeo de aquellos hombres y mujeres hablando en un perfecto español te hacían olvidar inmediatamente los miles de kilómetros de distancia que los separaban de nuestro país, las *melfas* con las que se envuelven las mujeres o los *derrás* con los que se cubren los hombres… El diálogo en una misma lengua difumina fronteras físicas y culturales, así sea a través de una pantalla con los telespectadores.

Mehdi era entonces un adolescente que se esforzaba por aprender español para hacerse entender. Colgado de uno de los tablones de madera que hacían de pared, me llamó la atención un libro de texto usado. «Es de Educación para la Ciudadanía —me dijo leyendo sílaba a sílaba el título—. Me lo encontré en la basura y lo leo para estudiar un poquito». Esa asignatura había sido suprimida en 2012 por el Gobierno conservador del Partido Popular. Consideraban que enseñar derechos humanos a los niños y niñas era «algo inútil. Hay cosas mucho más importantes», declaró su presidente a la prensa.

A los seis meses de conocerlo, Mehdi llegó a Málaga oculto en los bajos de un camión, en el aparcamiento de la embarcación que comunica la ciudad fronteriza con la Península. Desde entonces soy testigo de la vida esplendorosa que transmite a través de Facebook: selfis con lujosos coches y motos de fondo, con chicas sonrientes, en tiendas de ropa deportiva... A lo largo de estos años, ha ido trasladándose de ciudad en ciudad hasta llegar a París, donde terminan asentándose muchos de estos jóvenes. Durante la pandemia, todas las tardes hacía una retransmisión en directo por esta red social. No solían conectarse más de cinco o seis de sus contactos y buena parte del tiempo la dedicaba a reírse de su reflejo en la pantalla mientras fumaba. Hasta que Francia decretó el confinamiento forzoso de la población, Mehdi vivía en la calle. Gracias a la mayor crisis sociosanitaria que ha azotado el mundo en el último siglo, el Estado francés le ha dado un techo que comparte con otros jóvenes magrebíes. Cuando le pregunté uno de esos días cómo estaba, me contestó: «Nunca he sido tan feliz».

Desde 2019, la ultraderecha trabaja incansablemente por convertir a los menores que migran sin adultos en los responsables de buena parte de los males de España, como antes había hecho en otros países europeos. La estrategia oficial de deshumanización que había permitido la explotación de las personas migrantes durante las tres últimas décadas había logrado lo que, *a priori*, resultaría impensable: que una sociedad que, al menos sobre el papel, considera la infancia el máximo bien a proteger dejara de ver que son niños y adolescentes, y solo atisbara en ellos la amenaza del extranjero pobre.

Las eras históricas se definen por lo que decidimos ver y lo que decidimos ignorar: los líderes políticos, los medios de comunicación, la ficción, el arte... definen nuestra forma de interpretar el mundo a través de dónde fijan la mirada y desde qué plano. En el caso de los menores migrantes, el retrato resultante a menudo se asemeja a un fotograma de la película *El tercer hombre*. En lugar de la dulzura o condescendencia con la que se suele retratar la infancia, se les convierte en adultos desde un contrapicado que proyecta sobre nuestras casas una sombra gigantesca y amenazante. De nuevo, no es al niño al que vemos, sino el reflejo de nuestros miedos.

* * *

Madrid es una gran bolsa bajo los ojos cuando coges el metro a las seis y media de la mañana. Ojeras inflamadas que, si pinchásemos, derramarían esas miradas tristes que a ratos se cierran, queriendo arañar unos minutos más a un sueño que parece arrastrarse desde hace años, siglos. Es octubre de 2019 y cuando pregunto si ya está abierta la insulsa cafetería del insulso barrio de Canillejas, la señora que termina de encender las máquinas asiente sin abrir la boca, oprimida también por esas ojeras milenarias. Apenas hay arrugas de expresión en su rostro de unos sesenta años. La televisión escupe imágenes de la violencia policial empleada contra las protestas en Barcelona por la sentencia del *procés*, de personas migrantes siendo desembarcadas en el puerto andaluz de Motril, de unos vecinos manifestándose contra un centro de menores en el madrileño barrio de Hortaleza… La mujer cabecea enfadada mientras termina de colocar las sillas y mesas en el pequeño local.

«Está todo muy revuelto —me dice. Ahora soy yo la que asiente sin abrir la boca, esperando que continúe—. No soy racista, entiendo perfectamente que vengan, como vinieron mis padres aquí desde el pueblo. Pero no sé qué vamos a hacer».

La mujer me cuenta que es hija de emigrantes extremeños, que trabajó toda su vida en la hostelería hasta que, a los cuarenta años, tras divorciarse y quedarse sola a cargo de su hijo, cogió el traslado de esta cafetería gracias al apoyo de sus padres. El muchacho, ahora un licenciado en Publicidad de casi treinta años, enlaza trabajos precarios en grandes almacenes y la hostelería. Su afán por independizarse lo ha llevado a vivir en habitaciones alquiladas, que tiene que dejar cuando se le acaban los contratos y vuelve a casa de su madre, a la que ayuda entonces como camarero.

«¿De qué vamos a vivir? —me pregunta—. Me quedan cinco años para poder jubilarme, por eso no cierro. Apenas saco en limpio para comer y las facturas. Llevo toda la vida trabajando sin parar y no he conseguido nada. Pero eso ya no me preocupa. ¿Qué le espera a mi hijo? Nada». Aurora —un alias para preservar su privacidad— parece haber envejecido durante esta breve conversación. Es el cansancio de no ver horizonte de mejora. A partir de este momento, la conversación se va deshilachando por la llegada de clientes, vecinos del barrio, gente trabajadora que la saluda por su nombre y que alargan el café hasta que no tienen otro remedio que marcharse. No parece que tengan ninguna razón concreta para irse, ni que vayan a ningún sitio en especial. Su actitud corporal es la plasmación de la expresión «matar el tiempo».

«Tengo muchos clientes inmigrantes que trabajan por aquí. Entiendo perfectamente que vengan, me cuentan sus historias. Pero aceptan trabajar por casi nada, y los poderosos se están aprovechando para pagar cada vez menos. A mí ya me da igual, mi vida se está acabando. Pero ¿y mi hijo?, ¿y las de ellos?», me dice mirando a las mesas.

La pobreza es triste, es cabizbaja, es fea, es desesperanzadora. De ella se alimenta la extrema derecha, de la falta de ilusión no ya por el futuro, sino por el presente. «A mí no me gusta Vox, sé que yo no les importo y que no me defienden. Pero tengo clientes que les votan y los entiendo. Necesitan creer que alguien les puede dar una solución. Claro que la mayoría de los menas son chavales honrados, pero también los hay desviados, que delinquen y parece que por decirlo somos racistas», concluye como quitándose un peso de encima por poder verbalizar lo que piensa. Eso es uno de los grandes logros de la ultraderecha: convencer a los que hablan negativamente de colectivos vulnerables de que viven bajo la dictadura de lo políticamente correcto, que no pueden expresarse abiertamente por temor a ser acusados de fascistas y que con ellos volverán a sentirse libres para decir en voz alta lo que muchos piensan y no se atreven a decir.

※ ※ ※

> El totalitarismo es atractivo para las necesidades emocionales más peligrosas de la gente que vive en completo aislamiento y con miedo de los demás.
>
> Hannah Arendt

La periodista Amanda Ripley, con más de veinte años de experiencia en los medios más importantes de Estados Unidos, necesitó detenerse para reflexionar tras la victoria de Donald Trump en las elecciones presidenciales de 2016. No entendía cómo su país había llegado a estar tan dividido para que la posibilidad de una guerra civil fuera sopesada en los debates públicos. Decidió dedicar tres meses a entrevistar a especialistas en mediación y resolución de conflictos y a visitar grupos de debate de prestigiosas universidades para saber si había conocimientos de estos ámbitos que pudieran aplicarse al periodismo con el fin de contrarrestar la polarización y la crispación. Descubrió que los desacuerdos entre tribus (políticas, religiosas, étnicas, raciales o de otro tipo) se vuelven cada vez más acusados al sentirnos amenazados. Desde esa emoción, explica Ripley, es imposible conservar la curiosidad, una actitud imprescindible para practicar el ejercicio de intentar entender a quien piensa diferente. «En ese estado de hipervigilancia, sentimos una necesidad inconsciente de defender nuestra posición y atacar al otro. La ansiedad nos hace inmunes a nueva información. En otras palabras: no hay cantidad de periodismo de investigación ni de documentos filtrados que vaya a poder cambiar nuestra opinión, no importa cuál», lamentaba en «The whole story», el artículo en el que recogió sus conclusiones. La periodista aprende que «las [personas] que habían leído artículos basados en planteamientos simplistas antes de su intervención tendían a permanecer en actitudes negativas durante la conversación. Mientras que aquellas que habían leído informaciones más complejas hacían más preguntas, proponían ideas de mayor calidad, finalizaban su participación en los grupos más satisfechas con sus conversaciones» y, añadía, con mayor predisposición a continuar con el debate. Por eso, es fundamental intentar evitar por todos los medios que los conflictos sobre una cuestión lleguen al punto de ser considerados irresolubles: en ese punto, escribe Ripley, «la complejidad colapsa, y la narrativa del *nosotros versus ellos* agota el oxígeno de la habitación». Los seres humanos estamos diseñados para aceptar las mentiras o incoherencias que se adaptan a nuestra ideología, nuestro código de valores y nuestras creencias culturales. Es el sesgo de confirmación, un mecanismo de defensa para no someter a nuestro raciocinio al cuestionamiento permanente. Por eso, la decisión consciente de revisar regularmente nuestras creencias a la luz de las nuevas experiencias y aprendizajes puede resultar agotadora. Es lo que se conoce como honestidad intelectual, y no se me ocurre una empresa más estimulante ni mejor antídoto para evitar caer en la pulsión de la autocomplacencia en el terreno de los argumentos ni en la trampa discursiva del *nosotros versus ellos*.

La reportera estadounidense descubrió también que, como nos ocurre a la mayoría de sus colegas, había sobreestimado su capacidad para entender qué empuja a la gente a hacer lo que hace y que había infravalorado el peso del orgullo, del miedo y de la necesidad de pertenencia.

Por todo ello, aquella mañana con Aurora en su cafetería hubo un momento en que quise decirle que claro que hay jóvenes migrantes que delinquen, como los hay españoles, pero que había que entender las causas: que muchos de esos chavales han tenido que buscarse la vida para sobrevivir desde que eran unos críos, que una parte de ellos ha tenido que malvivir durante años en las calles de Melilla por la violencia y las malas condiciones de los centros de menores; que para conseguir algo para comer, algunos han tenido que prostituirse, y que para sobreponerse al miedo y a la desprotección algunos se adormecían fumando pegamento, una droga que destroza el cerebro en poco tiempo; que muchos se autolesionan haciéndose cortes en el cuerpo y que cuando les he preguntado por qué lo hacen suelen responderme que porque les relaja, con su sonrisa más infantil y su mirada más triste y vieja; que si estos jóvenes no tuvieran que pagar este alto coste para intentar mejorar sus vidas, no llegarían a la veintena en tan mal estado; que si los gobiernos de la UE volcasen sus recursos en combatir la desigualdad, en lugar de teatralizar un supuesto freno militar de los migrantes, no nos encontraríamos en esta situación; que si las grandes empresas pagasen salarios justos en lugar de aprovecharse del empobrecimiento generalizado para explotar aún más, no asistiríamos a ese absurdo enfrentamiento entre los pobres extranjeros y los pobres españoles.

Pero para exponerle todos estos factores sin que se sintiese cuestionada o atacada, necesitábamos un espacio de confianza en el que se encontrase segura y tranquila, y no en su lugar de trabajo, agotada y con la sensación de que estaba desatendiendo al resto de la clientela. Necesitábamos tiempo y calma, justo lo que Santiago encontró por primera vez cuando el 14 de marzo de 2020 se decretó el estado de emergencia en España.

* * *

«Por primera vez, tengo tiempo para pensar en todo lo que he vivido, en quién soy y en quién quiero ser. He aceptado que soy un hombre y que quiero transicionar para dejar de ser una mujer», me dijo por teléfono el joven salvadoreño en mayo de 2020, en pleno confinamiento. Él era uno de los protagonistas de un libro que había escrito en 2018, con el apoyo de CEAR, sobre personas refugiadas de Centroamérica que habían llegado a Madrid huyendo de las maras. Entonces, Santiago era aún Camila y, junto con Andrea, me había permitido constatar cómo la apariencia de fragilidad no refleja en absoluto la robustez de algunos seres humanos. Aquellas dos crías, que durante años fueron novias y que ahora conservan una relación que va mucho más allá de la hermandad, habían sufrido en El Salvador todas las formas posibles de tortura física y psicológica por ser lo peor que puedes ser en el noventa por ciento de los lugares del mundo: mujeres, lesbianas y pobres. Para que fuese en el cien por cien del planeta, Camila solo habría tenido que aceptar que, en realidad, era un hombre antes de abandonar su país. Pero, entonces, lo más probable es que ni siquiera hubiese cumplido la mayoría de edad.

«He visto gente morir delante de mí infinidad de veces. Así que si matasen a alguien aquí mismo, a mi lado, no gritaría ni lloraría. Crecí con eso de sentir que iba a morirme en cualquier momento, a la vuelta de la esquina. Nunca voy a olvidar cuando vi machetear a aquel hombre. Yo no lo vi mal, ¿te lo puedes creer? No grité, no me asusté. Miraba salir la sangre, callada. Tenía siete años. Mi madre me abrazó, lloraba y lloraba porque yo hubiese visto eso. A mis treinta y un años habré visto matar a unas cuarenta personas. Es que desde que tenía unos trece, cada vez que escuchaba disparos, iba corriendo a ver si al que habían matado era mi hermano. Hasta que lo asesinaron, quince años después, cuando yo tenía veintiocho años».

Santiago creció rodeado de enemigos y siendo el enemigo de otros sin saber muy bien por qué. Las pandillas centroamericanas, conocidas como maras, surgieron en los años ochenta en Estados Unidos. Los hijos de los migrantes de esta región latinoamericana buscaron en el refuerzo del grupo la protección frente a la discriminación que sufrían por parte de la mayoría blanca, pero, sobre todo, de quienes vivían en sus guetos, las poblaciones también despreciadas por el sistema: los negros, los asiáticos, los chicanos... Cuando empezaron a cometer actos delictivos y violentos, el Gobierno aplicó la doctrina de deportarlos a los países de origen de sus padres, que en su mayoría jamás habían pisado y en los que muchos no tenían a nadie que los esperase. El imperio confirmaba así lo que ellos siempre habían percibido: que, pese a haber nacido en su suelo, nunca fueron ciudadanos estadounidenses. Como lo sienten muchos hijos de emigrantes en las *banlieues* de Francia, Bélgica, Alemania o España. Estados Unidos exportó así el fenómeno de las pandillas que, desde entonces, se ha convertido en una industria multimillonaria de la extorsión, así como del tráfico de personas, armas y drogas. Paradójicamente, con destino a Estados Unidos en su mayoría.

Para blindar su poderío frente a estados fallidos, las maras necesitan recrudecer continuamente sus técnicas para sembrar el terror —un terror para el que las palabras vuelven a mostrar su agotamiento: descuartizamientos, empalamientos, desollamientos—. Y, sobre todo, para que nadie pueda olvidar en ningún momento que le pueden matar sin ninguna razón, solo para cebar de miedo la maquinaria del control social.

Viajar por Centroamérica respetando las mínimas medidas de seguridad supone renunciar al concepto mismo de viajar. En 2008, recorrí en coche El Salvador, Guatemala y Nicaragua. Las farmacias, los precarios establecimientos en los que comía y los humildes hoteles en los que me alojaba estaban custodiados por guardias armados de seguridad privada. Muchos de esos vigilantes son miembros de esas mismas maras, a las que los comerciantes deben pagar para que no los maten a cambio de un supuesto servicio de vigilancia. La demente espiral de la violencia. Periodistas y activistas me citaban en centros comerciales en los que había que pasar por detectores de metales. Cuanto más concurrido estuviese el lugar, menor era el riesgo de que fuesen asesinados allí mismo. Ya en carretera, la recomendación era clara: solo parar en las gasolineras. «Un autobús ha sido asaltado por pandilleros, que han acabado con la vida de dos personas», escuchaba por la radio. El asesinato había tenido lugar a cincuenta kilómetros de donde nos encontrábamos. Teníamos que pasar por allí. «Una anciana ha sido asesinada mientras ponía flores en la tumba de un ser querido», contaron a continuación.

¿Qué pudo haber hecho aquella mujer para ser asesinada? ¿Cuánto dinero podía llevar consigo? ¿En qué momento la violencia había prescindido de las casuísticas que convierten a una persona en tu enemigo para que sean simplemente «los otros»?

Este era el mundo del que Santiago huyó en 2016, después de que matasen a su hermano y de que supiese que había llegado su turno y el de su novia. No querían testigos y, además, su lesbianismo suponía un desafío para el orden heteropatriarcal de macho-jefe-violento en el que se basan las maras. «Haz patria: mata a una lesbiana y a un gay» es una de las pintadas que suelen hacer sus integrantes en las paredes de Centroamérica.

Santiago llegó al aeropuerto de Barajas siendo aún Camila, con un visado de turista. Tenía veintiocho años y no sabía que podía solicitar asilo por huir de la violencia de las pandillas. Así que empezó a trabajar como camarera en un bar de Madrid.

«Me decían "panchita", trabajaba de doce de la mañana a tres o cuatro de la madrugada por el mismo sueldo que mis compañeros, que hacían cuatro horas menos. Tras enfermar y que me echaran, no pude pagar el alquiler de la habitación y terminé durmiendo en la calle. Pero una cosa que aprendí entonces y que amo de Madrid es no tener que mirar atrás por si alguien me va a atacar. Es algo que me costó meses aprender: al principio, si alguien andaba despacio cerca de mí, cogía las llaves para defenderme, me ponía muy nerviosa. Hasta que alguien me dijo: "Tranquila, aquí no te van a asaltar", y empecé a perder el miedo y a disfrutar de la paz. Porque te juro que si hay un tesoro aquí es la paz. Así que esa noche que tuve que dormir en la calle, no lloré ni nada. Me puse a leer hasta que amaneció», me explicó cuando nos conocimos en 2018. Entonces, era una jovencita que acababa de descubrir que en España las mujeres podían vestir con camisas masculinas y pantalones chinos. Y se había visto tan linda con ese aspecto que empezó a dudar sobre su identidad género. Se había cortado el pelo y Andrea, a la que había conseguido pagarle el pasaje para venirse a España, y que para entonces trabajaba ya como peluquera, se lo había decolorado dándole un toque punk. Usaba unas gafas redondas a lo John Lennon que le proporcionaban el aire bohemio que una poeta como ella necesitaba. Porque Camila escribía poemas desde pequeña. Era lo único que se trajo consigo: su carpeta llena de terrores manuscritos. La palabra como refugio, como bálsamo, como fármaco.

«Quizá un día consiga que los recuerdos no me aterren, como he logrado que perdonar, olvidar, superar, controlar vuelvan a ser palabras en las que creo», leo en uno de los textos que me mandó por email. Ahora está escribiendo su proceso de transición de género gracias a la sanidad pública española.

Camila decidió huir a España como podría haberlo hecho a Estados Unidos. En tal caso, habría sido una de los miles de personas que desde hace años realizan la segunda ruta migratoria más mortífera del mundo, solo por detrás de la del Mediterráneo. En 2018, este itinerario saltó a los medios internacionales después de que miles de personas saliesen en caravanas de Centroamérica para protegerse mutuamente de las mafias que extorsionan, secuestran y asesinan a los migrantes durante el viaje. El entonces presidente Donald Trump muy pronto los convirtió en una amenaza para la seguridad de su país ante la opinión pública. Desplegó a cinco mil doscientos soldados en la frontera y anunció que tenía a otros diez mil preparados para intervenir en cuanto fuese necesario. Llamó a la operación Patriota Fiel y mandó helicópteros Blackhawk para intervenir si hiciera falta. Incluso exmiembros de su Gobierno, como el exmilitar y exportavoz de Seguridad Nacional, David Lapan, advirtió a través de su cuenta de Twitter que «Los miembros del servicio que han pasado largos periodos de tiempo fuera de casa no necesitan esto. Y Estados Unidos no necesita que sus militares se defiendan de un grupo de migrantes desarmados, incluidas muchas mujeres y niños». El también exmilitar Will Fischer, de la organización de veteranos progresistas, criticó por la misma red social la respuesta gubernamental: «Donald Trump piensa que las personas desarmadas que huyen de los horrores, y que aún están a mil kilómetros de distancia, son una amenaza para la seguridad nacional una semana antes del día de las elecciones».

Las caravanas coincidieron con la campaña de los comicios de mitad del mandato de Trump. El exshowman siguió profundizando en la estrategia que le había llevado a la Casa Blanca. A él, y a los anteriores presidentes de Estados Unidos: la doctrina del shock, que tan bien conceptualizó la periodista canadiense Naomi Klein en 2007. En su libro homónimo expone cómo los gobiernos, especialmente el estadounidense, aprovechan las catástrofes o, directamente, las provocan, para imponer políticas neoliberales de manera que la ciudadanía piense que no queda otra alternativa.

Trump saturó los informativos de todo el mundo con imágenes de soldados con chalecos antibalas, gafas de visión nocturna y armas largas, que desplegaban alambre de púas en la frontera, para que mujeres, hombres y menores que recorrían a pie miles de kilómetros, armados tan solo con mochilas y gorras para protegerse del sol, fueran percibidos como bárbaros invasores. Como hizo el presidente Bill Clinton cuando construyó el muro entre México y Estados Unidos, como hizo Aznar cuando empezó la construcción de los que separan Marruecos de España en Ceuta y Melilla, como persiguen los ministros del Interior españoles cuando, cada dos o tres años, vuelven a aumentar su altura. En 2020 se alcanzaron los diez metros en algunos de sus tramos, superando así a la valla fronteriza estadounidense. Desde la Edad Media no había tantos muros dividiéndonos: en 1989, cuando fue derribado el de Berlín, eran seis. En 2021, se habían superado los sesenta. Mientras, los mismos que los levantan no dejan de hablar de comunidad internacional.

Pero las fronteras se adentran mucho más allá de los territorios a los que, supuestamente, delimitan. Y lo hacen disfrazadas de supuestas buenas intenciones, como impedir que los inmigrantes se adentren en el mar para que no se ahoguen, frenar el avance del terrorismo yihadista o desarticular las mafias del tráfico de personas. Así lo recogen los documentos oficiales, mezclando tres asuntos radicalmente distintos entre sí, pero que, al presentarlos casi como sinónimos, alimentan esa imagen de enemigo del «migrante económico» para que, como escribe Irene Vallejo, la ciudadanía naturalice que «el dinero abre las fronteras, mientras los desamparados llevan vidas apátridas en su tierra natal».

En 2007, estuve con varios operativos de guardias civiles destinados en Senegal y Mauritania por el Gobierno de Rodríguez Zapatero para acabar con la ruta canaria, por la que habían llegado más treinta mil personas el año anterior. El Ejecutivo español destinó importantes ayudas de la cooperación al desarrollo a estos países a cambio de que impidiesen que los migrantes saliesen de sus costas. Como denuncia el escritor David Rieff en su libro *Una cama por una noche* (Debate, 2019), dedicado a la crisis del humanitarismo, desde la invasión de Irak de 2003, los gobiernos occidentales no han dudado en instrumentalizar la ayuda humanitaria y al desarrollo para apoyar sus políticas bélicas y contra las personas migrantes. El Gobierno español del partido socialista no quedó exento de esta práctica.

«Explicamos a las otras madres por qué no deben permitir a sus hijos irse a Europa. Los nuestros murieron intentándolo», me explicó Mariam Faye, madre de Satou, pescador, mientras mirábamos, uno tras otro, los rostros de jóvenes que se subieron a una barcaza para nunca volver a dar señales de vida. Eran los desaparecidos de la guerra contra los migrantes y ahora se habían convertido en los protagonistas de una exposición itinerante, con fotografías aportadas por sus familiares, que llevaban de un poblado a otro con el objetivo de desincentivar la inmigración. Estaba sufragada por la Agencia Española de Cooperación Internacional para el Desarrollo del mismo Gobierno que no les había dejado otra opción que jugarse la vida para viajar a su país. El mismo que en 2007 firmó un acuerdo con Senegal por el que le entregaba dos millones de euros para la formación de su policía en el control fronterizo a cambio, también, de aceptar la repatriación de sus ciudadanos que consiguieran llegar a Canarias. España ya andaba inmersa en la campaña electoral de las elecciones presidenciales de 2008, para las que el candidato del Partido Popular, Mariano Rajoy, desplegó su discurso más virulento contra la inmigración hasta el momento. La respuesta del Gobierno de Zapatero fue endurecer el suyo también. En Senegal, el presidente, Abdoulaye Wade, renovaba su cargo con el acuerdo económico con España como aval. Poco después, Italia firmaba un convenio con la Libia de Gadafi siguiendo el ejemplo español. Entre las ayudas comprometidas, el Ejecutivo de Roma incluía bolsas de plástico para recoger los cadáveres de los migrantes ahogados.

Como apunta Rieff en su libro, la cooperación al desarrollo servía así a una nueva forma de colonialismo a través de la transnacionalización de las fronteras: la subcontratación de terceros países para que sean estos los que impidan el derecho a la libre circulación, reconocido en la Declaración Universal de los Derechos Humanos. Mientras que en 2007 todas las miradas estaban puestas en las costas, a donde llegaron dieciocho mil personas pese a toda la ingeniería fronteriza multimillonaria, por los aeropuertos españoles entraban más de veinticinco mil migrantes.

Aunque una parte sustancial de la población occidental no conozca los detalles de estas políticas desarrolladas por sus gobiernos, sí reciben a diario el subtexto de su mensaje: hay que evitar por todos los medios que estas personas lleguen a su destino, «nuestro» territorio. Se sobreentiende, por tanto, que son indeseables, una amenaza, unos delincuentes. Las políticas públicas, además de regir la gestión de nuestra vida, son agentes pedagógicos de la ciudadanía: definen lo que está bien y lo que está mal, lo deseable y lo rechazable. Y en relación con quienes migran, llevan treinta años diciéndonos que, si para estar entre nosotros tienen que jugarse la vida, entonces será que sus vidas no son demasiado valiosas.

En el verano de 2018, la alarma volvió a saltar. Cada día, varias pateras llegaban a las costas del sur de España y los programas matinales llenaron sus horas con la repetición de las mismas imágenes de hombres y mujeres desembarcando en los puertos a la vez que, por primera vez, invitaban a sus tertulias y conectaban en directo con portavoces de asociaciones ultraderechistas y franquistas para que dieran su opinión sobre la exhumación de los restos del dictador. Entre las muchas anomalías que arrastraba desde su restauración en 1978 la democracia española, destacaba el hecho de haber permitido que el lugar del enterramiento del golpista Francisco Franco, el Valle de los Caídos, donde también permanecen los restos de cientos de represaliados por la dictadura, se hubiese convertido en un lugar de peregrinaje para los antidemócratas de todo el Estado español. Siguiendo la jurisprudencia internacional, y el sentido de la decencia, el Gobierno de Pedro Sánchez anunció el traslado de sus restos a un cementerio, lo que provocó un rechazo iracundo entre la clase política de la derecha y la extrema derecha del país.

Nunca el fascismo había tenido tantas horas en *prime time* para divulgar su discurso de odio contra las personas migrantes. Así que, cuando el partido ultraderechista Vox, hasta entonces irrelevante y bastante desconocido, anunció un acto multitudinario en el recinto madrileño de Vistalegre, su corpus ideológico ya se había instalado en la opinión pública. La afluencia de más de veinte mil personas no explicaría su éxito posterior en las elecciones andaluzas y, a continuación, en las generales. Pero sí la presencia que a partir de entonces empezaron a tener sus principales líderes en todas las cadenas televisivas.

* * *

El miedo a los otros es atávico, pero, paradójicamente, el ser humano se consuela identificando como enemigo al que está en una posición de inferioridad para evitar reconocer su impotencia, dependencia y explotación por parte de quienes están en posiciones de superioridad y privilegio.

Entre marzo y mayo de 2020, la pandemia disminuyó la riqueza mundial en unos diez billones de euros, pero, según la revista *Forbes*, las cuentas de las veinticinco personas más ricas del mundo se incrementaron en doscientos cincuenta mil millones.

En Colombia, Luz Elena Ibarra, una mujer de cincuenta y ocho años que aparentaba mil cuando la conocí vendiendo galletas en las calles de Medellín, me dijo: «Los pobres molestamos en todas partes». Luz Elena no era migrante, sino desplazada: había tenido que abandonar su casita en el campo, la huerta y los animales con los que sobrevivían ella, sus seis hijos y su esposo después de que los paramilitares los amenazasen a punta de pistola. Habían visto ya tanta sangre con olor a pólvora que no titubearon. Los desplazados, para las élites políticas y económicas de Colombia, pertenecen a la categoría de «desechables», junto con las personas sin hogar, los inmigrantes... Los pobres, en definitiva. Al igual que los israelíes han terminado presos de su miedo a los palestinos, sus «otros», buena parte de las clases medias y altas han terminado temiendo que un día, como cantaba Serrat, alguien les diga: «Disculpe el señor, se nos llenó de pobres el recibidor y no paran de llegar, desde la retaguardia, por tierra y por mar».

El miedo al otro se alimenta del miedo a la pobreza, un cerco de angustia que no ha parado de crecer desde el crac de 2008.

2
Miedo a la pobreza

> La pobreza era una vieja compañera, pero aquella indigencia no. Había visto las barracas de los refugiados del Ponto y de Asia Menor en barrios como el Polígono e Ilísia. Pobreza, sí, pero todo limpio y bien cuidado... Por primera vez no me sentía cómodo caminando solo por la noche en Atenas. Eso era la humillación más grande, el destierro definitivo. Tener miedo de los demás, y que los demás tengan miedo de ti. Hemos dejado de ser individuos aislados para convertirnos en tribus.
> Por un lado, nosotros; por el otro, los extranjeros.
>
> THEDOR KALLIFATIDES, *Otra vida por vivir*

Cuando más seguro supuestamente debía sentirse, Demetris parecía definitivamente derrotado. Este no debía ser el desenlace tras cinco años de paulatino e implacable hundimiento en la ruina. Rodeados de robustas y largas mesas centenarias, de retratos decimonónicos en blanco y negro, de lámparas con pantallas bordadas en satén rojo y de baúles para ser embarcados en viajes transatlánticos, era fácil olvidarse de que fuera de esa nave comercial más de doce mil personas —el 40 por ciento de ellas, niños, niñas y adolescentes— llevaban una semana durmiendo al raso, sin saber cada uno de esos días si comerían o beberían algo en las siguientes horas. Era el castigo colectivo que había dictado el Gobierno heleno, con la connivencia de la Unión Europea, contra los habitantes del campo de refugiados de Lesbos cuando este quedó reducido a cenizas en septiembre de 2020.

A menudo, la inacción puede ser la más cruel, la más despiadada de las respuestas. Es, en definitiva, el castigo del silencio, que, al negarle la posibilidad de diálogo al otro, al ignorarlo y obviar así su dimensión humana, se convierte en una de las más desestabilizadoras y corrosivas formas de violencia. Y, por tanto también, paradójicamente, la más eficaz de las estrategias. Sobre todo si el objetivo es quebrar voluntades y ánimos a través del paso del tiempo. Solo diez días necesitó el Gobierno de Grecia para conseguir que miles de personas que habían sobrevivido al régimen de los talibanes y a la corrupción de las instituciones en Afganistán, a las batidas de los yihadistas en Mali, a la falta de oportunidades y seguridad en la República Democrática del Congo, a la guerra en Siria, a las prisiones para migrantes en Turquía, al viaje en patera hasta Grecia... y, finalmente, al campo de detención de Moria, terminasen haciendo cola, de la mano de sus hijos e hijas, para ser encerradas en un nuevo recinto, del que ahora ni siquiera podrían salir a pasear y recuperar así la falsa sensación de libertad. Eso, tras días manifestándose durante horas bajo un sol impío: los niños y las mujeres, delante, con las pancartas pintadas en los cartones recuperados de la basura; al fondo, los hombres, desaforados en sus gritos, aturdidos por la impotencia. Enfrente, los antidisturbios cruzándose miradas de desconcierto, con las manos sujetando las pistolas de los gases lacrimógenos. La única demanda de los agraviados, salir de la isla griega de Lesbos en la que llevaban meses o años de destierro y poder instalarse en un país europeo en el que retomar sus vidas suspendidas.

Y toda esta sucesión de despropósitos inhumanos estaba teniendo lugar ante la construcción que llevaba siendo la vivienda y el negocio de Demetris Demeryiz desde hacía treinta años. El punto exacto de la carretera de Kara Tepe en el que la policía había atravesado dos autobuses a modo de barricada para impedir la huida de los refugiados. Como si tuvieran dónde huir: cuando el infierno de chabolas y aguas fecales en el que sobrevivían hacinados niños, niñas, mujeres, hombres y ancianos ardió aquella noche de verano, uno de los mayores reveses psicológicos que sufrieron las personas refugiadas fue descubrir que, por no tener, no tenían ni posibilidad de escapatoria. Salvo que se lanzasen de nuevo a la mar, esta vez sin ni siquiera un cayuco. A las islas, históricamente concebidas como última posibilidad de salvación para los náufragos, las han convertido decenas de gobiernos de Asia y Europa, así como de Estados Unidos, en cárceles flotantes para migrantes que terminan convertidos en apátridas.

El instituto de investigación Global Detention Project (GDP) estima que hay unos dos mil centros de detención de personas migrantes en, al menos, cien países. En la mayoría de ellos no podemos entrar los periodistas. Y, en consecuencia, la sociedad no sabe qué ocurre en su interior. Siguen la doctrina instaurada por Estados Unidos en la prisión de Guantánamo: centros en los que las personas pueden pasar años encarceladas, sin acceso a abogados ni a procesos de solicitud de asilo o judiciales justos, y en los que, cuando mueren, las autoridades ni siquiera se toman la molestia de intentar comunicárselo a los familiares. Son espacios donde no opera la legalidad ni el derecho, un nuevo marco que fundó la Patriot Act tras el 11 de septiembre, en los que se garantiza la indefinición jurídica necesaria para alumbrar «estados de sitio ficticios», como los definen el historiador Patrick Boucheron y el politólogo Corey Robin en *El Miedo. Historia y usos políticos de una emoción* (Clave Intelectual, 2020). Así es como nos encontramos con que el estado de excepción se ha convertido en el paradigma de la soberanía moderna: tras cada atentado terrorista acaecido en Europa, los gobiernos de los países afectados han declarado estos regímenes a los que han seguido recortes de derechos y libertades con la coartada de la seguridad. Una lógica que, cuando llegó la pandemia de la COVID-19, no hizo siquiera falta justificar de lo interiorizada que la teníamos: el Estado debía protegernos de nosotros mismos y la única forma posible era instaurando un mando único, militarizado, incuestionable. Si hubiésemos querido pedir explicaciones más elaboradas por algunas de las medidas adoptadas, parte de la sociedad nos habría visto como egoístas insolidarios con las víctimas. Había que apretar filas para derrotar al enemigo común, y fue así como nos quedamos sin interlocutor. Querer saber solo puede considerarse una actitud sospechosa o de traición en entornos sectarios, y la inmensa mayoría de la población mundial asumió esta premisa de manera acrítica y obediente.

Este estado de excepción perpetuo es el régimen de terror totalitario bajo el que viven las personas migrantes y refugiadas en estos campos, muchos de ellos regidos por supuestos gobiernos democráticos que infringen sistemáticamente sus propias normas contra aquellas personas cuyas vidas no merecen ser lloradas, como explica la filósofa Judith Butler, por ser extranjeras y pobres. Da igual que se mueran deshidratadas intentando cruzar desiertos o ahogadas pretendiendo cruzar mares, o que se sientan muertas en vida en una de estas prisiones: los países ricos las han convertido en el reflejo de lo que no queremos ser, de lo que seremos si llegan a ser muchos: pobres, harapientos, desechables. Da igual que solo los portavoces de la extrema derecha se atrevan a decirlo con estas palabras si los supuestos partidos democráticos y progresistas las llevan a la práctica. Especialmente los segundos son los responsables de que en España la población crea que el porcentaje de migrantes es de un 23,2 por ciento cuando solo representan un 8,8 por ciento, o que en el conjunto de la Unión Europea la percepción sea de un 16,7 por ciento cuando no llega al 7,5 por ciento, según datos de Eurostat. Y para reforzar el ideario de que son un problema para nuestra estabilidad económica y para nuestra seguridad, se les encierra.

Al menos, en algunas de estas islas-cárceles podemos llegar a verlos, a hablar con ellos y ellas, decirles que creemos en su dolor, en la injusticia de su dolor, para que no caigan en la enajenación, como escribía en 2006 Soledad Gallego-Díaz en alusión al genocidio de los palestinos por parte del Estado de Israel, pero que resume una de las grandes aportaciones del periodismo, a menudo olvidada por los lectores, siempre presente entre las víctimas: el reconocimiento de su dimensión humana que se da en el encuentro con el reportero, con la reportera. «Dicen que el dolor es real solo cuando consigues que otro crea en él. Si no lo logras, tu dolor es locura». Por eso hay que seguir yendo a todas esas islas, por eso tenemos que seguir colándonos donde no nos dejan entrar. Para que algún día deje de estar vigente *Si esto es un hombre*, la narración en la que Primo Levi describía la degeneración del alma humana que supuso la existencia de los campos de concentración nazis para el devenir de la humanidad.

* * *

En el de Lesbos, por ahora, nos dejan entrar, y desde esta orilla en la que me encuentro con Demetris parece que se puede tocar la costa turca con la punta de los dedos. Nos separan dieciséis kilómetros de mar convertidos en frontera. Donde yo nací, en el Campo de Gibraltar, son catorce. Pasé la primera mitad de mi vida sintiendo la llamada a la aventura cada vez que me asomaba a la ventana y veía la silueta de los montes de Tánger frente a mi casa: crecer con África como paisaje en mi horizonte alentaba mis aspiraciones al cosmopolitismo, a ser viajera nómada para cumplir con el objetivo último que resumió Arendt: «Lo que quiero es comprender». He pasado la segunda mitad de mi vida desentrañando cómo las políticas han conseguido exactamente lo contrario de su función original: en lugar de acercarnos, han subvertido la cercanía física entre continentes para convertirla en una supuesta lejanía sociocultural y convertir así, ante la opinión pública, a las personas extranjeras pobres en enemigos, a las migraciones en una cuestión de defensa y seguridad nacional y a los mares en dispositivos de cierre militar. Ante la imposibilidad de subir las compuertas de las murallas medievales y condenar al visitante al abismo del foso, los países del norte global han convertido los mares en agujeros negros de la decencia y de la legalidad internacional. Me resisto a reproducir el concepto de fosa común que, pese a ser el más fiel a la realidad que pretende representar, me temo que, a fuerza de ser repetido, ha perdido su capacidad para evocar la imagen que nos debería hacer temblar. Como el lenguaje poético, las metáforas deberían ser la puerta de entrada a la experimentación corpórea de lo que el lenguaje nos dice para, al obligarnos a dar una respuesta ante nosotras mismas a esa situación, no nos quedase otro remedio que adoptar la decisión de actuar o no. No hay lugar en el que esconderse de nuestra conciencia. Y, a estas alturas, puedo teclear en mi ordenador que las políticas migratorias europeas han convertido el Mediterráneo en una fosa común sin atisbar ninguna esperanza de que la atroz imagen pueda hacer a alguien siquiera bajar la mirada. Tampoco la mía.

Por eso, cuando en el verano de 2020, tras despegar de Málaga y ver África perderse en el horizonte desde lo alto, aterricé en Lesbos con la orilla de Turquía, el país transcontinental, recortada en la ventanilla, no atisbé proximidad, sino la lejanía de un mundo que se pueda relacionar desde la justicia. Había crecido en una región transfronteriza y eso te hace aprender desde muy pronto el poder que tiene la política para modificar las distancias mentales y disociarlas de su dimensión física. Y en esos espacios de intercambio, de fricción, de conflictividad y de mestizaje, es difícil olvidar que la guerra, el odio y la muerte han sido la pauta que ha determinado la historia de la humanidad hasta nuestros días. Nunca hasta ahora la paz, la solidaridad y la concordia. El amor es el que nos permite dar sentido al caos, al sufrimiento y a la finitud de las horas desde la vida íntima, personal. Un sentido que, al final de nuestra vida, nos devuelve un retrato de nosotros mismos: una cartografía de llamitas, de afectos y placeres mayores y menores, extinguidas algunas, en ascuas otras, incendiarias unas pocas. Cuando yo me muera, seré una hoguera que crepitará por el amor a un puñado de personas, muchos libros, bastantes viajes y un sillón orejero de terciopelo verde en el monte que es corriente de paso de las aves que migran de Europa a África. Ojalá suene entonces Mayte Martín cantando al poeta Manuel Alcántara:

Le gustaban pocas cosas:
el alcohol y las ventanas,
el mar desde una colina,
el mar dentro de la playa,
el olor de los jazmines,
los libros de la madrugada,

el sol, el pan de los pueblos,
Quevedo, recordar África,
las noches y los amigos,
el verano y tus pestañas.

Pero, mientras, viajo a lugares como Lesbos, no para constatar lo que ya sabía —que allí permanecían miles de personas retenidas como si fuesen alimañas—, sino para entender las sombras con las que ocultamos las verdaderas razones por las que podemos llegar a comportarnos, individual y socialmente, como alimañas.

«Dicen que nos hemos vuelto fascistas», exclama Demetris antes de soltar una risa tan amarga como llena de sarcasmo. Sentado tras un escritorio de dimensiones de otra época, en la que quienes fijaban su rúbrica sobre este tipo de mobiliario no sabían lo que era la falta de tiempo ni de espacio, el comerciante mantiene el aspecto fibroso de los que viven, como él, envueltos siempre en una bruma de salitre. Bronceado, en bermudas y camiseta deslavazada, su cabellera blanca no le envejece. Sí lo hace el cansancio con el que arrastra sus argumentos, a pesar de la evidente agitación que le provoca la inédita sensación de poderse explicar ante una periodista extranjera. «Mi mujer es turca —comienza, para zanjar sin mencionarla la posible motivación racista de sus quejas—. Cuando empezaron a llegar los refugiados en 2015, habilitamos una nave industrial para que durmiese un centenar de ellos. Yo les daba los biberones a los niños y mi mujer los dormía», explica quien, de alguna manera, siente que ha caído sobre sus hombros las crisis humanitarias de Oriente Próximo, la crueldad de las políticas de refugio europeas y el desprecio del Gobierno heleno por los habitantes de las islas del Egeo, a las que ha convertido en su moneda de cambio en las negociaciones para conseguir fondos de la UE.

Los países del sur se han convertido en los carceleros de los del norte, en un juego en cascada que recuerda a las matrioskas: África y América Latina de Europa y Estados Unidos, respectivamente; a su vez, Portugal, España, Italia y Grecia son el sur del norte europeo, como Andalucía, Extremadura y Murcia lo son de España. Siempre hay un sur pobre al que subcontratar por hacer el trabajo sucio.

«En esta isla, la mayoría somos descendientes de migrantes, así que entendemos perfectamente que huyan, que vengan. Pero no que los dejen encerrados aquí. En estos cinco años nos han entrado a robar veinte veces. Ya ni siquiera denunciamos porque la policía nos dice que no puede hacer nada. Mi mujer no duerme, pese a todas las pastillas que toma por el miedo que se le ha metido en el cuerpo», explica el empresario, que, incluso tras la crisis que se inició en 2008, sostiene que vendía piezas únicas a los turistas que llegaban de Turquía y de la península griega.

Efectivamente, ni Demetris ni buena parte de los habitantes de Lesbos que entrevisté durante las semanas que permanecí allí se han vuelto racistas ni fascistas como buena parte de la prensa internacional progresista ha definido su evolución política. Una isla en la que hasta 2015 vivían unos ochenta y seis mil habitantes y que, a principios de 2020, llegó a albergar a más de veintiséis mil refugiados, un 40 por ciento de ellos niños, niñas y adolescentes.

Lo que sí ha ocurrido en este lustro es que buena parte de su población ha pasado de ser encumbrada al olimpo de las candidaturas del Premio Nobel de la Paz en 2016, por su ejemplar hospitalidad de la que la pareja de anticuarios son solo un ejemplo más, al ostracismo público por su supuesta ultraderechización ideológica. Paradójicamente, la mayoría de los habitantes de Lesbos comparten el mismo deseo que los refugiados: que puedan continuar su éxodo. Y, como ellos, poder volver a creer que algún día volverán a atisbar un horizonte de mejora.

Grecia se ha quedado suspendida en un abismo desde que, en 2008, el sistema financiero mundial se desinflase y la economía global gripase. Y para diluir la responsabilidad de un modelo económico, el anarcocapitalismo, basado en la especulación sin normas, las portavocías del neoliberalismo rápidamente asentaron el mensaje, a base de repetirlo a través de todos los altavoces a su alcance, de que el problema era que la ciudadanía, es decir, nosotros y nosotras, habíamos «vivido por encima de nuestras posibilidades», como sostuvo la derecha política en España. Nosotros que, desde principios de los 2000, vivíamos bajo la doctrina del shock según la cual lo mejor a lo que podíamos aspirar era a ser mileuristas.

Grecia se convirtió así en el primer laboratorio en el que testar las medidas que se adoptaron contra los habitantes de los países más desfavorecidos económicamente de la Unión Europea. La llamada troika, el triunvirato conformado por la Comisión Europea, el Banco Central Europeo y el Fondo Monetario Internacional, puso el foco en su población, a la que criminalizaron y vejaron amparándose en estereotipos y prejuicios sobre el carácter mediterráneo, siguiendo la tradición de las mejores tertulias de telebasura política.

El resultado: que, por ejemplo, muchos habitantes de las islas griegas tengan la impresión de que los refugiados tienen más posibilidades de tener una buena atención médica a través de las ONG que ellos en esos hospitales de fachadas desconchadas y habitaciones con humedades que también encontramos en algunos centros de salud de Italia y de España.

«Mis hijos, como todos los jóvenes, se han tenido que ir a Atenas para tener alguna oportunidad de trabajo. Y aquí ya no pueden venir a estudiar los de las otras islas porque los alquileres se han encarecido por la llegada de los voluntarios de las ONG», me explicaba la camarera de un bar de Lesbos con ganas de dar su versión de unos hechos que, interesadamente, la clase política ha convertido en un batiburrillo de rumores cuyas víctimas son todos los habitantes de Lesbos, así sean locales o extranjeros. Porque esto va de enfrentar a los pobres con los más pobres y con los moderadamente pobres.

Toda injusticia aplicada desde las instituciones públicas por parte de líderes votados en las urnas —por una ciudadanía que les paga sus generosos sueldos— necesita ser disfrazada de un vocabulario que legitime lo que de otra manera la pondría en un serio entredicho. Y para ello es fundamental el papel de los medios de comunicación y de los periodistas que, a base de repetir un concepto, terminamos vaciándolo de su significado para convertirlo en una etiqueta aséptica. Solo así podría desplegarse sin temor a una respuesta violenta un ejercicio de cinismo de tales dimensiones como llamar «rescate» a lo que se hizo con Grecia a partir de 2010. Los rescatados fueron condenados a la pobreza y la desesperanza, como los llamados refugiados son castigados con la negación del asilo y condenados con el destierro de los apátridas.

Los hogares griegos han visto mermados sus ingresos desde 2010 en un 40 por ciento de media. Las pensiones de un trabajador medio han pasado de mil cien a seiscientos veinte euros, el paro juvenil es de un 39 por ciento y el 72 por ciento de los trabajadores recibe un salario inferior a los mil euros. Grecia, la cuna de la civilización occidental, el edén turístico, el epicentro de la cultura europea, ha sido empujada al penúltimo lugar de los países más pobres de la UE, solo por delante de Rumanía. Entre 2008 y 2012, cuando se aplicaron buena parte de los recortes sociales, los suicidios se incrementaron en un 35 por ciento, hasta superar los once al mes. Pero los griegos no solo vieron reducidas sus ganas de vivir, sino también su autoestima. La misma que ha vuelto a verse afrentada por las críticas internacionales al creciente rechazo que su población manifiesta con respecto a la presencia de población refugiada en su territorio. De nuevo, cuando claudicamos del afán de ser puente de comprensión, cuando desterramos el ejercicio de la empatía porque los otros no solo no responden al perfil de víctima, sino que mantienen ideas que nos repugnan, estamos facilitando que solo la ultraderecha valide la experiencia de algunas de estas personas. Y cuando la extrema derecha o los neofascismos colonizan una temática, no dejan pasar la oportunidad de producir análisis manipulados, maniqueos, a menudo falsos y, a todas luces, ilegítimos en pos de su beneficio. Y es obvio que sus interpretaciones serán interesadas e injustificables, pero algunas de las vivencias a las que hacen alusión son reales. Y negarlas solo facilita que las capitalicen a través del odio.

«Nunca fuimos Santorini ni ninguna de las islas más turísticas de Grecia, pero había un flujo en verano gracias al que podíamos pasar el invierno. Pero la gente dejó de venir después de que los medios de comunicación reprodujesen las mismas fotografías de refugiados viviendo en las calles año tras año, cuando eso solo ocurrió en 2016», lamenta Vasilios, propietario de un precioso pub en el centro de Mitilene, la capital de Lesbos, en el que siempre suena jazz y otras buenas músicas, y donde suelen acudir los voluntarios y voluntarias de las ONG.

Vasilios es tan sincero que, a veces, parace sarcástico. Pero no lo es, solo que no estamos acostumbrados a tal ejercicio de sinceridad. «Claro que la isla ha empeorado desde que empezaron a llegar los refugiados, gran parte de los negocios han cerrado y solo se han abierto bares para dar respuesta a la llegada de los cooperantes. A mí me ha venido muy bien —dice enarcando las cejas, como si con ellas pudiera subrayar la obviedad que otros omitirían—. Las ONG llegan y pueden pagar más que nosotros por un piso, así que se han encarecido los precios. Hay familias que ya no pueden enviar a sus hijos a estudiar en nuestra universidad, pero también hay quienes están haciendo negocio con ello», añade.

Una de las grandes lamentaciones de los habitantes de Lesbos es que gran parte del gasto que hacían en la isla los refugiados y refugiadas antes del incendio era en el supermercado Lidl, donde adquirían productos para el consumo propio y para el comercio informal entre ellos. Si tienes que caminar treinta minutos para hacer la compra, lo normal es aprovechar el viaje para cargar un par de kilos de patatas o arroz de más. Una economía de supervivencia que convive con la de quienes terminaban montando en sus chabolas pequeñas tiendas con los productos adquiridos en el supermercado. La forma más genuina del tan cacareado emprendimiento que surge en cualquier campo de refugiados a los pocos días de montarse, como comprobé en el segundo mayor del mundo: el de Zaatari, en la frontera jordana con Siria. En 2012, a las pocas semanas de recibir a los primeros miles de familias que llegaban a pie mientras los soldados del régimen de Bashar al-Asad les disparaban en su huida, ya había quienes, para sobrevivir, habían convertido cuatro palos y un plástico en una frutería, una barbería, una tetería. Los huidos siguen necesitando comer al día siguiente de poner a salvo sus vidas, pero también la ilusión de cierta normalidad, como cuando, a propósito de la pandemia de la COVID-19, fantaseamos con la vuelta a la vieja normalidad, a sabiendas de que nunca volverá, de que nunca fue normal y de que, efectivamente, todo envejece cada vez más pronto, demasiado pronto.

Por eso, muchas multinacionales abren supermercados cerca de los campos europeos de refugiados, con productos adaptados al gusto de su clientela: grandes sacos de azúcar para el té, de harina para que cocinen su propio pan en los hornos que excavan en el suelo, de legumbres para sustituir las proteínas que, en sus países, ingerían a través de pescado o carne. El capitalismo tiene una imparable capacidad de adaptación al gusto del consumidor, así sea miserable porque para eso los miserables son centenares de millones en todo el mundo. Las cadenas suelen construir sus naves en terrenos baratos en las inmediaciones de los campos, que suelen situarse en zonas aisladas y mal comunicadas. Como las cárceles. Solo que de las cárceles no se puede salir, como ocurre cada vez con más campos. También los hay en los que está permitida la salida porque, aunque no están erigidos en islas, sus internos tampoco podrían sobrevivir a una huida. Es el caso del que Israel construyó en 2013 para los solicitantes de asilo que llegan a su territorio procedentes de Eritrea, Sudán y Sudán del Sur a través de la frontera con Egipto. El lugar elegido por el Gobierno sionista para la cárcel de Saharonim fue el desierto del Néguev. Allí, rodeados de dunas rocosas y la inmensidad de la nada, los huidos de la violencia y la miseria pueden permanecer encarcelados hasta un año, mientras a su alrededor grupos de turistas locales e internacionales juegan a vivir una experiencia exótica subidos a los lomos de camellos. Y podría haber sido peor. El Parlamento israelí aprobó que fuesen tres años los que los refugiados y refugiadas podían permanecer encerrados, e indefinidamente y sin juicio aquellos que hubiesen cometido algún delito. Dos años después, el Tribunal Constitucional anuló la ley por incumplir sendos derechos fundamentales. El Ejecutivo del entonces presidente Benjamín Netanyahu quitaba gravedad a la política antirrefugiados sosteniendo que era un centro abierto. «Nadie intenta huir porque saben que, de hacerlo, morirían, como tantos de nuestros compañeros de viaje han muerto en el Sinaí», me explicó Shana, una eritrea que abandonó su país a los veintiséis años. El mismo número de personas que vio morir en su viaje por Etiopía, Sudán y Egipto hasta llegar a Israel. «Aquí nos explotan como a esclavas para limpiar, cocinar, cuidar a los niños... No podemos denunciar porque no tenemos papeles y nos encarcelarían y deportarían», me dijo en la sede de Eritrean Women Association, un pequeño local en Tel Aviv donde este colectivo se reúne para saber que cuentan con alguien en el mundo, para apoyarse mutuamente. Muchas son madres solteras porque perdieron a sus maridos en el viaje, porque fueron encerrados en el centro de detención, o porque se divorciaron por los graves problemas psicológicos que el viaje les ha generado.

«Cuando cruzábamos fronteras, los soldados nos disparaban y no podíamos detenernos cuando alguno caía. Pero en el Sinaí, la que se tropezó fue una niña de tres años. Su madre se quedó con ella y los traficantes nos gritaban que teníamos que seguir. Volvimos para recogerlas. Para ellos no somos seres humanos, aunque también hay traficantes buenos», relataba la joven, que había pagado ocho mil euros por el viaje, un dinero que fueron enviándole familiares que viven en el extranjero según avanzaba en el éxodo. Sus padres no tienen nada. «Tú les vas dando teléfonos de tíos, primos. Los traficantes llaman y les dan una cuenta corriente. Mientras, te encierran en una casucha vieja. Cuando tienen el dinero y suficientes personas, nos meten a todas en un coche y nos trasladan», me explicaba esta mujer de ojos hundidos y la suficiente fortaleza para haberse convertido en una portavoz oficial de la situación de su comunidad. Para ella, lo peor de su diáspora fue ser golpeada por niños de hasta doce años. «Los traficantes los ponen a hacer los peores trabajos porque aún no tienen criterio», se lamentaba Shana, quien, pese a todo, tenía claro su mensaje para las mujeres eritreas que sopesen la posibilidad de migrar: «Que lo hagan, es mejor arriesgarte a morir por tener el destino en tus manos que morir en tu país. Allí no hay nada para nosotras, las mujeres pobres».

* * *

Dos años después de nuestro encuentro, en 2016, el Gobierno israelí mandó cartas a todos los migrantes africanos que vivían en su territorio sin permiso de residencia para anunciarles que, si no aceptaban ser deportados a Uganda o a Ruanda, serían encarcelados en las siguientes semanas. Ninguno de ellos procedía de esos países, pero Israel había suscrito un multimillonario acuerdo con sus gobiernos a cambio de que los recibiesen. A los migrantes que aceptaban la deportación, la policía israelí les entregaba tres mil dólares una vez que embarcaban en el avión. A la mayoría, según investigaciones publicadas por agencias internacionales como Reuters, se los robaban cuando llegaban al aeropuerto de destino, mientras funcionarios les ofrecían contactar con traficantes que los pudieran ayudar a migrar de nuevo a Israel o a Europa.

Shana parecía volverse más frágil y pequeña cuando me explicaba que es habitual que niños y niñas israelíes los insulten por la calle gritándoles «shachor», «negro» en hebreo. «Es normal. Si ven que el Gobierno nos trata mal, asumen que es lo correcto», concluía la mujer, un puñado de huesos —como es normal en la fisonomía eritrea—, con un vientre abultado y subrayado por la camiseta fina de algodón. En aquellos días de 2016, en los que la prensa internacional se hacía eco del desprecio del Ejecutivo israelí por los treinta y siete mil migrantes y refugiados africanos que, se estimaba, vivían en su suelo, sus líderes políticos se referían a ellos como «infiltrados». Así los llamaban en sus comparecencias en el Parlamento, en los medios de comunicación y en sus redes sociales. «Infiltrados» en el supuesto país que sigue reivindicándose como hogar de los perseguidos. Como si los pobres pudieran infiltrarse o pasar desapercibidos. Convertirse en invisible es, también, un privilegio de clase.

En Europa también tenemos estos gulags para los refugiados del siglo XXI. En Finlandia, algunos de sus centros de detención para solicitantes de asilo están en zonas tan alejadas de los núcleos urbanos y, sobre todo, en regiones de temperaturas tan bajas que sus internos no podrían huir de estos edificios de decenas de microapartamentos sin morir en el intento. Por eso, no son aislados los casos de suicidio de, en su mayoría, hombres jóvenes que pasan meses aquí antes de ser deportados. En algunas de las escasas noticias que publica la prensa local al respecto, leemos desconcertantes declaraciones en las que los trabajadores de los complejos se muestran sorprendidos por la decisión de unos jóvenes en los que, sostienen, no observaron síntomas de depresión o intenciones de acabar con su vida. Solo el prisma racista explica que no sean capaces de entender el grado de desesperación al que someten a unas personas que llegan a tratar de borrarse las huellas dactilares con lejía y limas para intentar solicitar asilo en otros países europeos y que no descubran, por las bases de datos compartidas, que ya lo intentaron previamente. En Dinamarca, donde un gabinete supuestamente de izquierdas aprobó en 2021 reproducir la estrategia israelí —pagar a países como Ruanda para que encierren en su suelo a solicitantes de asilo—, se han sucedido desde entonces los suicidios de sirios que iban a ser deportados a su país, al que el Gobierno danés considera un lugar seguro.

Ser migrante en situación administrativa irregular o solicitante de asilo requiere dedicar buena parte de la energía y del tiempo al borrado de uno mismo, a intentar ser lo más invisible posible. A veces, me han contado algunas de estas personas, el deseo de desaparecer es tan fuerte que se parece mucho al de querer morirse. Me recuerda a la leyenda afgana de los fantasmas azules, que la escritora Paula Farias recoge en su novela con el mismo nombre: mujeres que, de tanto experimentar ser sin existir para los demás en su deambular bajo los burkas, desaparecen dejando tras de sí solo unas gasas azules, el charquito de agua que somos. En este caso, Europa los obliga a querer desaparecer por ser, fundamentalmente, pobres, como lo conceptualizó la filósofa Adela Cortina con su teoría sobre la aporofobia. El rechazo al extranjero es por su situación de pobreza. De ahí que los que traen dinero sean definidos como turistas o expatriados, y los pobres, como migrantes.

Pero, para sentir miedo y odio por el pobre, hay que hacerle responsable de su situación, en lugar de entender que es el resultado de un sistema económico, el neoliberal, que para perpetuarse necesita agigantar permanentemente la desigualdad. Y ese es el trabajo que están haciendo desde hace tres décadas la derecha más escorada y la extrema derecha: embrollar el debate público para que se olvide que la economía y el mercado no son fenómenos naturales, sino que siguen una lógica que provoca el empobrecimiento de una mayoría en pos del enriquecimiento de una minoría. Esto desmiente uno de los pilares en los que se ha sustentado el sistema democrático liberal en las últimas décadas, la meritocracia.

Tras la Segunda Guerra Mundial el capitalismo pasó de ser puramente liberal competitivo, como lo había sido durante el siglo XIX, a estar gestionado por el Estado para reactivar la economía a través de la reconstrucción. De los escombros de los bombardeos que arrasaron Europa surgió el estado del bienestar de la socialdemocracia. A partir de los años ochenta, con la expansión del neoliberalismo de Margaret Thatcher y Ronald Reagan, se instauró el «no existe la sociedad, solo los individuos», como espetó la Dama de Hierro. Y, por tanto, el destino de cada uno solo está determinado por sus propias competencias. Así, Occidente emprendió y prendió la ola involucionista en la que andamos hundidos, cada vez más grises, más tristes, más perdidos y con más dudas sobre nuestra propia capacidad. No es solo que temamos u odiemos a los pobres, es que para que el neoliberalismo funcione de manera engrasada necesita que todos alberguemos una semilla de autoodio: «Si nunca trabajamos tanto, tantas horas, y nunca nos fue tan mal, será porque algo tenemos que estar haciendo regular», vendría a ser, de manera resumida, el mensaje repetitivo y desquiciante que el mundo parece estar gritándonos continuamente. La ilustradora Atxe lo explicaba así, a colación de una entrevista que le hice por su libro *Capitalismo, ¿por qué?* (Akal, 2019): «Incluso las personas con ideas anticapitalistas nos autoexplotamos con una falta absoluta de autocompasión, exprimiéndonos hasta enfermar, en cierto modo, más de lo que lo harían en una fábrica del siglo XIX [...]. Cuando la explotación viene de fuera, pueden nacerte las ganas de rebelarte; pero cuando sale de dentro, uno la acepta sin darse cuenta». Una reflexión que se complementa con la del filósofo surcoreano

Byung-Chul Han, que se expresaba en estos términos en una conferencia impartida en el Centro de Cultura Contemporánea de Barcelona en 2018: «Ahora uno se explota a sí mismo figurándose que se está realizando; es la pérfida lógica del neoliberalismo que culmina en el síndrome del trabajador quemado».

Cuando la pandemia llegó, la mayoría de las personas ya estaban chamuscadas, y el parón forzado por el Gran Confinamiento les permitió contemplar las ascuas a las que habían quedado reducidas: al mirar las llamitas que todavía afloraban cuando se cruzaba una corriente de oxígeno, las privilegiadas pudieron aprovechar para identificar lo que ya no querían en su vida. La mayoría no solo no puede elegir lo que quiere y lo que no, sino que ni siquiera se puede permitir el lujo de dedicar tiempo ni energía a tamañas cavilaciones. Proyectar otras vidas, cuando la pobreza carcome tus horas o acecha tus pasos, resulta un pasatiempo doloroso.

No es de extrañar, por tanto, que, desde el comienzo de la crisis financiera de 2008, en España se haya duplicado el consumo de ansiolíticos, o que la cifra de suicidios haya alcanzado máximos históricos. Así no hay quien conserve las ganas de vivir.

* * *

El miedo a la pobreza es transversal: está alentado por el miedo horizontal, a los que vienen de fuera —una supuesta amenaza impura e imprevisible—, y por el vertical, a los de arriba que tienen más y siempre quieren más, y a los de abajo, que querrán algo de lo que nosotros tenemos, que siempre nos resulta poco y que siempre esperamos ampliar. Este temor a menudo se desata cuando se es padre o madre: pocas justificaciones encuentran más aquiescencia en nuestra sociedad, incluso cuando amparan las actitudes más deleznables, que «con el pan de mis hijos no se juega». Las mayores atrocidades se cometen en nombre del pan de los hijos o del pueblo; un pan por el que, pareciera, todo vale, y dentro de cuya corteza muchos incluyen todo tipo de riquezas.

El miedo a la pobreza, como todos los miedos, nos vuelve frágiles, desconfiados, pusilánimes, egoístas y tribales, aunque esa tribu a veces se vuelve tan pequeña que solo tiene lugar para uno, el yo. Como todos los instintos, el miedo a la pobreza es un mecanismo de supervivencia que nos pone en alerta para que pongamos toda nuestra atención, recursos, talentos y energías en evitar perder las posesiones que nos permiten la subsistencia: un techo en un lugar mínimamente seguro, comida, un lecho y calor. Esto es lo que nuestros mecanismos neurológicos dictan como seres primarios que seguimos siendo, y en los que deberíamos alfabetizarnos para poder descifrarlos sin caer en los automatismos. Si no quiero actuar movida por resortes desconocidos, si quiero saber por qué hago lo que hago, pienso lo que pienso, o digo lo que digo, necesito, antes que nada, entender el animal que soy, los mecanismos biológicos que operan en mí, los miedos derivativos, como los llamó Zygmunt Bauman en su libro *Miedo líquido*, que modulan mi comportamiento. Los miedos derivativos son aquellos conformados por el «sedimento de la experiencia pasada que se convierte en elementos importantes de la conducta humana aunque la amenaza ya no exista». Temores que pueden limitar mi existencia sin ser consciente de ello porque, pese a que no tengo por qué volver a vivir ese riesgo, la sensación de amenaza permanece tras haberlo superado.

Como ha estudiado el neurocientífico David Eagleman, determinadas causas biosociales inducen al cerebro humano a que tenga tendencia a la xenofobia, «porque en él impera el fin de supervivencia y, por seguridad, busca lo conocido y se enerva ante lo que no controla». Pero nuestra relación con lo imprevisto no solo es resultado del contexto en el que crecemos —en sociedades más pacíficas e igualitarias desarrollamos menos capacidad de reacción—, sino que también se entrena y muscula.

No podemos permitirnos destinar, ante cada decisión, el tiempo que requeriría analizar qué motivaciones hay detrás de nuestra elección, pero sí aprender el lenguaje de los automatismos para poder interpretarlos acorde al contexto en el que nos encontremos. Y si algo he comprobado en la práctica es que, a mayor ligereza, menos miedo. Identificar a qué tememos nos devuelve un fiel retrato de nosotros mismos, igual que preguntarnos hasta qué grado queremos llevar la ligereza y el desapego, o cómo gestionar los apegos feroces, como tituló Vivian Gornick unas memorias en las que desentrañaba los amores y las lealtades que nos constituyen y nos fragilizan, que nos impulsan y que nos cimbrean. Porque, ¿realmente queremos definirnos desde el reconocimiento y la asunción de nuestra vulnerabilidad? ¿O hay una pose en esa afirmación, un discurso feminista aprendido a base de repetirlo que no terminamos de creernos?

Un día, allá por 2012, paseaba por la colonia de Medellín en la que vive mi amiga Marcela, una psicóloga con una amplia trayectoria trabajando con población desplazada por la guerra. Había dos cosas que me maravillaban de convivir con ella. La primera era que, cuando se levantaba y se ponía a cocinar, siempre hacía varias raciones de más: para llevar un plato caliente a no sé qué vecina que vivía sola o para los niños que no se sabía muy bien hasta qué punto vivían en la calle o si tenían algo parecido a una familia, y que solían pasar por la casa para charlar un rato, comer algo caliente y sentir que alguien se interesaba por su vida... Y, en realidad, para cualquiera que pasara por allí con hambre. La olla siempre se vaciaba a lo largo del día. Lo segundo que observaba con deleite, y que copié inmediatamente de Marcela, era la levedad con la que se vestía y salía a la calle para hacer la compra: unos pantalones, una camiseta y el dinero en el bolsillo. Unos pocos billetes con los que esperaba comprar todo lo necesario en las tiendas de los alrededores. «Cuando no llevas apenas nada, no temes apenas nada», me dijo un día en el que compartí con ella mi fascinación por su etéreo fluir. Íbamos a comprar víveres por las mismas cuestas que, pocos años atrás, eran solo monte y que fueron transformadas en calles con el pisar de los campesinos y campesinas que llegaron hasta aquí huyendo de los paramilitares que regaron el país de cuerpos despedazados.

Cuando Marcela decía «apenas nada» estaba haciendo gala de la precisión lingüística colombiana: el «apenas» hacía referencia a que si allí te pueden matar porque sí, por nada, por error, por casualidad o por ganas, al menos era mejor no dar excusas: cuando estás rodeado de personas pobres, cargar con dinero u objetos de valor es llamar al atraco que, a menudo, acaba en muerte. En la frugalidad de esa mujer, fuerte y de belleza atemporal, con sus chanclas de plástico, una camiseta de algodón y unos shorts vaqueros con no más de diez euros —al cambio— en el bolsillo, intuía también la celebración de una libertad más libre que ninguna otra: la que no ignora los dolores de la guerra. Conocedora de sus violencias, y de cómo se estrellan con especial virulencia contra el cuerpo de las mujeres, como el suyo, no hay un mínimo de concesión a la autocompasión en ella. Marcela tiene miedos, pero no les teme: los debilita a fuerza de desnudarlos, de reconocerles su parte de realidad y convertirlos así en hechos. «Extraño, bien que muy habitual, amén de familiar a todos nosotros, es el alivio que sentimos y la súbita irrupción de energía y valor que nos invade cuando, tras un largo período de desasosiego, ansiedad, oscuras premoniciones, días de aprehensión y noches sin dormir, conseguimos finalmente enfrentarnos al peligro real: esa amenaza que podemos ver y tocar». Así lo explicaba Bauman su libro *Miedo líquido*.

* * *

Marcela había pasado por periodos de bonanza trabajando para organizaciones internacionales y, por avatares de la vida, por épocas de precariedad, de dependencia de la ayuda familiar; había experimentado la explotación laboral siendo migrante en España, y había vuelto a recibir salarios dignos por sus servicios profesionales de vuelta en su país. En ninguna de estas etapas percibí que Marcela vinculase su identidad, su percepción de sí misma ni su autoestima a su estatus económico. Su conocimiento de las dinámicas neoliberales le permitió tener claro en todo momento que el trato que recibía del mercado no dependía de su talento, profesionalidad ni capacidad de trabajo, y que, por tanto, ella no era el problema, sino el sistema que hacía que siempre, a su alrededor, hubiese personas mucho más pobres que ella.

Yo siempre quise tener unos fogones tan llenos de vida como los de Marcela, capaces del mayor de los milagros atribuidos a Jesucristo: multiplicar los panes y los peces, calmar el hambre del hambriento.

Ocho años después de aquellos livianos e instructivos paseos, que hemos repetido a lo largo de los años, los recordé caminando de noche por un Nueva York retraído por la COVID-19. La pandemia había vaciado la urbe global: los multibillonarios habían dejado sus apartamentos de Central Park durante el primer confinamiento para aislarse en residencias junto al mar o la montaña; la clase alta se había encerrado en sus viviendas en los rascacielos para seguir teletrabajando y sus escasos traslados los hacían en taxi, bicicleta, coche privado o a pie. Así, los autobuses y, en especial, el metro —que hasta entonces había conseguido reunir a casi todas las clases sociales en sus vagones— se habían convertido en un medio de transporte, casi exclusivamente, para los pobres que no tenían alternativa, y, sobre todo, en casas flotantes para las decenas de miles de personas sin hogar que alberga la ciudad más rica del mundo, emblema del capitalismo global y del sueño americano.

Llegué a la Gran Manzana un sábado de noviembre de 2020, diez días antes de las segundas elecciones presidenciales a las que Donald Trump concurría como candidato. Eran las once de la noche cuando me dirigí desde la céntrica estación de Pensilvania, a dos calles del Empire State, a la parada del metro que debía llevarme al apartamento en el que había alquilado una habitación. Media hora más tarde, en los andenes solo había hombres tirados en el suelo, dormitando algunos, buscando un lugar en el que recostarse otros, borrachos y drogados muchos. Un guardia de seguridad que me vio sola, con mi maleta, se me acercó para preguntarme qué hacía allí a esas horas. No era ni medianoche, no había un confinamiento dictado oficialmente, pero Manhattan era una ciudad inhóspita que había dejado al descubierto a sus habitantes más incondicionales: los sintecho.

En los días siguientes, fui sumergiéndome, poco a poco, en ese otro Nueva York que había intuido en mis primeros viajes, y que ahora se mostraba impúdicamente: el corazón del capitalismo era asquerosamente pobre; nunca lo había ocultado, pero ahora no podíamos dejar de verlo. Todas las mañanas, cuando salía del edificio de apartamentos de Harlem en el que me hospedaba, la ciudad se estaba desesperanzando poco a poco. Mujeres tirando de carritos metálicos para hacer la compra en supermercados donde admiten los bonos para alimentos con los que el imperio evita ser un país de hambrunas, y hombres arrastrando los pies para juntarse en las esquinas de las avenidas con otros hombres sin nada que hacer. Cuando volvía por las noches, al barrio del Bronx o Harlem, ya solo quedaban algunos de ellos, reunidos en pequeños grupos, en las tiendas donde venden alcohol a partir de la tarde, envueltos en una nube de humo de marihuana. En las calles aledañas apenas me cruzaba con nadie. Inmersa ya en la escritura de este libro, decidí aprovechar aquellos paseos en los que me había ido acostumbrando a pasar de la excitación por la belleza de la ciudad al temor por lo inhóspito en cuestión de segundos a analizar qué hacía conmigo, psicológica y físicamente, un miedo que no recordaba haber sentido en lugares mucho más peligrosos para el imaginario colectivo. Pensé que solo me preguntaban por la experiencia de viajar sola —que en la mayoría de las ocasiones suele entenderse como viajar sin un hombre, así lo hagas acompañada de una mujer— cuando volvía de países empobrecidos, nunca cuando se trataba de lugares aparentemente seguros por encontrarse en potencias económicas.

Así que decidí observarme cuando, en medio de la noche, me encontraba que tenía que pasar ante un grupo de hombres visiblemente bebidos en una calle oscura y solitaria. Pese a que mi cabeza mandaba el mensaje de que no había nada que temer, mi estado de alerta provocaba que mis respiraciones fueran más cortas como consecuencia del aprisionamiento del pecho; el resto de mi cuerpo también se tensaba y comprimía, y mis sentidos de la vista y el oído se aguzaban. Y, sobre todo, la perspectiva de ojo de pez se estrechaba hasta concentrarse en el punto de fuga de mi caminar, que lo ocupaba todo. Era fácil olvidar que ese estado respondía a automatismos. Para recuperar la liviandad, que era el estado con el que había aprendido a conjurar los miedos, pensaba en qué era lo peor que en el más desquiciado de los escenarios me podía ocurrir: ¿que me robasen? ¿Que me violasen? ¿Que me matasen? ¿Y cuáles eran las peores consecuencias de cada una de estas tragedias? Analizaba los componentes culturales y formativos que me hacían relacionar la presencia de hombres pobres en la calle durante la noche con acciones delictivas, forzándome a desbrozar los prejuicios de clase que racionalmente criticaba. Recordaba la multitud de veces que había pasado miedo volviendo de noche sola a casa en España: miedo a ser asaltada por hombres blancos, españoles, de todas las clases sociales, ideologías, edades... El miedo que me hicieron pasar aquellos que me acosaron desde pequeña: maestros, políticos y músicos clásicos, supuestos próceres de la sociedad. Y, sobre todo, pensaba en cómo la instrumentalización del miedo al extranjero pobre estaba llenando las sacas de votos de la extrema derecha en buena parte de los países europeos, en los que una parte de la población ha visto cómo sus barrios han cambiado rápidamente, cómo sus nuevos residentes —a menudo, de piel más oscura— proceden de culturas donde las calles son un espacio en el que departir durante horas —sobre todo, si no tienes mucho más que hacer— y cómo, cuando esta presencia se extiende hasta la noche, los temores, incluso los más infundados, asoman su rostro más amenazante. Uno de los grandes fantasmas que aturden a las familias locales de estos barrios es que alguien viole a su hija de vuelta a casa. En torno a esta posibilidad, la educación machista restringe la libertad de movimientos y los horarios de las jóvenes más que el de los jóvenes, y la instruyen en un terror sexual que fragiliza nuestra libertad en general y, en concreto, la sexual. En lugar de volcar los esfuerzos en la educación, especialmente de los varones, en la igualdad, se perpetúa el imaginario de que las mujeres somos objetos que proteger de los supuestos instintos primarios masculinos y que, por tanto, recae en nosotras la responsabilidad de ponernos a salvo. Sorprende que, mientras no se solucione que una parte significativa de nuestra sociedad esté formada por depredadores sexuales, no se eduque a sus potenciales víctimas en la autodefensa. Por el contrario, lo que nos encontramos es que millones de familias en el mundo ven atizados sus temores por discursos del odio que señalan al otro, al «salvaje», al pobre, como al violador cuando, como señalan todos los estudios, el 80 por ciento de las agresiones sexuales las cometen personas conocidas por la víctima y de su entorno más cercano.

Pero, cuando ese pensamiento se instala en la cabeza de un padre o una madre, se pierden todos los escrúpulos para abrazar los discursos ideológicos más deleznables. Lo constaté en 2005 en Lyon, donde, como ocurre en otras urbes galas, los barrios más empobrecidos se han convertido en ollas a presión de desesperanza y desarraigo de los jóvenes franceses hijos o nietos de ciudadanos de las excolonias francesas. En el caso de Lyon, la *banlieue* se hallaba en el centro de la hermosa ciudad y a menudo había que atravesarla en tranvía para acudir a los lugares más emblemáticos. En el Instituto de Estudios Políticos, la progresista facultad de Ciencias Políticas en la que yo cursaba mi año de Erasmus, y en la que suelen estudiar los presidentes de la república, era habitual escuchar los discursos racistas más rancios en boca de jóvenes estudiantes de izquierdas. Estaba claro que se había roto el consenso sobre el que se había construido el estado del bienestar en la segunda mitad del siglo XX: la violencia, la inadaptación, el desarraigo no se entendían ya como consecuencias lógicas de la pobreza y la discriminación. Estudiantes de Derecho, de Relaciones Internacionales o de Ciencias Políticas parecían cansados de intentar guiarse por el raciocinio, de acallar su malestar con la teoría; y cuando se soltaban y hablaban con desprecio de sus conciudadanos de origen magrebí, transmitían una sensación de alivio. Transmitían que, por fin, podían expresarse libremente cuando, tras explicar cómo les incomodaban por su forma de ocupar el espacio público, por supuestamente andar buscando gresca, por no trabajar y vivir de las ayudas, entre otros prejuicios y estereotipos, terminaban desdeñando cualquier otro factor o causa de estas situaciones para terminar poniendo palabras, precisamente, al origen del conflicto: que esos jóvenes nacidos en Francia nunca habían sido ni serán considerados franceses. Porque en el fondo, terminaban añadiendo, había una incompatibilidad cultural de naturaleza religiosa: el choque entre la cosmovisión cristiana y musulmana era irresoluble. La máxima de la que parten no solo la extrema derecha y el neofascismo, sino también el radicalismo islamista: que la convivencia es imposible.

Recuerdo que yo venía del sur de España, donde, por aquel 2004 de plena burbuja especulativa, a las personas migrantes casi no se las veía porque, en cuanto llegaban al país, eran absorbidas con rapidez por los sectores más rentables y, sin embargo, o precisamente por ello, más precarios: en la construcción, la agroindustria, los cuidados de personas mayores y la hostelería vinculada al turismo. La economía estaba tan anabolizada en el litoral español que incluso los racistas no tenían tiempo ni interés por desarrollar su odio, y los progresistas no se interesaban por entender por qué sus homólogos franceses podían reivindicar la *liberté*, la *egalité* y la *fraternité* mientras se negaban a reconocer que los hijos e hijas de sus excolonias encarnaban a los miserables del siglo XXI. Es fácil ser solidario y comprensivo cuando no se tienen apuros económicos y se vive en un territorio seguro. Cuando no sabes qué va a ser de ti y de los tuyos en los próximos meses, y los días transcurren impulsados por la ansiedad y el insomnio, es mucho más difícil sacar el tiempo y el espacio mental para esforzarse en comprender y ponerse en el lugar del otro. Un otro que debería ser visto como un igual no solo en términos de derechos humanos, sino de clase social: la mayoría de la población es clase trabajadora y precaria, pero el neoliberalismo ha conseguido interesadamente borrar esa identidad para anteponer las de lugar y cultura de origen, religión, orientación de género y sexual, como si no fuesen complementarias e interdependientes. Mientras observaba aterrorizada la fragmentación de la sociedad francesa, me preguntaba si España sería capaz de aprender de los errores de su país vecino —guetización, extranjerización de sus jóvenes, racismo estructural traducido en desempleo y precarización...— y evitar lo que ya a mi vuelta, en 2006, observé desde la televisión.

* * *

Las llamas de los coches incendiados en las *banlieues* francesas empezaron a abrir las secciones de internacional, con ese enfoque pornográfico que el periodista Miquel Ramos, especializado en la extrema derecha, analizaba en *La Marea*, en un artículo titulado «La pornografía de los disturbios». «La información ya no trata de explicarte el porqué de las cosas. Tan solo te muestra hechos. Cuando más, adornado con opiniones de la calle seleccionadas para reforzar su relato, o con tertulianos que tan solo hablan de lo que dice uno u otro líder político». Y continuaba en un texto al que debemos volver regularmente si no queremos quedarnos prendados del fulgor de los neumáticos ardiendo: «La espectacularidad de las informaciones suele motivar más que sofocar los disturbios. El *Porno Riot* es eso. Apela a la emoción. Unos se creen que España está al borde del apocalipsis y apelan a suspender cualquier derecho fundamental para reestablecer el orden. Otros se indignan al ver la violencia policial y el relato de los medios, y acaban uniéndose a las protestas. Pero todos siguen sin recibir una interpretación razonada. Tan solo estímulos. Y, además, muy pocas veces, hablan los protagonistas de los hechos».

Pero aquel aviso que nos llegaba desde Francia, en los países del entorno que cabalgaban sobre una borrachera económica que no dejaba pensar, se contemplaba como lejanos fuegos artificiales de un mundo que no tenía nada que ver con el nuestro. A pesar de que en lugares como España ya habíamos tenido el primer signo de alerta en el año 2000: un joven marroquí con un alto grado de discapacidad asesinó a una joven española en Almería, donde se produce buena parte de las verduras que se consumen en la Unión Europea. Esta provincia, la más pobre de España hasta finales de los años noventa, cuando la agroindustria se convirtió en la principal fuente económica de la zona, ahora es la más desigual: los trabajadores, en su mayoría migrantes, a menudo viven en chabolas pordioseras, mientras que los dueños de los terrenos han pasado en apenas unas décadas de ser pobres campesinos a empresarios multimillonarios. Tras el asesinato, hordas de almerienses salieron armados con palos y antorchas para golpear a los magrebíes, quemar sus negocios, sus casas y chabolas.

Tras tres días de razias descontroladas, todo volvió a la normalidad en cuanto los migrantes convocaron una huelga. Porque, durante esas setenta y dos horas de absoluto terror, habían seguido yendo a trabajar; porque, si no cumplen con su jornal, no cobran y, si no cobran, no comen.

    El hambre es la mayor de las pobrezas. Para aquellos que la han experimentado de verdad es, junto con el frío, el miedo más acechante. De existir un purgatorio, no sería un infierno a reventar de hombres en llamas, sino una cueva con un hombre solo, hambriento y helado. Lo sé porque nada transforma el rostro de una persona como el recuerdo del hambre: a los ancianos que la vivieron durante la posguerra española se les achinan los ojos para volverse niños, primero con el nudo de la piedra en la boca del estómago; después, compasivos cuando recuerdan lo rico que les sabía el pan duro frotado con ajo y, con suerte, un poco de aceite; a los niños migrantes que viven en las calles del sur de Europa el hambre les endurece la mirada: parecen adultos porque no estamos acostumbrados a ver ojos infantiles vaciados por la desesperanza. Y cuando fuman pegamento para poder hacer lo que hacen los niños que viven en la calle —jugar, reír, prostituirse para poder comer, robar si no tienen nada que llevarse a la boca—, la mirada no se les achispa, sino que se les pierde, como si se quedaran ciegos y, a veces, dan miedo. Y claro que cuando hablas con ellos y los conoces pierdes el temor porque recuerdas, experimentas, que son solo niños: niños y adolescentes que han pasado tanto miedo que ya no son capaces de ver lo valientes que han tenido que ser para migrar y sobrevivir solos. Pero cuando no tienes a nadie que te introduzca en su mundo —el pantalán rocoso del puerto de Melilla, donde esperan colarse en un barco que los lleve a suelo europeo; el río que atraviesa la ciudad de Medellín en el que conviven los desechados por la guerra y la crisis humanitaria de Venezuela; las casas abandonadas por los trabajadores de las fábricas de Detroit, en las que viven miles de chavales sin hogar— y te los encuentras en mitad de la noche, dan miedo. Y negar ese sentimiento de desconfianza no debilita el racismo ni el fascismo, sino que los refuerza al dejar que sus portavoces oficiales sean los únicos que validan esa experiencia. Por eso es tan importante la función del buen periodismo, dedicado en cuerpo y alma a contextualizar, relacionar, entender. Por eso no es un trabajo, sino una forma de estar en el mundo. Pero desde esa posición privilegiada de dedicarme a la búsqueda de la comprensión —mediante el estudio, la observación y el diálogo— no puedo juzgar a quienes, agotados por jornadas laborales extenuantes, sin recursos para garantizarse una información plural de calidad y atormentados por la incertidumbre laboral, desisten de luchar por asegurarse una de las condiciones imprescindibles para el ejercicio de la ciudadanía: estar informados para emitir juicios y adoptar decisiones con conocimiento de causa.

Y si hay algo que es difícil de entender si no se ha experimentado es lo que impulsa la peor de las barbaries: el temor al hambre, porque el hambre es muerte propia y de los seres queridos. Y aquellos que la han pasado vivirán con la memoria de su estigma. Lo explicaba en una entrevista con Guillermo Altares en *El País Semanal* el dibujante de cómics Carlos Giménez: «El hambre nunca se termina de quitar del todo. Por ejemplo, tengo un aprecio muy sobrevalorado de la comida. Yo no tiro nada de comida. Se me ha quedado un trozo de filete y me dicen que lo tire. No. Lo guardo en la nevera, a lo mejor luego a la noche me lo tomo como aperitivo. Ese trozo de comida, para mí, mientras no esté podrida, sigue siendo comida válida. Mientras valga, soy incapaz de tirar comida. Si pierdo dinero, no sufro tanto como si pierdo comida. La comida tiene para mí un valor por encima del dinero que cuesta, es el valor de la persona que ha pasado hambre y que lo tiene grabado a fuego».

El hombre que empezó a construir con sus dibujos memoria histórica en plena dictadura explicaba que durante años dibujó su infancia de sufrimiento en una especie de orfanato con la mano movida por el rencor. El rencor es un sentimiento tan poderoso como el odio y como el autoodio que el sistema neoliberal nos inflige por no ser lo suficientemente trabajadores, perseverantes, exitosos. Y el rencor acumulado en la infancia tarda décadas en dejarse atrás, si se deja.

Los seres humanos contemplamos a los niños y las niñas que fuimos a través de una mampara de compasión, seda y ternura: ojalá pudiéramos abrazarlos y consolarlos cuando sintieron por primera vez el aguijón de la angustia por la reacción inesperada de un ser querido, la tintineante melancolía de la tarde otoñal de domingo, el desamparo irreparable del que nos deja preñados la falta de besos y abrazos cuando apenas aprendemos a vivir... El mayor de los rencores se cimbra cuando a ese ser pequeño y vulnerable que fuimos, o a las personas con las que crecimos, se les privó del abrigo y del alimento. El miedo a la pobreza lo lleva justificando todo toda la historia de la humanidad.

La inmensa mayoría de la población del planeta despierta y sabe que la única cuestión importante que la espera es trabajo o hambre, trabajo o muerte. Así es en la mayoría de los países del mundo, azotados por la miseria y el conflicto, pero también en los enriquecidos de Europa, en Estados Unidos o en las potencias rusa o china.

Son los submundos que alberga en su vientre el supuesto primer mundo para engrasar su economía: otros espacios de no derecho en los que se aplica un régimen fuera de la legalidad de radical explotación laboral. Uno de esos no-lugares son los invernaderos de Almería. Adentrarse en ellos produce la sensación de ser envasados al vacío en un viaje a un plano espacio-temporal en el que esos hombres ni siquiera son considerados clase obrera. Los sindicatos mayoritarios representan un mundo que se extingue: el de las fábricas y el del funcionariado, mientras el nuevo lumpen son esos cuerpos siempre a punto de reventar que recogen sandías y melones a más de cincuenta grados centígrados, inhalando pesticidas durante ocho horas, sin un contrato y por unos treinta euros el día.

* * *

El Habib Harchi tiene que hacer pausas para tomar aire y calmar la tos mientras nos enseña su chabola. «Son los insecticidas de los tomates, son los que peor me sientan», dice mientras exagera un orgullo por la estancia que ha conseguido construir con cuatro palés y unos plásticos para intentar tapar la vergüenza que le provoca mostrar sus degradantes condiciones de vida ante su hijo, Amine, de dieciocho años. El joven ha venido a visitar a su padre desde Valladolid, donde él nació hace trece años y donde su padre trabajó en la construcción hasta que la crisis que comenzó en 2008 le arrebató su empleo y, después, su hogar. «Cuando se me acabó el paro, ya no pude seguir pagando la hipoteca. La ayuda que recibimos apenas nos daba para comer y pagar la luz», explica El Habib en uno de las decenas de asentamientos chabolistas en los que viven los jornaleros del siglo XXI en el sur de Europa. «Mi mujer trabaja limpiando en casas por horas y a mí ya ni siquiera me cogían el currículum cuando veían que tengo más de cincuenta años. Así que les dejé a ellos en la habitación alquilada en la que vivimos todos y me vine a probar suerte en los invernaderos», continúa, alternando una risa nerviosa por la incredulidad con miradas a su hijo buscando conocer su reacción. Amine es un muchacho guapo y educado que acaricia un cachorro que ha encontrado abandonado. Andamos entre las canaletas que han excavado los propios migrantes para canalizar las aguas sucias y la que cae, pocas veces pero en forma de tromba, cuando llueve. «He venido porque quiero estar con mi padre, trabajar con mi padre», suelta, así, a borbotones, como se dicen las cosas cuando uno teme terminar trabándose por las ganas de llorar. «Esto no es Almería, esto no es España, esto no es Europa. Esto... no sé qué es esto», balbucea el padre, atinando en su negación con la mejor definición de esos agujeros negros sin los que las economías de los países ricos griparían. No se trata solo de espacios físicos en los que no rigen los derechos laborales más básicos, sino también de todo ese entramado digital de «uberización» empresarial, integrado por empresas como Glovo o Just Eat, en las que explotan a jóvenes sin colchón económico familiar como Amine.

Padre e hijo dedican el final del día a las mismas labores a las que se dedica su abuela en la aldea marroquí de la que salió El Habib para, creía, nunca más volver: caminar centenares de metros para rellenar garrafas de agua, lavar a mano la ropa en cubos, cocinar en un hornillo de camping gas… Es así como, a menudo, se incendian los plásticos con los que recubren las chozas y se terminan quemando los asentamientos. En otras explotaciones agrarias cercanas como las de Huelva, donde también son mayoritariamente las personas migrantes las que recolectan buena parte de los frutos rojos destinados a la exportación, los fuegos son igualmente provocados por racistas que pretenden así acabar con la presencia de extranjeros en sus localidades. Las antorchas tienen una larga tradición en los movimientos xenófobos, como nos recuerdan las imágenes más icónicas del movimiento del Ku Klux Klan.

* * *

Dos días después de celebrarse las elecciones presidenciales de Estados Unidos en las que concurrían Donald Trump y Joe Biden, seguía sin conocerse el resultado definitivo. Aquella mañana, varios centenares de seguidores del líder republicano se manifestaban en una plaza del centro de Detroit desde la que veía, al otro lado de la orilla del río del mismo nombre, la ciudad canadiense de Windsor. La frontera estaba cerrada por la pandemia y, rodeada de manifestantes armados con metralletas, revólveres e, incluso, granadas, que decían estar dispuestos a hacer «cualquier cosa» para impedir que gobernasen los demócratas y que, consecuentemente, Estados Unidos se convirtiese en una república comunista donde se prohibiría la posesión de armas y las mujeres abortarían sin cesar, resultaba inevitable imaginarse siendo una de las protagonistas de *El cuento de la criada*. En la proclamada serie basada en la novela de Margaret Atwood, el Imperio norteamericano se sume en una dictadura de corte fundamentalista teocrático tras una crisis de natalidad provocada por la contaminación. Las mujeres que siguen siendo fértiles se convierten en esclavas de la élite gobernante, que las viola para, posteriormente, quitarles a sus hijos. Muchas de ellas intentan huir a Canadá por esta misma frontera, en escenas tan angustiantes como las que vi en los límites de Siria con Jordania o en el éxodo que tuvo lugar a través de los países de los Balcanes en 2015. Desconcierta saber que muchas personas que sintieron el espanto de la huida viendo esta serie no consigan conmoverse con las fotografías y crónicas que les enviamos a sus televisores y pantallas. Quizá sea porque desde el periodismo, con la caída en los ritmos de la viralidad, los informativos con locuciones histriónicas propias de los partidos de fútbol y reportajes a menudo más breves que algunas esquelas, hemos convencido a parte de la ciudadanía de que no merecemos que nos preste atención. Porque si el periodismo contase con parte de los recursos, la calidad y la atención con que cuenta la mejor ficción, tendríamos grabadas a fuego muchas de las fotografías y escenas que han retratado el espanto en la mirada de quienes huyen del exterminio. La antítesis del peligro de las cuencas vacías del odio sin control que encontré entre muchos de los partidarios de Trump.

Tal era su furia que solían responder a mis preguntas con recriminaciones por la supuesta censura que sufrían por parte de los medios de comunicación. El desprecio los cegaba, incapaces de ver lo absurdo de acusar de silenciamiento cuando están teniendo la oportunidad de explicarse ante sendos micrófonos de la prensa nacional e internacional. Lo interesante es que, tras soltar, siempre primero, las consignas sobre su rechazo al reconocimiento de los derechos sexuales y reproductivos básicos, así como a un control mínimo de las armas, comenzaban a hablar sobre el empobrecimiento que supondría un Gobierno demócrata. Temían especialmente el restablecimiento de los acuerdos económicos con países como China, la relajación de los controles fronterizos a las personas de países de mayoría musulmana y la supresión de los aranceles que había levantado Trump al comercio internacional. Todos los allí reunidos, pertenecientes a todas las clases sociales, subrayaban su admiración por la faceta empresarial del magnate, al que veían como un hombre hecho a sí mismo, en contraposición a los otros líderes, también republicanos, que siempre o casi siempre habían vivido de las instituciones. Compartían un discurso antipolítica y neoliberal que, una vez más, se desmontaba fácilmente con los hechos: Trump había nacido multimillonario, sus empresas eran una ruina y el *New York Times* acababa de publicar una investigación que demostraba que debía miles de millones en créditos a la banca y en impuestos a la Hacienda pública. No importaba: para ellos, todo aquello eran invenciones de la prensa «bolivariana» en la que se habían convertido las principales cabeceras de su país que, eso sí, no estaban escuchando su verdadero miedo: lo que más temían todas aquellas personas era perder poder adquisitivo. Los más ricos y los más pobres.

La extrema derecha está creciendo en todo el mundo a galope de la mayor de las falacias: que solo ella garantiza el crecimiento económico, cuando, como demuestran todas las estadísticas, la economía global se encuentra en un proceso desbocado de concentración de la riqueza. Solo en 2020, el 1 por ciento de los hogares estadounidenses más ricos recibió el 35 por ciento de la nueva riqueza creada durante la pandemia. Para entonces, ya el 0,1 por ciento poseía un 20 por ciento del capital, mientras que la mitad de la población vivía endeudada y, dos de cada tres, literalmente, al día. Es precisamente en las naciones más afectadas por la creciente desigualdad en las que las propuestas políticas involucionistas están socavando más rápidamente sus frágiles democracias, sin contar con la dictadura china, la potencia que más multimillonarios está produciendo solo por detrás de Estados Unidos. Rusia, Italia, Reino Unido y Brasil encabezan el ranking del aumento de los índices de desigualdad según una estimación de Credit Suisse de 2019.

La movilidad social era uno de los motores del entusiasmo de la clase trabajadora durante la segunda mitad del siglo xx y la primera década del xxi: el esfuerzo solo tenía sentido si se traducía en una mejora de las condiciones materiales, que venían aparejadas a la consecución de una educación de mayor calidad para los hijos e hijas y, consecuentemente, que su entrada en el mundo laboral partiese de un escalón más arriba que del que partieron sus progenitores. Y así fue para millones de familias en los países emergentes como España hasta que todo saltó por los aires en 2008. Y ahí seguimos. Porque, aunque desde entonces han pasado muchas cosas, la lucha por la supervivencia no nos ha permitido atender a algunas importantes que, como es habitual, suelen desarrollarse primero en las potencias económicas como Estados Unidos, para después llegar estandarizadas a nuestros territorios. Es el caso de los «homoploutias», un ejemplar genuinamente nuevo del sistema capitalista que va a taponar aún más esa ya casi marginal movilidad social.

En *Capitalismo, nada más* (Taurus, 2020), el economista serboestadounidense Branko Milanovic desentraña esta figura que ha pasado de representar un 15 por ciento de los más ricos de Estados Unidos a un 30 por ciento en la actualidad y que lleva consigo una nueva cultura socioeconómica. Se trata de los trabajadores ricos, que conjugan empleos altamente remunerados con onerosos ingresos por sus propiedades. Hasta mediados del siglo XX, la clase más acaudalada obtenía la mayor parte de su riqueza de su patrimonio y llevaban vidas relajadas. Por el contrario, el «homoploutias», un neologismo que toma su significado del griego —«hombre poderoso»—, tiene jornadas laborales por encima de la media, está más protegido ante las grandes crisis económicas por tener capital humano y financiero, suele casarse y formar familias con otros trabajadores y trabajadoras ricos, e invierten importantes sumas en la educación de su descendencia en los centros educativos privados más elitistas. En palabras de Milanovic, son familias resilientes puesto que tienen fácil encontrar nuevos y cualificados empleos en el caso de que uno lo pierda, y sus fortunas se acrecientan con cada nueva generación gracias a sistemas fiscales que no gravan las herencias. Según este economista especializado en desigualdad, la única forma de evitar el reinado que ya está implantando esta nueva aristocracia asalariada es rompiendo con la transmisión por herencia de las grandes fortunas e invirtiendo para que la educación pública sea mejor que la privada. De esta manera, las clases más desfavorecidas podrán aspirar a los puestos mejor remunerados.

Pero, mientras, los mundos de los más pobres y los más ricos raramente se tocan, a excepción de cuando los primeros trabajan en las empresas, los jardines o la limpieza de las casas de los segundos, y se adentran en ese territorio que pareciera un decorado de cartón piedra de la televisión. Eso fue lo que vi según me acercaba a la casa de James Powers, un multimillonario estadounidense que hacía campaña a favor de Trump en sus redes sociales y que residía en una de las numerosas urbanizaciones que los blancos habían ido construyéndose desde los años noventa alrededor de Detroit. Esta ciudad, que llegó a albergar más de dos millones de personas en los años cincuenta, perdió un cuarto de su población entre el 2000 y el 2010, cuando a la práctica extinción de la industria automovilística se sumó el crac de las hipotecas *subprime*. Pero la negrización de la ciudad conocida como Motown llevaba años produciéndose: la desindustrialización que comenzó en los años ochenta dejó la urbe llena de familias de desempleados pobres negros, mientras que las blancas de clase media migraban a otras ciudades y estados en busca de trabajo y las más adineradas, en su mayoría empresarias, se trasladaron a estos páramos en medio de la nada buscando la seguridad que encontraban al vivir entre sus iguales: blancos ricos que llevan a sus hijos e hijas en enormes cuatro por cuatro a sus colegios privados con diseño de búnker del Pentágono y que viven en mansiones a orillas de lagos con embarcaderos privados para sus yates. Aquí todo el mundo sería terroríficamente parecido al sueño nazi de la raza aria si no fuese por esa nube de jardineros negros y latinos que mantienen los jardines en un estado de inquietante perfección. Como en todo el país, muchos de los jornaleros de la jardinería que cobran menos de siete dólares la hora son migrantes indocumentados que trabajan para empresas que los van moviendo por el país siguiendo la estacionalidad del césped. El capitalismo no distingue entre los recolectores de naranjas en la California de los años veinte de *Las uvas de la ira* y estos hombres que perdieron el sueño tras, incluso, más de una década en el Imperio, cuando Trump anunció la deportación masiva de los «ilegales». Promesas que se diluyen en el momento mismo de ser pronunciadas porque hasta los más fieros seguidores del expresidente saben que sin «espaldas mojadas» la economía estadounidense se derrumbaría.

En 2014, los migrantes sin permiso de residencia representaban un 13 por ciento de la población norteamericana, unos once millones de personas, y aportaban un 15 por ciento de sus ingresos económicos, según un informe del Instituto de Economía Política. Ese mismo año, según Partnership for a New American Economy, una asociación formada por quinientos miembros del Partido Republicano, del Demócrata, alcaldes independientes y empresarios reconocidos, los inmigrantes ganaron 1,3 trillones de dólares y pagaron más de 329.000 millones de dólares en impuestos locales, estatales y federales. Asimismo, gastaron, al menos, 927.000 millones de dólares en su consumo. Su fuerza de trabajo y su dinero son tan bienvenidos como para que sea legal contratar a una persona en situación irregular, que haya estados como el de Nueva York que les han reconocido derechos como la asistencia sanitaria y que, pese a todo, tengan que llevar vidas clandestinas siendo totalmente visibles.

De hecho, uno de ellos, un joven jardinero mexicano, fue quien me dio la bienvenida cuando entré en la casa de su empleador. James apareció en escena con una camisa de un blanco reluciente atravesada por dibujos de arte contemporáneo a la altura del pecho, unos vaqueros pitillo con coloridas ilustraciones también, unas botas de cowboy y una actitud más displicente que hospitalaria. Parecía sentirse en la obligación de expresar públicamente las razones de su apoyo a Trump, aunque le disgustase tener que malgastar su valioso tiempo departiendo con una europea, lo que para él era sinónimo de enemiga de su candidato y partidaria de los demócratas. Eso, en su cabeza, significaba socialista, una palabra que en su imaginario era un eufemismo para evitar verbalizar lo evidente: que era una europea comunista. Esta era mi identidad según se deslizaba de algunos de los comentarios de este empresario de familia acaudalada, que había aumentado su fortuna, primero, a través de una empresa dedicada a la construcción y, cuando esta se derrumbó con el crac de 2008, con los seguros, uno de los negocios que se mantiene en auge en todo el mundo gracias al debilitamiento de los estados y a la sofisticación de la industria del miedo.

«Seguro que has visto noticias de esos idiotas de Black Lives Matter. En cuanto matan a un negro, a las pocas horas, están metiendo fuego a edificios que cuestan meses y millones construirse. Cuando un negro mata a un blanco, nosotros ni siquiera nos podemos tomar el día para ir al funeral porque tenemos que trabajar», comenzó diciéndome, mientras me ofrecía algo que beber y me presentaba a su esposa, una mujer ucraniana veinte años más joven que él. Mientras conversábamos descubrí que defendía, prácticamente, todo lo que yo rechazaba y que, desde su mentalidad, su argumentario era absolutamente lógico. Fue una de las conversaciones que más disfruté de aquel viaje a Estados Unidos, y constaté que urge escuchar a quienes mantienen las ideas más contrarias a las nuestras. Salir de esa caja de eco en la que vivimos para ver cómo reconstruimos la posibilidad de diálogo con los que preferiríamos no tener que hablar jamás. En opinión de James, el movimiento contra los asesinatos racistas está siendo financiado por empresas que quieren desestabilizar su país, en el que no existiría racismo porque, según su análisis, «solo un 16 por ciento de la población es negra y, sin embargo, Obama ganó la presidencia, con lo cual tuvo que ser votado por muchas más personas»; una de las medidas que más valora de la presidencia de Trump es haber multiplicado los pozos petrolíferos en su país para no depender de terceros y fortalecer así «el estilo de vida americano basado en tener grandes coches que consumen mucho, y grandes casas que ahora podrán calentarse sin preocuparse por su escasez en el futuro gracias a todas las explotaciones de *fracking* que ha autorizado»... Y ahí fue cuando, definitivamente, estuvo a punto de explotarme la cabeza. Había conocido a racistas, a machistas, a asesinos sin escrúpulos, a antiecologistas... Pero nunca había conocido a un defensor del *fracking*, una técnica empleada para extraer gas natural y petróleo del subsuelo mediante la excavación de pozos por los que se bombea agua con sustancias tóxicas que consiguen empujar el combustible hasta la superficie. La devastación que produce en los ecosistemas es total y la contaminación de las aguas subterráneas está provocando problemas de desabastecimiento en regiones enteras. Escuchar a una persona que mostraba verdadero entusiasmo por lo que para mí representaba una de las grandes amenazas para el planeta me producía un extrañamiento saludable.

Las ideas, para sostenerse, han de ir engarzadas unas a otras conformando esa cosmovisión del mundo que, en última instancia, nos define. Y me resultaba fascinante tener la oportunidad de preguntarle todo lo que considerara interesante a una persona a la que me costaba tantísimo entender. James interpretaba el *fracking* como una liberación: «Ya no dependeremos de otros países ni tendremos que meternos en guerras absurdas para conseguir combustible para mantener nuestro estilo de vida». James verbalizaba lo que todos sabemos sobre la política internacional estadounidense y se mostraba partidario de una de las tendencias ideológicas más peligrosas de los últimos tiempos: el ecofascismo.

Como me explicaba en una entrevista el profesor de filosofía del derecho de la Universidad de Barcelona José Luis Gordillo, «en un mundo de recursos escasos y agotables, podemos repartirlos igualitariamente y asegurar un mínimo a todo el mundo o luchar por acapararlos. Los centros de poder occidentales ya son conscientes de que va a haber problemas y de que hay que prepararse». Y todo parece apuntar a que se están inclinando por la segunda opción: el acopio de los propios y el despojo de los ajenos.

El ecofascismo vivió su momento de mayor esplendor en el siglo xx en la Alemania nazi, como explican Janet Biehl y Peter Staudenmaier en *Ecofascismo. Lecciones sobre la experiencia alemana*. El ensayo recoge cómo las SS se hicieron fuertes promulgando el Blut und Boden, un movimiento que exaltaba la relación entre la sangre y la tierra, a la que había que defender costase lo que costase. Esta propuesta está en la base de otros partidos de extrema derecha como La Nouvelle Droite francesa o el Partido Popular austriaco, y atraviesa los discursos del partido español de ultraderecha Vox que, sin ser en absoluto ecologista, sostienen una imagen costumbrista de la vida rural y del sector primario a los que prometen devolver a un pasado idealizado que nunca existió. Como explicaba Juan F. Samaniego en un artículo publicado en 2021 en *La Marea*, uno de los ecologistas más reconocidos del siglo xx, el finlandés Pentti Linkola, defendía la instauración de una dictadura medioambientalista gobernada por la élite intelectual, reducir la población mundial y desindustrializar nuestras sociedades.

Y es, precisamente, en la cuna de los derechos humanos, pero también de ese ecofascismo nazi, donde los partidos de extrema derecha están disfrazándose cada vez más con una pátina de supuesto ecologismo, basado en un nacionalismo étnico, que propone el autoritarismo para defender a las poblaciones autóctonas de las personas migrantes. Justo, las grandes perdedoras de una crisis climática que las está forzando al éxodo y a convertirse, por tanto, en refugiadas.

Todo este proceso histórico de conformación de una nueva ideología con viejos ingredientes terminaba personificándose aquí, en esta casa de diseño minimalista, a orillas de un lago, mientras el ruido de una moto de agua interrumpe nuestra entrevista por momentos, y James me habla de la mala alimentación de los niños obesos de las familias pobres norteamericanas que «se pasan el día en el sofá, engullendo comida basura, viendo la tele y jugando a videojuegos. Estamos criando unas generaciones perezosas, que no son capaces de defender este país».

Y cuando decía «defender este país», se refería fundamentalmente a defenderlo de los migrantes. En el momento de nuestro encuentro, se acababa de publicar la noticia de que se desconocía el paradero de los padres y madres de, al menos, unos seiscientos menores que habían sido separados de sus progenitores cuando intentaban cruzar la frontera con México. «¿Qué se esperaban? ¿Una gran casa y un sueldo de por vida? Esos niños están recibiendo comida, probablemente mejor que la que tenían en su país; están yendo al colegio, probablemente mejor que el de sus países, y están durmiendo en unas camas probablemente mejores que las que tenían en su casa. Sus padres cometieron el error de intentar hacer algo que no está permitido y tienen que atenerse a sus consecuencias. Además, eso no lo ha hecho Trump, sino la Oficina de Inmigración». James había alcanzado tal nivel de deshumanización de las personas migrantes que no establecía ningún tipo de empatía ni compasión con ellas. Era un desprecio tan absoluto que ni siquiera le provocaba ningún tipo de ira u otra emoción negativa. Ante su mirada, no lo merecían sencillamente porque no tienen valor: son pobres y esa es la cualidad más recurrente para construir al «otro».

James había aparecido a principios de los 2000 en un programa de televisión sobre casas de multimillonarios. Lo hizo acompañado por su segunda esposa, con la que había tenido dos niñas. Tras divorciarse, me contó, descubrió que las mujeres más bellas del mundo no eran las de California, como siempre había pensado, sino las de Ucrania, de donde procede la mayoría de las modelos que desfilan en ropa interior para Victoria's Secret. De modo que pensó que era el mejor lugar para buscar por internet una niñera para sus dos hijas. Así lo explica él. Viajó hasta allí para conocerla, cenaron, fueron de compras y un año después estaban casados. La pobreza de las repúblicas exsoviéticas, como esta de Europa del Este, alimenta su obsesión con el socialismo, hasta el punto de que estaba convencido de que, si ganaban Joe Biden y Kamala Harris, el Gobierno estadounidense impondría un sistema socialista.

Ante tal escenario, me explicó, «si vamos a una guerra civil en un país lleno de armas, no quiero ver a norteamericanos matando a otros norteamericanos, pero es cierto que ya pasó antes. Cuando comenzó la liberación de los esclavos —porque la esclavitud estaba mal—, fueron asesinadas más de ochocientas mil personas en el norte del país, pero la causa lo merecía».

Llegados a ese extremo, James no se mantendría al margen. Y me lo quería demostrar.

Bajamos al sótano de su casa donde, además de un pequeño anfiteatro con pantalla de cine y una sauna, cuenta con una galería de tiro en la que practica a diario. Fui testigo de su destreza: dispara desde pequeño, con ambas manos, y siempre acierta dentro de las tres anillas centrales de la diana. En la estantería en la que acumula decenas de cajas de balas, también reposan varias armas. Pero hay una que siempre va con él enganchada al cinto: un revólver de treinta centímetros de longitud. Siempre se intuye el bulto en su costado. Es parte de la identidad del macho alfa en esta región, muy vinculada con una arraigada cultura de la autodefensa que tiene su origen en las milicias que fundaron los Estados Unidos de América. Solo que ahora se arman para sentirse seguros de los más de cincuenta millones de pobres que viven en la primera potencia mundial. Porque es a ellos a quienes temen, como bien resume James: «Si no tienen comida o un techo, van a robar para conseguirlo. ¿Por qué queréis que no tengamos armas si a vosotros en Europa no os afecta?».

Pero en Europa, los discursos contra los pobres tampoco han parado de crecer en la última década. En este periodo, los partidos de extrema derecha, que se nutren del miedo y de la criminalización de los pobres, han pasado de ser marginales y extraparlamentarios a tener presencia en la mayoría de las cámaras representativas de la Unión Europea. Solo cinco países estaban en 2020 exentos: Irlanda, Malta, Luxemburgo, Croacia y Rumanía. Y del resto, únicamente en cuatro contaban con menos de un 10 por ciento de los votos: Portugal, Grecia, Lituania y Chipre. En cinco, formaba o había formado parte del Gobierno: Estonia, Bulgaria, Finlandia, Polonia y Hungría.

Mientras lo más alarmante es cómo sus propuestas abiertamente racistas, clasistas e insolidarias han permeado la agenda política de los partidos más moderados, lo más llamativo es cómo ha sido precisamente la derechización de los partidos de izquierdas desde los años ochenta lo que ha favorecido el crecimiento de este fenómeno. La asunción de los partidos socialdemócratas de los preceptos neoliberales, su falta de contestación al creciente poder de las grandes corporaciones económicas, la aprobación de reformas laborales dirigidas a la supresión de derechos de los trabajadores, los recortes en la sanidad y educación públicas, así como en derechos sociales, han legitimado la máxima falacia neoliberal: que sus políticas no responden a ninguna ideología, sino a una tecnocracia movida por decisiones asépticas, neutrales, independientes. Y que, por tanto, la diferenciación entre izquierda y derecha era una rémora superada del pasado. Es más: todas estas medidas tenían como destinataria —casi siempre para perjudicarla— a la clase trabajadora. Es decir, la izquierda lleva décadas castigando a la población que era su razón de ser y lo hace, precisamente, por no ser rica o por no haber nacido rica, porque, igual que la riqueza se hereda, la pobreza se perpetúa generación tras generación.

Los países con mayor desigualdad tienen tasas más altas de transmisión intergeneracional de la desventaja. En el caso español, por ejemplo, los ingresos individuales en la edad adulta vienen determinados por los de los progenitores en un 33 por ciento, cuando en Dinamarca solo lo está en un 15 por ciento, como recogió un informe sobre España del Alto Comisionado de la Pobreza Infantil en 2020. La imagen del trabajador que emprende y escala socialmente está sobrerrepresentada mediáticamente porque es el espejismo que justifica tanto sufrimiento, dolor e injusticia: si se puede tener una buena vida y tú no la alcanzas, es porque no trabajas lo suficiente, no te sacrificas lo suficiente, no tienes el talento, la inteligencia o el encanto necesarios. En definitiva, tienes lo que te mereces, y lo más corrosivo: eres lo que vales.

Si este mensaje culpabilizador y estigmatizante lo hubiesen divulgado solo las derechas, no habría podido enraizar y colonizar nuestro imaginario porque es fácilmente desmontable con datos. El neoliberalismo consiguió que la idea de la meritocracia resultase incuestionable precisamente porque fueron las socialdemocracias las que la legitimaron, no con la palabra, sino con sus hechos políticos, con su sumisión ciega al mercado y con su desconfianza institucional hacia la honradez de los pobres. Solo hay que atender al complejo entramado burocrático que han creado los estados para vigilar que los destinatarios de ayudas sociales no cometen estafa con unos fondos que solo permiten sobrevivir, nunca crear unas condiciones suficientemente dignas para lograr salir de la pobreza. Uno de los casos más paradigmáticos de la última década ha sido SyRI, un sistema de cámaras de vigilancia que instaló el Gobierno holandés en uno de los barrios más empobrecidos del país para comprobar que las personas que recibían ayudas por desempleo no estaban trabajando en la economía sumergida y que no cometían ningún tipo de delitos. Tras más de cinco años de lucha en los tribunales, colectivos de derechos humanos consiguieron en 2020 que se declarase inconstitucional por recoger información íntima de miles de personas sobre dónde vivían, qué ayudas recibían y qué hábitos seguían, entre decenas de cuestiones. Además, al instalar este sistema en uno de los barrios más vulnerables el mensaje que se lanzaba al resto de la sociedad es que a los pobres hay que vigilarlos porque abusan de las ayudas, son parásitos que viven del esfuerzo de los demás y, por tanto, además, no tienen derecho a la intimidad. Es la asunción de la meritocracia como prisma desde el que mirar la vida llevado al extremo. El filósofo Michael J. Sandel la ha desarmado en *La tiranía del mérito. ¿Qué ha sido del bien común?* (Debate, 2020), donde responsabiliza a los líderes progresistas del norte global del legítimo resentimiento y desapego por las democracias que esta concepción política ha provocado en las clases trabajadoras.

La victoria de Trump o del Brexit son, en su opinión, una «airada condena a décadas de desigualdad en aumento y de extensión de una versión de la globalización que beneficia a quienes ya están en la cima, pero que deja a los ciudadanos corrientes sumidos en una sensación de desamparo. También fue una expresión de reproche a un enfoque tecnocrático de la política que hace oídos sordos al malestar de las personas que se sienten abandonadas por la evolución de la economía y la cultura». De hecho, «ciudadanos corrientes sumidos en una sensación de desamparo» es, quizá, una de las frases que mejor resumen las causas de la situación política actual.

Mientras escribo estas líneas, el mundo espera conocer la dimensión de las consecuencias económicas de la crisis desatada por la pandemia de la COVID-19. Las propuestas que despiertan más interés llegan del Gobierno demócrata de Estados Unidos, que ha decidido retomar la senda marcada en 2019 por los defensores del neoliberalismo: moderarlo, atarlo con cuerda corta para salvarlo de sí mismo. Así, Biden ha lanzado el plan de mayores inversiones públicas desde la Segunda Guerra Mundial, recuperando parte del espíritu socialdemócrata clásico que sus homólogos europeos abandonaron, especialmente, a partir de los años noventa.

Las izquierdas, al desatender su misión fundacional de domesticación del capitalismo, de sujeción de la voracidad insaciable del poder económico y de forzamiento para que rinda cuentas y reparta beneficios, perdió su credibilidad, así como su capacidad inspiradora y de pujanza hacia una idea de progreso. La vía más rápida para que una idea se imponga a otras es que sus detractores naturales se conviertan, sin quererlo, en sus embajadores: de nuevo las palabras se revelan impotentes si no se acompañan de los hechos. *Decir haciendo*. Así tituló un libro sobre los movimientos sociales madrileños la teóloga y activista Pepa Torres. Frente a ese «decir haciendo», frente al «acuerpar» el discurso político como defienden las feministas latinoamericanas, la doctrina del shock del neoliberalismo también ha consistido en convencer a la ciudadanía de que la política solo se podía ejercer con una alta dosis de cinismo: decir lo contrario de lo que se hace, desdecirse continuamente, hacer sin decir o hasta decir sin decir: pura verborrea destinada a aturdir desde la vacuidad. O, como lo llaman los expertos en comunicación política, ganar el relato.

El decir haciendo de buena parte de la clase política contemporánea se ha basado en promover una apología del todo vale, del nada vale todo, del nada merece sacrificarlo todo por conservar la honestidad. Y todo ello sin ni siquiera crear un discurso que justifique las políticas y prácticas contrarias al bien común, toda esa malversación de confianza, de legitimidad, de votos.

Cuando en noviembre de 2020 volé desde Nueva York hasta Detroit para cubrir las manifestaciones supremacistas, decidí en el último momento desechar la idea de ir en metro al apartamento en el que había alquilado una habitación. Eran las diez y media de la noche y el trayecto me llevaría más de una hora y media. Google Maps me mostraba la opción de Lyft, un Uber aún más barato: por veintiocho dólares estaría en veinte minutos en mi destino.

Registrarme y solicitar un servicio no me llevó más de cuatro minutos, y en apenas otros diez ya estaba Vasyl Rymar recogiéndome en el parking. Su metro noventa de cuerpo robusto no terminaba de encajar con la mirada bonachona que subrayaba la mascarilla y su pelo rubio. Aquel hombretón con aire de bebé gigante se esforzaba por ofrecer el trato personal y atento que las transnacionales venden como seña de identidad para acabar con el comercio local: ese servilismo que las distintas versiones de Uber plantean como una ventaja competitiva frente a la supuesta descortesía de los taxistas tradicionales. De nuevo, una caricaturización de la realidad, medias verdades que alumbran sofisticados departamentos de marketing para legitimar lo, *a priori*, injustificable: la necesidad de acabar con toda regularización que proteja, aunque sea mínimamente, al trabajador para multiplicar hasta el infinito los beneficios de unas sociedades con sus sedes en paraísos fiscales. Como si ser taxista se hubiese convertido en el sumun de una vida llena de privilegios, como si el hecho de que un hombre vestido con un traje de chaqueta barato te traslade en un coche nuevo y ofreciéndote una botella de agua te convirtiese en una multimillonaria estrella de rock. Resulta todo tan patético que solo se sostiene gracias a la técnica de la apisonadora: se impone como norma por su peso como negocio multimillonario y global y por el «si se puede, se debe».

Como sociedad, vivimos en un permanente autoengaño para hacer llevadera la humillación que supone saberse estafados, ninguneados, expoliados por unos desconocidos, cada vez más ricos, a los que entregamos nuestra vida a cambio de sobrevivir. Trabajar, subcontratar nuestro cuerpo y nuestro intelecto durante, al menos, la mitad del tiempo que permanecemos despiertos nunca fue para la inmensa mayoría de la población una decisión, sino su destino por obligación. Sin embargo, durante la segunda mitad del siglo xx, para la mayoría de los habitantes del exclusivo grupo de los países ricos el trabajo suponía el acercamiento al cumplimiento de la promesa de la mejora de las condiciones de vida para ellos y para sus hijos e hijas. Soy ejemplo de ello: nacida en la región más pobre de España y una de las más deprimidas de Europa, hija de un hombre y de una mujer que fueron criados gracias al sustento que da el trabajo en el campo, el horizonte aspiracional no era llegar a la universidad, sino al instituto de secundaria, al que ninguno de los dos había podido ir. Cuando una vez de pequeña le pregunté a mi padre cuándo iríamos de vacaciones como esas familias madrileñas y alemanas que cada verano recalaban en mi pueblo, me contestó: cuando tengáis estudios. Estudios era una palabra que me sacaba, como mínimo, dos cabezas, de lo grande que era: en ella cabía todo lo que mi padre habría querido para su vida y lo que quería para las nuestras. Y cuando eres pequeña y te enfrentas a cosas enormes que te desbordan y que no sabes cómo abarcar, se te hace una bola en la barriga y te embriaga una melancolía cuyo significado aún no sabes descifrar, pero que te da ganas de llorar. De niño, cuando la cosecha estaba casi en su punto, mi padre se tenía que quedar con alguno de sus hermanos vigilando la huerta de sus padres para que no les robasen los frutos ya casi maduros durante la noche; a los catorce años, empezó a trabajar como mecánico y, cuando no estaba en el taller, buscaba coches que arreglar por su cuenta para revenderlos. Tenía un ansia por prosperar que no lo abandonó nunca. Pasados los veinte, montó una tienda de repuestos en la que trabajaba hasta los domingos. Cuando abrir los comercios ese día quedó terminantemente prohibido, era habitual que mecánicos que se ganaban un sobresueldo haciendo sus propios arreglos viniesen a buscarle a casa para que les vendiese alguna pieza. Sus clientes solían llamar por teléfono para pedirle que les acercase una batería o una bujía a la carretera en la que se habían quedado tirados por una avería.

Mientras nosotras avanzábamos en nuestros estudios, él iba subiendo en la escala social. Ahora, en mi escritorio reposa una fotografía del día que me gradué, no por «titulitis», sino por la sonrisa resplandeciente con la que mi padre hace que el cristal parezca que puede estallar en cualquier momento. Veía la universidad como la puerta a un mundo al que él, por mucho dinero que ganase, nunca podría acceder. Esa era la llave que nos quería regalar a mis hermanas y a mí: la del conocimiento, la única que nos permitiría relacionarnos de igual a igual con cualquier persona en cualquier contexto. La serenidad que aporta el entendimiento, eso era lo que quería para nosotras. Que una licenciatura estaría acompañada de mejores condiciones económicas que las que él se había labrado sin, ni siquiera, un certificado escolar, era algo que daba por sentado. Pronto sabríamos que no sería así, aunque camuflásemos el coste de la precariedad sistémica y la autoexplotación con ese entusiasmo desbocado que requieren los oficios vocacionales y en el que reposa un ecosistema cultural que sería insostenible si no fuese a costa de nuestra entrega total y del resto de las parcelas de nuestras vidas, incluida, a veces, la salud. Un fenómeno que acertadamente ha desarrollado la investigadora Remedios Zafra en sus ensayos *El entusiasmo* y *Frágiles*, dedicados a desbrozar las consecuencias de doparnos con motivación para suplir la pobre remuneración en la producción creativa e intelectual. Zafra nos sitúa frente al espejo no solo al poner palabras al malestar que provoca sabernos estafados, sino también a la paradoja de convertirnos en parte del engranaje al aceptar las condiciones de precarización a cambio de una promesa de mejora.

Por eso, resulta aún más paradójico que, instalados en la mentira como vía de escape a la autoexplotación, nos sorprenda que un *showman* como Donald Trump llegase a la presidencia de Estados Unidos como estandarte de la era de las noticias falsas y de los hechos alternativos, su fórmula para no tener que rendir cuentas ante los hechos contrastados, ante, en definitiva, la realidad; o que nos pueda desconcertar que una persona migrante, negra, una mujer o un hombre blanco de la clase trabajadora pueda votarle a él o a cualquiera de los nuevos líderes ultraderechistas. El miedo más evidente que se vive en mi entorno, compuesto fundamentalmente por profesionales con formación universitaria que no han dejado de trabajar desde que se licenciaron, es a la pobreza, aunque raramente se nombre así. Les angustia perder sus empleos precarios, no poder hacer frente a los altísimos alquileres de sus viviendas en las ciudades en las que trabajan, tener que volver a vivir con sus padres y madres pasada la cuarentena, depender de sus pensiones para dar de comer a sus hijos… Es un miedo real, que se ha ido extendiendo, lenta pero tenazmente, como el caudal de un río que aumenta día tras día, mientras la lluvia no escampa: cada vez anega más hogares, más vidas que antes parecían jóvenes, plenas, felices, alegres, y que ahora, como todo lo que toca la pobreza, se han deslucido, suspendidas en la espera del milagro, de la vuelta del horizonte de mejora prometido por ese mismo trabajo que no llega.

Por esa posibilidad de un trabajo remunerado para tener una casa un poco mejor, un coche un poco mejor, una capacidad de ahorro un poco mejor, unos estudios para su hija un poco mejores... Por ese horizonte, Vasyl lo dejó todo en su país, se trasladó a Estados Unidos y conduce ahora este coche por las calles vacías y frías de Detroit, mientras su hija y su mujer esperan preocupadas en casa.

En la radio del Renault Captur que Vasyl se compró antes de la pandemia como símbolo de su ascenso social y que, tras la pérdida de su empleo, se había visto obligado a usar como herramienta de trabajo, un tertuliano cuestionaba la veracidad de los resultados electorales a la presidencia de Estados Unidos. Le pregunté su opinión sobre los comicios aprovechando que él se esforzaba en buscar conversación conmigo. Tras un par de comentarios evasivos con los que buscaba conocer también mi punto de vista, le expliqué que era periodista y que me interesaba su valoración como extranjero. Las pronunciadas erres de su acento evidenciaban que su origen era Europa del Este. Me contó que era ucraniano, que llevaba cinco años en Estados Unidos y que la reducción del transporte a causa de la pandemia había desembocado en que fuese despedido de la empresa de camiones en la que trabajaba como administrativo. Fue entonces cuando comenzó a trabajar para Flyer porque ganaba un poco más que con Uber: de los veintiocho dólares que cargarían a mi tarjeta de crédito, a él le llegarían unos quince. Una cifra a la que tendría que descontarle combustible, impuestos, la parte proporcional del seguro del coche...

Vasyl no tenía derecho al voto aún, pero de haber tenido aprobada la ciudadanía lo habría hecho por Trump por, como él me explicó con entusiasmo, numerosas razones. En primer lugar, porque apoya su política de cierre de fronteras: su madre fue una de los veintidós millones de personas de todo el mundo que cada año se registran en el sorteo por el que Estados Unidos regala, como el padre generoso del resto de las naciones que pretende ser, unos cincuenta y cinco mil permisos de residencia. Ella fue una de las agraciadas que, además, mediante la reunificación familiar, pudo llevarse consigo a su marido y a su hija a Detroit, adonde ya en los años noventa habían migrado otros parientes. Pero, para entonces, Vasyl acababa de cumplir veintiún años, superando la edad máxima establecida para poder beneficiarse del golpe de suerte de su madre. Así que se quedó solo en su país y presentó su propia solicitud de permiso de residencia por la vía ordinaria. Nueve años después, se la aprobaron, me iba contando como si no estuviese hablando sobre su vida, sino sobre un experimento científico ajeno. «No puede venir todo el que quiera. No quiero que vengan más porque hay muchos migrantes que llegan, dicen que no pueden aprender el idioma, no trabajan y viven a costa de los impuestos de los ciudadanos estadounidenses», me explicaba sin un ápice de ironía. Le enorgullecía haber cumplido las normas, haberse sacrificado cuando se tuvo que venir solo y, entonces, ser él quien dejaba a su mujer y a su hija de seis años en Ucrania, hasta que logró, cinco años después, el permiso de residencia para ellas. Parecía encontrar satisfacción en la recompensa a la abnegación, como si la renuncia a ver durante un lustro a sus dos seres más queridos legitimase su presencia en Estados Unidos. Una nueva vuelta de tuerca, cada vez más desalmada, de la cultura del esfuerzo y el sacrificio.

Aunque Vasyl se declaraba una persona abiertamente de derechas, no odiaba el comunismo, una etapa de la que recordaba las penurias y de la que añoraba el orden, la certidumbre de lo previsible. El hombre, al que el coche parecía quedarle pequeño, como si hubiese encogido con él dentro, recordaba el día en el que recibió la notificación de que su solicitud para trasladarse a Estados Unidos había sido aprobada: «Sentí alegría a la vez que miedo. Suponía empezar una vida de cero», recordaba mientras avanzábamos entre las moles de edificios vacíos: las gigantescas fábricas abandonadas de la industria automovilística. El ucraniano, que ahora tenía treinta y cinco años, me parecía medio robot, medio oso Mimosín. Su situación no era desesperada en Ucrania: él y su mujer tenían trabajos, precarios, pero trabajos. Vivían juntos, tenían una niña de un año, y lo dejaron todo aparcado por la promesa de una vida mejor.

El reportero del *New Yorker* Jon Lee Anderson, durante una entrevista sobre la caída en desgracia de los líderes de la nueva izquierda latinoamericana, me dijo: «La gente tiende a querer creer en blanco y negro. Los ciudadanos comunes se asustan, rechazan los grises. Pueden conformarse con los grises cuando es el gris de Bélgica o de Ámsterdam, porque todo funciona, pero cuando es el gris del caos, de los sicarios, de los narcos... no. Entonces quieren blanco y negro». No es solo la promesa de salir de la pobreza si pones de tu parte, es la necesidad de poder aspirar a un futuro mejor. Sin ese acicate, quedamos condenados a la desidia, a la desesperanza y, consecuentemente, a la inanición. Es ese horizonte el que urge recuperar.

En *Cómo perder un país* (Anagrama, 2019), la periodista Ece Temelkuran sistematizaba la estrategia de la extrema derecha para instaurar sistemas autoritarios en países formalmente democráticos. Demostraba cómo Recep Tayyip Erdoğan, Vladímir Putin, Boris Johnson, Jair Bolsonaro, Marie Le Pen o Donald Trump comparten una hoja de ruta para hacerse con el poder, algo que no habría sido posible sin la expansión del neoliberalismo a partir de los años ochenta. La escritora turca tuvo que exiliarse en Chipre para evitar terminar como los más de setenta mil académicos, periodistas y defensores de derechos humanos que han sido encarcelados sin juicio acusados de tener vínculos con grupos terroristas o con el supuesto autogolpe que dio Erdoğan en 2016. En el mismo periodo, más de ciento cincuenta mil funcionarios y funcionarias fueron despedidos por las mismas causas y unos ciento treinta medios de comunicación han sido clausurados por el Gobierno, según datos de 2018 de Human Rights Watch.

En su libro, la escritora consigue dar respuesta al quid de la cuestión: por qué millones de personas pobres votan contra sus intereses más básicos. Y es, sencillamente, porque sienten que la democracia les dio la espalda y que solo el autoritarismo es capaz de generar empleo y bienestar en una economía globalizada.

«El neoliberalismo es el origen de estos movimientos populistas de extrema derecha y neofascistas. El neoliberalismo y sus instituciones financieras han vaciado de sentido y justicia social a las democracias representativas, dejándolas reducidas a una sucesión de ceremonias institucionales», me dijo cuando la entrevisté en 2019 a propósito de su ensayo. «El vacío ético del neoliberalismo, su negación del hecho de que la naturaleza humana necesita sentido y busca desesperadamente razones para vivir, crea un terreno abonado para la invención de causas», continuó con un tono tan tajante como cansado. «El neofascismo le ha dado esa causa que le faltaba al neoliberalismo», terminó de hilar quien, tras haber desgranado cada paso dado por los populistas de extrema derecha, lo veía tan claro que no terminaba de entender por qué el resto del mundo tardaba tanto en reaccionar.

Para asentar como aceptable lo injustificable, el neoliberalismo tuvo que arrasar con los estándares morales consolidados tras la Segunda Guerra Mundial. Para que la clase trabajadora renunciase a derechos que le había costado casi dos siglos consolidar y aceptase la reducción de sus salarios, había que crear un nuevo imaginario: «la gigantesca cuestión filosófica de cómo ser una buena persona se vio arrastrada por la fuerza a los ámbitos de la religión y la conciencia individual», escribe la periodista turca en su ensayo. Y así fue como ser una persona generosa, atenta a las necesidades de los demás, educada, solidaria y justa pasó a convertirse en algo de tontos, de pusilánimes, de perdedores. Así fue como se normalizó una de las expresiones más indignas y asquerosas que se puedan siquiera concebir: «de bueno, era tonto». Crecí viendo cómo ese sofisma lo iba anegando todo.

Tras la crisis de 1992-1993, con el crecimiento desbocado de las economías de Estados Unidos y de la Unión Europea, viviríamos una celebración continua de la banalidad cuyo precio aún estamos pagando. En regiones como el litoral español, y más concretamente donde yo nací, en la Costa del Sol, las consecuencias del esperpento siguen vigentes. Las poblaciones que la conforman, cuyo centro mediático es Marbella —lugar de residencia en la actualidad de gente de bien, pero también de narcotraficantes, sicarios y familiares de sátrapas internacionales—, pasaron de ser pueblos cuya economía se basaba en la pesca, la agricultura y un turismo estacional y moderado, a una en la que todo se apostaba a la llegada masiva de turistas, para los que la maquinaria de la construcción trabajaba día y noche.

La mayoría de los adolescentes varones de mi generación abandonaron los estudios sobre los dieciséis años, cuando la educación deja de ser obligatoria, para emplearse en la obra: pasaron de vivir en casitas humildes con el solo ingreso de su padre, a tener sueldos de tres mil euros o más, buena parte sin declarar ni cotizar. En las últimas décadas del siglo XX, la formación representaba en los países del sur de Europa como España la mayor aspiración de las clases bajas y medias para sus hijos e hijas. Durante la dictadura franquista, el acceso a los estudios superiores había estado restringida, mayoritariamente, a las familias pudientes, urbanas y afines al régimen. En el extranjero, la educación era el valor con mayor reputación social: la comunidad internacional destinaba buena parte de sus fondos de cooperación al desarrollo a construir escuelas y a alfabetizar a la población. Había un consenso en torno a que sin educación las sociedades no podían despegar en el resto de los ámbitos. Gobiernos conservadores europeos respetaban una dictadura comunista como la cubana por haber garantizado la educación y la sanidad universales y gratuitas, y se conservaba la potente idea que dio lugar a la Ilustración: que las sociedades cultivadas en el ámbito intelectual son, indefectiblemente, prósperas y pacíficas. Más felices, en definitiva.

Para principios del siglo XXI, quienes aspirábamos a formarnos en la universidad ya sabíamos que el conocimiento no nos garantizaría un bienestar económico. Es más, teníamos claro que aquel furor urbanístico de los primeros años de los 2000 era irreal porque había una brecha visible y dolorosa: los mileuristas, una masa de millones de personas menores de cuarenta años, con estudios superiores, másteres, idiomas y estancias en el extranjero que no cobraban más de mil euros. El informe Eurydice que la UE publicó aquel año señalaba que solo el 40 por ciento de la juventud universitaria tenía en España un empleo acorde a su formación. La tasa de desempleo para los graduados menores de veintinueve años era en 2007 de un 9,5 por ciento, casi el doble de la media europea de entonces. Veinte años después, en el primer trimestre de 2020, antes de la pandemia, era del 17,2 por ciento para el total de la población. La media del paro juvenil en España era del 40 por ciento; en Grecia, del 33 por ciento; en Italia, del 29 por ciento; en Francia, del 20 por ciento; en Estados Unidos, del 12 por ciento... En otros países como México, oficialmente, no superaba el 4 por ciento, pero además del deficiente registro, hay que tener presente que más de la mitad de los empleos —casi treinta millones de trabajadores y trabajadoras— consiguen sus escasos ingresos mediante una economía informal y de supervivencia. Una situación muy parecida a la que se vive en otros estados latinoamericanos como Colombia o Argentina. Y como ocurre entre los trabajos peor remunerados en Europa, para el mercado, la mayoría de los empleos no tiene ya un valor real, y bajo el concepto de precarización subyace una terrible asunción: casi todos somos intercambiables para producir unos servicios sin apenas valor añadido. Y no se trata solamente de los empleos más desprestigiados socialmente y más imprescindibles para nuestra supervivencia como son los cuidados y la producción de alimentos, o servicios básicos como la hostelería o la limpieza para uno de los grandes motores económicos como es el turismo, sino también aquellos vinculados con lo que nos da las herramientas para vivir vidas plenas, hermosas, humanas: la producción cultural e intelectual.

Muchas de las personas más brillantes y reconocidas por su talento que conozco sobreviven en la cuerda floja de unos ingresos nimios e irregulares. Periodistas, fotoperiodistas, escritoras, dramaturgas, académicas, documentalistas que publican o consiguen poner en pie sus obras culturales, con el reconocimiento de la crítica, y que, sin embargo, van cargando con las ojeras propias de quienes han de destinar la mayor parte de su tiempo a tareas y gestiones que nada tienen que ver con su grado de formación ni con su función social.

Se ha desplomado el valor social atribuido a la educación: nunca como hoy el afán por formarse y conocer ha sido más altruista. Salvo titulaciones muy específicas de las ciencias puras y de la programación informática, la formación media y superior no garantiza un empleo y, menos, el ascenso en la escala social. Mientras estos amigos y conocidos vuelcan sus energías en intentar entender la complejidad de su mundo para, a su vez, explicarlo, muchos de sus padres y madres se han cansado de intentar entender por qué sus hijos e hijas treintañeros tienen que seguir viviendo como adolescentes, compartiendo piso y retrasando sus etapas vitales. Y cuando te cansas de esforzarte por comprender —y comprender requiere grandes dosis de energías y esfuerzo—, buscas respuestas simples a problemas complejos. Y esa es quizá una de las mejores definiciones de la estrategia de los líderes populistas de izquierdas y derechas. Y, sobre todo, de la extrema derecha.

La aceleración de los cambios históricos que hemos vivido en el último siglo, así como la constante aparición de nuevas herramientas, técnicas, lenguajes y enfoques de conocimiento favorece el analfabetismo en la era digital. Es decir, cada vez es más fácil que nos rindamos antes debido al ingente esfuerzo que requiere seguir engarzado al entendimiento del mundo que nos rodea. La paulatina desconexión de lo innovador, que hace apenas una década o dos podía comenzar en la década de los setenta años de edad, unos años antes de la media de esperanza de vida en el sur de Europa, cada vez se adelanta más. «Te das cuenta de que ya no te importa morirte cuando dejas de esforzarte por entender lo que pasa en el mundo, cuando piensas que ya no lo puedes entender», me dijo una vez una sabia mujer de larga melena blanca que regentaba un bar en el barrio antiguo de Valencia. Había conseguido crear alrededor de aquella barra un conciliábulo de escritores, escritoras, periodistas y académicos. Y añadió: «También aceptas que pronto tendrás que morirte cuando te cansas de que se mueran aquellos con quienes intentabas descifrar el mundo». En realidad, estaba haciendo una bella declaración de amor a la vida y a quienes hacen apetitosa vivirla: aquellos con los que intentamos desentrañarla. Y si ni siquiera podemos intentarlo, el desapego cada vez encuentra menos consuelo.

En 2019 había en España 5,5 millones de adultos mayores de cincuenta y cinco años que nunca se habían conectado a internet. A escala mundial, tan solo el 63,2 por ciento de la población tenía acceso a la red en 2020 y el 85 por ciento de ellas residía en Europa y Norteamérica, según la Unión Internacional de Telecomunicaciones, la agencia de Naciones Unidas para la comunicación y las nuevas tecnologías.

La pandemia de la COVID-19 ha evidenciado el papel fundamental que la ciencia juega en nuestra vida, el peso que tienen ya la biotecnología y la neurotecnología en nuestra cotidianeidad, la vigilancia a la que estamos sometidos por las grandes corporaciones tecnológicas, la falta de leyes que controlen las aplicaciones de inteligencia artificial que deciden parte de los servicios sociales a los que tenemos derecho, la economía paralela que están desarrollando las criptomonedas... Y a la mayoría de la población nos han convencido de que todas estas parcelas determinantes para nuestras vidas son tan complejas que no tenemos capacidad para entenderlas. Un poco parecido a lo que ha ocurrido con parte del arte conceptual: hay quienes creen que no lo entienden porque no son suficientemente inteligentes para hacerlo, por lo que se alejan de los museos y de las galerías de arte contemporáneo. El problema es que el peligro de desistir de intentar entender los nuevos actores fundamentales de nuestra sociedad, como son los mencionados anteriormente, nos invalida para la participación en el devenir de nuestro mundo. Como ocurrió anteriormente con la bolsa, que al complejizarse tanto mediante los algoritmos informáticos quedó fuera del control, inclusive, de las grandes corporaciones de la especulación, lo que estamos viviendo es la mayor concentración del conocimiento de la historia de la humanidad.

Con la llegada de la era digital se dio por inaugurada la sociedad del conocimiento en la que, se esperaba, la economía se basase en la redistribución y el libre intercambio de la información. Sin embargo, nos encontramos con un grado máximo de monopolio en el que los estados han perdido absolutamente la capacidad de controlar a las grandes corporaciones tecnológicas. Esta situación es el mejor reflejo del neoliberalismo, un sistema que obstaculiza el libre mercado para garantizar la concentración de la riqueza. Tanto es así que, entre las primeras medidas en materia económica que tomó Joe Biden a su llegada a la Casa Blanca se encontraba una orden ejecutiva dirigida a recuperar la libre competencia. «Permítanme ser muy claro, el capitalismo sin competencia no es capitalismo, es explotación», declaró el presidente en la presentación de una iniciativa que implica a doce agencias federales con el fin de que esa libre competencia se traduzca en «una bajada de los precios para las familias, la subida de los salarios de los trabajadores, la innovación e incluso un crecimiento aún más potente».

En el memorándum que recogía esta orden presidencial, una de las más progresistas y audaces adoptadas en Norteamérica en las últimas décadas, se recordaba que la creación de nuevas empresas se ha reducido a la mitad desde los años setenta como consecuencia de la concentración de unas pocas grandes compañías, que acaparan el 75 por ciento de los sectores económicos del país. En el corazón del problema, se encuentran los grandes conglomerados tecnológicos, cuyo negocio se basa en el control de la información y de los datos de sus usuarios. Según la Conferencia de las Naciones Unidas sobre Comercio y Desarrollo (UNCTAD, por sus siglas en inglés), Estados Unidos (un 68 por ciento) y China (un 22 por ciento) concentran casi el 90 por ciento de la capitalización bursátil de las setenta mayores plataformas digitales. Y el porcentaje chino está en crecimiento desde 2010. Ese es el mundo bipolar en el que ya vivimos y en el que Rusia juega el rol de desestabilizador internacional mediante sus piratas informáticos.

Alphabet, la empresa propietaria de Google, es la que más compañías de inteligencia artificial ha adquirido: hasta 2018, más de doscientas creadas por todo el mundo, según la Organización Mundial de la Propiedad Intelectual (WIPO, por sus siglas en inglés). Una de las prácticas de las gigantes digitales que la presidencia demócrata pretende frenar es la de comprar de manera masiva a las empresas rivales con el fin de neutralizarlas. El caso más conocido fue la adquisición realizada por Facebook de Instagram y WhatsApp, gracias a la cual el conglomerado de Mark Zuckerberg se garantiza buena parte de la información de nuestra vida pública y privada.

En España, un caso menos publicitado ha sido la fusión entre la multinacional de telecomunicaciones Movistar y Prosegur, la compañía más importante de alarmas de seguridad y cámaras de vigilancia. Esta alianza asegura al holding el jugoso negocio de los datos de la conexión a internet de sus clientes, de las llamadas telefónicas —mediante fijo y móvil—, de toda la mensajería por aplicaciones, de sus hábitos en el consumo de televisión por cable y de la vida social que hacen en relación con su hogar: horarios de salida y entrada, visitas recibidas... No hay negocio más lucrativo en la actualidad que nuestros datos, un mercadeo que se desarrolla en un marco anarcocapitalista, es decir, sin apenas reglas. No hay normas nacionales ni internacionales que regulen ni controlen de manera efectiva el uso que hacen las grandes tecnológicas de la información que obtienen sobre nosotros. Amazon se permite vendernos los productos al precio más barato del mercado no solo por la capacidad de presión que puede ejercer a sus proveedores mediante su irrebatible volumen de compras, sino porque su negocio es la información que le aportamos sobre nosotros y nosotras, sobre quiénes somos y qué deseamos, a través de lo que miramos en su web, lo que dudamos si comprar y lo que compramos, lo que devolvemos y lo que regalamos. Esos datos son los que la han convertido en la líder mundial de almacenamiento en la nube, con un 40 por ciento de la cuota de este mercado y extensiones kilométricas de desierto estadounidense cubiertas de discos duros. Le siguen Microsoft, con un 20 por ciento, y Google, con un 10 por ciento. Es decir, al menos un 70 por ciento de nuestra información más delicada e íntima está en manos de tres empresas que han sido capaces de evitar el control del Senado estadounidense y del Parlamento Europeo, y cuyo PIB supera al de la inmensa mayoría de los países del mundo. Ni en los mejores sueños de los miembros de la Stasi ni de las oligarquías de los regímenes feudales habrían podido imaginar una vigilancia más precisa y minuciosa de cada rincón de nuestra vida.

Mientras, cada vez son más numerosas las noticias sobre cómo las aplicaciones adquiridas por países plenamente democráticos para rastrear los posibles contagios por COVID-19 han incumplido la normativa de protección de datos y cómo algunas de las naciones más autoritarias están empleándolas para el control y la represión de la población.

Es lógico que, abrumados por la falta de control sobre este nuevo ecosistema digital que se inmiscuye en todas las facetas de nuestra vida, nos sintamos derrotados por el «Me da miedo la inmensidad, donde nadie oye mi voz», que cantaba Antonio Vega. Me encontré esos versos en una de las pancartas con las que los participantes en el movimiento 15M se explicaban, a quien quisiera escucharlos, en la madrileña Puerta del Sol. La impotencia es una de las sensaciones más debilitadoras para quienes aspiran a ser ciudadanos y ciudadanas que participan en su contexto, y para la cohesión de las sociedades. La impotencia genera frustración y esta, falta de autoestima, rabia e individualismo. Ser periodista es mi forma de luchar contra la impotencia, narrar me regala el espejismo de sentir que puedo hacer algo con todo lo que nos pasa, aunque sea clasificar en cajas todo lo que no debería pasar. Un catálogo que quemar.

Esa impotencia es la que está provocando que parte de la población se sienta tentada de desconectar de lo que la rodea y en etapas cada vez más tempranas. Si está ocurriendo entre quienes cuentan con una formación superior y viven en la hiperinformación continua, ¿cómo es posible que no sea una prioridad política abordar la brecha interpretativa que hay, cada vez más grande, entre padres, madres e hijos, entre generaciones?

En los estudios que analizaron los sorprendentes resultados obtenidos por el partido político español Podemos en las primeras elecciones a las que concurrió —las europeas de 2014, en las que se convirtió en la cuarta fuerza política en votos tres meses después de registrar su marca—, se evidenciaba una pronunciada división entre quienes se informaban por la prensa digital progresista y quienes lo hacían por la televisión y la radio tradicionales. Los primeros votaban mayoritariamente a partidos de izquierdas y los segundos a otros de centro y derecha. Cuatro años después, el partido de ultraderecha Vox entró en el Parlamento andaluz, y después en el estatal. Para entonces, sus votantes ya representaban el segundo grupo que más se informaba a través de las redes sociales, el 45,1 por ciento de ellos, solo por detrás de los de Podemos, un 53,4 por ciento, según el Macrobarómetro de octubre de 2019 del Centro de Investigaciones Sociológicas del Gobierno de España. En cambio, los afines a los partidos tradicionales solo lo hacían en un 28,4 por ciento en el caso del Partido Socialista Obrero Español y un 21,9 por ciento del Partido Popular.

Todos estos partidos se han ido moviendo en el tablero político atizando el miedo entre la población: los partidos de izquierda a los de derecha y de extrema derecha, y viceversa. La situación es muy parecida a la de los otros países del Mediterráneo y a los latinoamericanos. Somos sociedades profundamente polarizadas, crispadas y atrincheradas ideológicamente. ¿Cómo nos vamos a entender, incluso entre los miembros de una misma familia, si cuando decimos pobreza, precariedad o neoliberalismo estamos entendiendo cosas completamente distintas? ¿Cómo vamos a dialogar siquiera, por no hablar ya de alcanzar soluciones compartidas, cuando vivimos en pequeñas burbujas independientes? Si cuando mi vecino piensa en inmigración la imagen que se le viene a la cabeza es la de un naufragio en el Mediterráneo y a su hermano la de un robo por parte de un menor no acompañado —porque son las ideas que refuerzan los algoritmos de sus respectivos canales informativos—, ¿cómo no van a saltar chispas cuando sale el tema en una conversación? Ante la imposibilidad de conversar, cada vez vamos levantando más muros de silencio construidos con las palabras que no dicen nada. Y como sostiene Rebecca Solnit en *La madre de todas las preguntas* (Capitán Swing, 2021), el silencio es «la condición universal de la opresión». Según la pensadora, «a quién se escucha y a quién no define el *statu quo*» y, por ende, «una persona valorada vive en una sociedad en la que su historia tiene cabida». Y en nuestra historia una parte fundamental son nuestras reflexiones y análisis, cómo percibimos el mundo y cómo lo describimos ante nosotras y ante los demás al ponerle palabras. Si cada vez más a menudo sentimos que es mejor mantener silenciadas nuestras ideas es por temor al conflicto que generan cuando no coinciden en su práctica totalidad con las de nuestro interlocutor.

El debate de ideas —libre, jugoso, apasionado— y, por tanto, el arte de la retórica se está convirtiendo en un ejercicio insólito y extravagante porque cada vez se percibe más el disenso como un ataque personal, cuando no como un desprecio. Por ello, es común que, en este tipo de situaciones, una de las partes exija respeto por sus ideas cuando lo que son respetables son las personas, no las ideas. Cuestionar las creencias, opiniones o manifestaciones de alguien no significa, en absoluto, faltar el respeto a la persona que las sostiene. Sin embargo, esta interpretación es cada vez más habitual, lo que ha desembocado en la situación extrema de que quienes sostienen discursos racistas, machistas, basados claramente en mentiras o contrarios a los hechos, terminan pidiendo respeto por sus ideas, nos acusan a quienes intentamos rebatirlas con datos y argumentos éticos de creernos superiores moralmente —negando el consenso sobre unos valores compartidos, que es una de las condiciones básicas para la cohesión de una sociedad—, y también de considerarnos superiores intelectualmente, criminalizando así el conocimiento y la cultura. En definitiva, esta nueva ola involucionista internacional acusa a las personas cultas y defensoras de los derechos humanos de formar parte de una élite corrupta y degenerada que la ultraderecha y los populistas de la antipolítica han venido a desmantelar.

Pero, como explica Ece Temelkuran, cuando los intolerantes piden respeto lo que están pidiendo es silencio. Y la humanidad ha avanzado gracias a quienes se atrevieron a romper silencios y convertir los temas tabúes en objeto de la conversación pública. Por eso, los involucionistas siempre intentan imponer el miedo a hablar, a expresarnos, a explosionar como ese volcán que ruge cuando, como señaló Ursula K. Le Guin citada por Solnit, «las mujeres ofrecemos nuestra experiencia como nuestra verdad, como la verdad humana» y, entonces, «cambian todos los mapas. Aparecen nuevas montañas [...]. El silencio es lo que permite que la gente sufra sin remedio, lo que permite que las hipocresías y las mentiras crezcan y florezcan, que los crímenes queden impunes. Si nuestras voces son aspectos esenciales de nuestra humanidad, quedarse sin voz es deshumanizarse o quedar excluido de la propia humanidad».

Una de las grandes revoluciones que han tenido lugar a raíz de la crisis de 2008 en algunos países del norte global es que muchas personas que lo perdieron todo por el colapso del sistema financiero rompieron con el miedo a hablar de su pobreza, a reconocerse como pobres. Esa ha sido, probablemente, la mayor aportación de la Plataforma de Afectados por la Hipoteca, un movimiento que ha conseguido paralizar decenas de miles de desahucios en toda España en la última década. La PAH, como se le conoce por sus iniciales, también logró algo tan lógico como la dación en pago —la supresión de la deuda a cambio de la entrega de la casa— y ofrecer un techo a las familias que se quedaban en la calle mediante la ocupación de viviendas vacías de los bancos rescatados por el Gobierno, una operación cuyo coste el periodista Xavier Vidal-Folch estimó en casi setenta mil millones de euros. Pero si algo valoran, por encima de todo, las personas vinculadas con la Plataforma es cómo las ayudó a liberarse de la pesadísima carga de la culpa y de la sensación de fracaso; cómo el conocer a otras mujeres y hombres que también perdieron su empleo y empezaron a acumular deuda las ayudó a entender que eran víctimas de la estafa piramidal global que fueron las hipotecas *subprime* de Lehman Brothers y de la estafa política local que fue la burbuja inmobiliaria. A la Plataforma tenemos que agradecerle que miles de personas que no podían levantar la cabeza por el estigma de la vergüenza de la pobreza recordaran que nadie debería vivir que unos policías antidisturbios echen abajo una puerta para dejarte tirado en la calle. Y gracias a esos miles de activistas que, uniformados con sus camisetas verdes, se hacían fuertes apretando entre sí sus cuerpos por los huecos de las escaleras, y a quienes los fotografiaban y grababan, otros millones de personas se sintieron avergonzadas de una clase política que había decidido poner todo el aparato estatal al servicio de la mezquindad.

En aquellos años en los que se ejecutaban decenas de desahucios al día —solo en 2012, más de cien mil en total—, los informativos televisivos se convirtieron en un espejo de la ruindad que gobernaba nuestra sociedad: un día tras otro, asistíamos a las lágrimas de niños y niñas agarrados a sus peluches y juguetes, un llanto provocado por la orden de un secretario judicial.

Somos una sociedad traumatizada y embrutecida por la crueldad sistémica a la que hemos sido expuestos durante los últimos años. Somos lo que pensamos porque nadie resiste hacer permanentemente lo contrario de lo que piensa; porque hacemos aquello que creemos posible y, en la mayoría de las ocasiones, las ideas que nos dictan el siguiente paso que dar son las transitadas un millón de veces; porque activar la imaginación y mantenerla encendida requiere que alguien alguna vez te haya mostrado que las cosas se pueden hacer de muchas maneras y que crear es cosa de todos los humanos, no solo de artistas. Desgraciadamente, esa oportunidad de descubrir el cosquilleo del juego que es pensar por una misma es, a menudo, cuestión de suerte, cuando debería ser la primera lección que aprender en las escuelas. Las ideas nos constituyen, determinan quiénes somos y, por tanto, qué nos creemos capaces de hacer, qué hacemos y cómo lo hacemos. Por ello, resulta más difícil cambiarlas, matizarlas y ampliarlas según pasan los años: al actuar siguiendo el dictado de las ideas las reforzamos en lugar de desgastarlas. Corremos así el riesgo de, al engrosarlas hasta la caricatura, terminar siendo presos de ellas, que nos aprisionen en su molde a imagen y semejanza. Por eso, los más ortodoxos y sectarios no son los más fuertes, sino quienes antes se desmoronan cuando se sienten decepcionados por sus partidos políticos, líderes, ideologías, sistemas políticos, dioses o religiones. Suelen elegir entre tres salidas: el empecinamiento, por el miedo a aceptar que aquello a lo que encumbraron su vida fue un error o una farsa; el cinismo, como supuesta salida digna por la que ya no se cree en nada, o el efecto ping-pong, por el que se adoptan con el mismo fervor las posturas contrarias, como si hubiese una evidencia científica que si A es un error, la Z ha de ser palabra de Dios. Las personas muy seguras de sus ideas son más proclives a sufrir lo que el filósofo José Antonio Marina explicaba en un libro titulado *La inteligencia fracasada* (Anagrama, 2004). En él sostenía la teoría de que el objetivo de la inteligencia es la felicidad y que, por tanto, sus fracasos desembocan en la desdicha. No comparto su propuesta, pero sí una de sus derivadas: a menudo, quienes se consideran en posesión de verdades supremas, incluidas aquellas recogidas en la declaración universal de los derechos humanos, son capaces de las mayores maldades para defenderlas. Nunca en la historia de la humanidad hubo tantas personas trabajando en pos del bien, gracias a los numerosos marcos normativos de los que nos hemos dotado, y haciendo tanto mal en su vida cotidiana. Y es porque nunca hubo tantas etiquetas bajo las que crear supuestos enemigos, con los que incluso podemos estar de acuerdo en buena parte de sus ideas, pero cuyas diferencias nos convierten, supuestamente, en adversarios irreconciliables. En una entrevista que hice en 2017 a la periodista Maruja Torres me contó que había hecho suya una frase que le había dicho la abogada laborista y exalcaldesa de Madrid Manuela Carmena: «No hay idea que merezca una vida». Y añadió: «Date cuenta de todo lo que contiene una vida: el crecer, conocer, aprender, leer, sonreír, abrazar a tu madre, tocar el agua... ¿Todo eso lo vas a perder por una idea? Claro que los avances de la humanidad han sido gracias a sacrificios y revoluciones, pero es que nunca hemos probado la alternativa: el intentar hablar y convencernos. No lo hemos probado porque somos depredadores». Y estoy muy de acuerdo con ella. Si hay algo que merezca la vida es la vida misma. Y por ella nunca se debería tener que morir o matar. Esa es la primera ley, el primer mandamiento, también de los ateos que defendemos los valores cívicos de la Ilustración. Pero llevamos tanto tiempo asistiendo a cómo son las propias instituciones las que nos dicen que hay vidas que tienen menos valor, que seguimos sin ser capaces de ver lo interiorizado que tenemos que haya víctimas de primera y de segunda. Si seguimos dedicando reportajes y películas al naufragio del *Titanic* mientras seguimos asistiendo con indiferencia a los naufragios diarios en el Mediterráneo, es obvio que es porque el relato hegemónico favorece que nos identifiquemos más con los británicos que zarparon rumbo a Estados Unidos en el transatlántico más lujoso hasta ese momento, 1912, que con los habitantes de un país del que nos separa catorce kilómetros de mar. Es más: una parte de la población de los países ricos no solo no siente empatía por las calamidades sufridas por sus vecinos, sino que le molesta que no se resignen a su pobreza, que reivindiquen su derecho a una vida digna, que no asuman su lugar en la sociedad como hacían antes los pobres que sí sabían no molestar con sus penas y lamentos; que no estén dispuestos a dejarse humillar ni machacar por no tener dinero; que no acepten pasar por lo que antes pasaron sus padres o abuelos como marca la cultura judeocristiana de ganarse con el sufrimiento en la vida terrenal el derecho a una vida de ensueño en la eternidad... Porque eso es lo que subyace en el rencor de clase de los que creen que, si ahora gozan de un bienestar, es porque en su momento ellos o sus antecesores se lo ganaron con «sangre, esfuerzo, lágrimas y sudor», los cuatro conceptos con los que el entonces primer ministro británico Winston Churchill alentó a las tropas aliadas en un famoso discurso durante la Segunda Guerra Mundial.

«Si mi padre pasó por ello, ¿de qué tanto se quejan ahora?», me espetó una mujer tras una conferencia en la que explicaba las condiciones de explotación en las que trabajan los temporeros que recogen la fruta en España. Hasta entonces yo pensaba que establecer un vínculo de memoria histórica entre las condiciones de los jornaleros locales del siglo XX y los que hacen esas mismas labores, en su mayoría, extranjeros, en el siglo XXI, podía generar esa palabra que parece haberse puesto de moda: empatía. Pero esa mujer parecía encontrar algo de justicia poética, de reparación, en el hecho de que otros sufrieran lo que habían padecido sus antepasados, como si hubiese algo de purificador en recorrer ese calvario.

Pensé entonces en el significado de la palabra «empatía», que la Real Academia define como la «capacidad de identificarse con alguien y compartir sus sentimientos». No es verdad que sea sencillo practicar la empatía, como sostenemos, a veces, quienes defendemos los derechos humanos. Y, sobre todo, es mentira que se pueda estar en modo empático las veinticuatro horas del día. Es imposible por simple agotamiento emocional. Pero, además, es indeseable: quienes dedicamos buena parte de nuestro tiempo a documentar la injusticia y el sufrimiento no lo hacemos porque nos sintamos mártires ni superiores moralmente, sino porque, al menos en mi caso y en el de mucha gente que me rodea, nos gusta tanto la vida que queremos que todo el mundo tenga la oportunidad de disfrutarla. O como decía también Maruja Torres en esa entrevista que publiqué en *Píkara Magazine*, «con los años he llegado a la conclusión de que soy socialdemócrata de izquierda radical», como la definió una vez su amigo el escritor Manolo Vázquez Montalbán. «Es decir, querer que todo el mundo coma caviar, salvo al que no le guste. Mejoremos la situación, pero no nos venguemos de nadie, y menos de nosotros mismos. Construir, construir y construir. Y no destrozar», añadió.

Pensé en ello cuando me pregunté qué se nos había escapado para que aquella mujer, que había venido a escucharme a dar una conferencia, tuviera la necesidad de expresarme su malestar porque a mí me indignara que unos seres humanos hubieran de dedicar la única vida que iban a tener a ser esclavos de otros. Y que su malestar encontrara en el sufrimiento de sus antepasados una justificación. Había en ella la rabia de sentir que jamás se había reconocido la aportación que esos hombres y mujeres habían hecho a nuestra sociedad, y el rencor de quienes no se sienten vistos ni oídos. ¿Cómo podía pedirle empatía a quien nunca la había recibido? Me vino entonces a la mente la palabra «compasión». ¿En qué momento habíamos dejado de, al menos, intentar aparentar que queríamos ser el buen samaritano que siente compasión ante el dolor del prójimo? Indagando de nuevo en su origen encontré que el filósofo sufí Ibn Arabi, uno de los grandes intelectuales andalusíes —que, además, fue poeta y viajero— consideraba que el verdadero nombre de Dios es ar-Rahmán, el Misericordioso en español, es decir, el que practica la compasión. Cuando le pregunté a aquella mujer por qué quería que se repitiese lo que nunca debió haber ocurrido, se convirtió en la niña a la que le sigue llenando de pena que a nadie le importase la historia de los suyos.

Estoy convencida de que todo el mundo debería tener el derecho a contar su historia y a que quedase recogida de manera pública. El saberte sujeto del interés de los demás tiene una capacidad reparadora de manera individual y colectiva. Pero, en su defecto, lo que me encontré fue una mujer decepcionada y enfadada con la vida, como si esta tuviera que ser justa o le debiese algo. Me acordé de lo que me dijo una médica de atención primaria: «Muchas de mis pacientes son mujeres de más de cincuenta años que vienen a pedirme antidepresivos. Y lo que necesitan no son pastillas, sino encontrar un sentido a su vida». Me he encontrado muchas personas cuyas palabras destilaban odio y que, cuando rascaba qué había detrás, lo que encontraba era muchísimo sufrimiento y una profunda infelicidad. La infelicidad atrae la envidia y la mezquindad. Y este sistema socioeconómico raramente genera felicidad y es más eficiente cuanto más ruines son, somos, sus operarios. Por eso, el primer paso que ha de ofrecer cualquier iniciativa social es posibilitar que sus integrantes se conozcan entre sí y constaten que su problemática es mucho más común de lo que imaginan.

Eso es exactamente lo que hacen los activistas de la Plataforma de Afectados por la Hipoteca y de los Sindicatos de Inquilinos cuando celebran sus asambleas barriales en España, Alemania o Portugal. «Hay una parte fundamental de nuestro trabajo en el sindicato que consiste en que la persona asuma lo que está viviendo y que entienda que es mejor afrontarlo en colectivo. Que vea que el miedo es compartido y que compartirlo con otra gente, con el barrio, es la mejor vía para que no se cumpla. Cuando sabe que hay treinta o cuarenta personas acompañándole para impedir que se haga realidad ese miedo, su percepción y su estado anímico cambian radicalmente». Así me lo explicaron dos activistas del Sindicat d'Habitatge del barrio barcelonés de Gràcia en mayo de 2020. Acaban de celebrar su asamblea semanal en la plaza de la Universidad, a la que habían acudido, fundamentalmente, mujeres migrantes que, tras perder su empleo, temían ser desahuciadas de las habitaciones alquiladas en las que vivían con sus niños.

«Nos quitaron tanto que, incluso, me quedé sin miedos. En el último desahucio lo perdí todo porque no nos dejaron recoger nuestras cosas. Con cada bofetada de la vida aprendo más. Sobre todo, he entendido que o tú das el primer golpe o te lo dan ellos a ti. Y antes de que me lo den, lo doy yo».

Ruth Saavedra suena dura cuando pronuncia estas palabras, pero no tanto como observar los estragos de la pobreza en su rostro de cincuenta y seis años: arrugas escarpadas, falta de algunos dientes, y los que conserva, ennegrecidos; el cráneo, clareado tras una coleta de pelo fino. La penuria roba años y los devuelve al cuerpo como si hubieran pasado lustros. Su aspecto choca con la estancia en la que nos encontramos: un salón de techos altos y luminoso, suelos hidráulicos, escayolas destinadas a coronar las lámparas. Pero una limpiadora no se sentaría así en el salón de sus contratadores. En 2010, a sus cuarenta y seis años, Ruth era otra. Trabajaba desde hacía más de dos décadas en una lavandería industrial. Había observado la crisis económica de 1993 desde la seguridad de un puesto de trabajo estable, pero la de 2008 coincidió con el final de la etapa laboral de sus jefes, cuyos hijos no quisieron continuar con el negocio familiar. Su marido contrajo un cáncer de huesos que le carcomió el fémur, provocándole una cojera severa. En 2011, con un hijo de trece años, vivió su primer desahucio. No recuerda una década tan larga como esta última. Y, al contrario que a la mayoría de la población y como a muchas personas que no tuvieron otra opción de ocupar, los meses de confinamiento se le hicieron cortos.

«Lo primero que hice cuando no pude seguir pagando la hipoteca fue acudir a los servicios sociales para buscar ayuda. Salí de allí sintiéndome una mierda. Me trataron como si yo no quisiera trabajar», me cuenta en el piso en que vive su amiga Ana María Benegas, una boliviana de cuarenta y cuatro años que, como Ruth, lleva mucho tiempo evitando terminar viviendo en la calle mediante la ocupación de viviendas vacías de bancos y fondos buitre. Este apartamento recientemente rehabilitado en pleno barrio de Gràcia, en el centro de Barcelona, estaba destinado, como el resto del edificio, a piso turístico.

Alrededor se oyen los golpes de los albañiles, que siguen trabajando en las plantas superiores. Es julio de 2020, el ayuntamiento sigue recomendando el confinamiento voluntario y las calles siguen extrañamente vacías, envueltas en una serenidad que subrayaría la belleza de su urbanismo si un ambiente de pesadumbre no lo envolviese todo. La suspensión de los desahucios decretada por el Gobierno de España durante el estado de alarma ha supuesto un respiro para ambas. «Si no fuese por las consecuencias para la salud de tantas personas, desearía que esta situación durase más. Por fin hemos podido vivir unos meses tranquilas», exclama mientras fuma un cigarrillo tras otro. Su amiga, que arrastra un cansancio de años y a la que conoció en el Sindicat d'Habitatge, asiente mientras observa a su hermana y a su hija bañar a su sobrina en la piscina de plástico que han colocado en el patio.

Desde que todo se derrumbó hace una década, ambas han pasado periodos en los que sí trabajaban, pero a cambio de sueldos tan bajos que no les permitían pagar un alquiler, las facturas de la luz, el agua y alimentar a sus hijos. Así que, una vez que los desahuciaron, no les quedó otro remedio que ir enlazando una ocupación con otra. Hasta hoy.

«Yo querría pagar un alquiler, pero de unos trescientos euros, que es lo que me permiten los 1.096 euros de renta de garantía que cobramos mi marido, mi hijo y yo desde 2017, que es la última vez que conseguí un empleo. Pero si ya te ponen problemas para alquilar teniendo una buena nómina, cuando lo que ingresas es una ayuda social, no hay manera», concluye Ruth, sin un ápice de sentimiento de fracaso ni de culpabilidad. Tampoco de esperanza. La resignación de haber quedado expulsada a los márgenes de la sociedad es resultado de la erosión sufrida durante esta década: cada vez se siente más suave consigo misma, más dura con la sociedad, como buen pedruño que aparenta ser. «Mi marido sí que se viene abajo, es más apático. A mi hijo lo hemos criado para que sepa buscarse las habichuelas, aunque a veces también se desahoga gritándome. Pero yo creo que está bien. Sencillamente, evito pensar mucho. Cuando me doy cuenta de que estoy dándole demasiadas vueltas a la cabeza, cambio el rollo y me pongo a hacer algo», y suelta una de esas risas huecas con las que va salpicando las respuestas. A ratos, más que una piedra, Ruth es como una rama seca que, cuando la partes, sigue conservando savia en su interior. Dan ganas de deshojarla y encontrar su esplendor anterior a la estafa bancaria de 2008. Antes de que el exministro de Economía español y expresidente del Fondo Monetario Internacional Rodrigo Rato diera lecciones a la ciudadanía que, según él, había vivido por encima de sus posibilidades. Antes también de que fuera encarcelado por las tarjetas de crédito ilegales de las que disfrutaba durante su dirección de la caja madrileña Bankia... Antes, en definitiva, de todas aquellas humillaciones que la clase política profirió contra los trabajadores.

Aimé Césaire escribió que «una civilización que no puede solucionar los problemas que ha creado es una civilización en decadencia». A menudo se dice que vivimos en un periodo de transición y que el modelo en extinción se defiende con estos envites. Lo que resulta irrebatible es que vivimos un periodo de decadencia en el que sus víctimas están albergando, con razón, rencor y odio hacia unas instituciones que se constituyeron como las representantes de los intereses de la mayoría social y que hace tiempo que se han alzado como su enemigo. Se han convertido así en las grandes aliadas de quienes han venido para destruirlas desde la conquista de sus organismos: la extrema derecha.

Como dice Theodor Kallifatides en *Otra vida por vivir*:

> Se había declarado una guerra contra estos seres humanos y yo no me había dado cuenta. Los pobres habían dejado de ser personas, para convertirse en un problema. Lo mismo hizo el nazismo con los judíos, los comunistas, los homosexuales, los gitanos y muchos otros.

3

Miedo a la soledad

> Para seguir peleando juntos contra la muerte en las trincheras de la felicidad, luchando por ser nosotros mismos, por más paz para siempre, por más tiempo y mejor salud, más comida caliente, más rumbas sabrosas, más de todo lo bueno para todos. En una palabra: más amor.
>
> «Gabo: ¿Otro dinosaurio?», *Revista Semana*, 1989

Silvia llevaba días encontrándose débil y mareada. Luis, su compañero desde hacía cuarenta años, se tuvo que quedar en la casa y ver cómo los camilleros se la llevaban al hospital sin poder acompañarla. Así lo dictaba el protocolo sanitario para contener la pandemia. Luis no volvería a saber absolutamente nada del estado de su amada en los diez días siguientes.

En todas las vidas deberían caber muchas vidas, pero difícilmente se pueden conjugar tantas como las que ha conseguido ir enlazando Luis Acebal Monfort. Este hombre de sempiterna melena blanca nació en 1937 en una familia burguesa madrileña que, huyendo de la guerra, terminaría radicándose en Galicia. Su abuelo paterno había sido un ingeniero de montes cuyas aportaciones a este campo le fueron reconocidas con una entrada en la enciclopedia Espasa, como recuerda ahora Luis, volviéndose niño por unos segundos. El más pequeño de cuatro hermanos, siempre fue un estudiante brillante que, cuando llegó el momento de decidir su futuro, optó por el sacerdocio en la Compañía de Jesús. «Lo hice para huir de mi padre y porque yo me lo creía, lo del cristianismo», apostilla con esa sorna con la que suele jugar con las palabras, aportándoles acepciones y matices mediante la entonación, las pausas, la seriedad y hasta con la risa. Pero siempre desde la sobriedad. Luis es la antítesis del histrionismo o la sobreactuación que tanto abundan en los medios de comunicación, que han convencido a parte de la población de que, para ser escuchada, hay que gritar, gesticular y entonar como si estuviese manejada por un ventrílocuo.

Como siempre que nos vemos, quedamos en el restaurante El Espejo Nouveau, un pabellón acristalado de finales del siglo XIX situado frente al bellísimo edificio de la Biblioteca Nacional. Hasta allí se traslada en metro prácticamente a diario desde su casa, en un barrio periférico de Madrid, para consultar bibliografía y escribir. Tiene ochenta y cinco años, es filósofo, teólogo y licenciado en Periodismo. Ha escrito numerosos libros en los que entrelaza sus conocimientos multidisciplinares con los derechos humanos, y fue cofundador de la primera ONG en España, aún en plena dictadura franquista: la Asociación Pro Derechos Humanos de España.

«Para mí, el amor es entender y atender al otro, y ese tema sale en la encíclica del papa», me contesta cuando le pregunto qué es el amor. Señala los papeles que hay entre nosotros. Luis me ha traído varios regalos impresos: la última encíclica del papa Francisco, dedicada a la fraternidad y a la amistad social, un informe en el que el Fondo Monetario Internacional advierte del cataclismo económico que va a provocar la pandemia entre las clases más empobrecidas y un extracto de una obra del filósofo austrohúngaro Iván Illich. Luis siempre me hace regalos así, con los que me hace profundamente feliz. Antes de que llegase con una puntualidad exquisita a nuestra cita, yo había sacado mi ordenador para trabajar un rato aprovechando el silencio que reina entre estos espejos *art nouveau*. Tras comprobar que la mesa reservada en la que me había sentado estaba a su nombre, un camarero se me acercó para decirme que Luis es de las personas más educadas, agradables y cultas que había conocido en su vida. Le contesté que yo también. En ese momento apareció, y todos los trabajadores le hicieron saber que se alegraban de verlo. Lo miré y pensé que nadie como él para comenzar este capítulo, que iba a estar dedicado inicialmente al miedo al amor.

«El amor es lo contrario del populismo, del egoísmo, del amor al dinero a todo precio. Y es muy difícil de practicarlo realmente porque es el otro, y hay que digerirlo como otro, porque convertirlo en uno puede ser una operación de dictadura. El problema del odio es la incapacidad de asimilar al otro», explica, y va enlazando las reflexiones con la actualidad política que nos rodea. «España está viviendo una aventura de odio. Porque tú no puedes encontrar a ningún ser público que no esté presumiendo de odios. Es llamativo. O el tema de la agresividad contra las mujeres: es porque la mujer es el otro, alguien que no tenía derecho a ser otro y, cuando lo es, la matan. Una por semana, casi sesenta al año, asesinadas por los que supuestamente las querían tanto».

Luis siempre sacó las mejores notas de la clase, incluso cuando en su tercer año de universidad fue enviado a la facultad de Filosofía de los jesuitas en Alemania sin hablar alemán. Allí tuvo lo que define como un «ataque poético». «El otoño alemán me hizo escribir no sé cuántos poemas. Antes había escrito unos cuantos que me habían publicado en la revista *Humanidades* de la Universidad de Comillas. Pero es que el clima alemán capta mucho, es una cosa muy...». Siempre que conversamos me pregunto por qué nada en su discurso suena pretencioso ni impostado. Siempre me reafirmo en que es porque es tan verdad como lo es su amor por la vida. El mismo amor que lo llevó a abandonar el sacerdocio cuando ya era secretario general de un instituto de la Compañía de Jesús y parecía evidente que terminaría formando parte de su Estado Mayor. Cuando le consulto si fue porque se enamoró, me contesta: «No. Lo que me decidió a salirme era que me había convertido en un objeto. La gente de mi entorno, familiares, amigos y conocidos me hacían regalos porque sentían que así se estaban salvando. Y, bueno, lo más importante: sentía un profundo deseo de entrar en política». Así que en 1973 empezó su vida civil y lo primero que hizo fue fundar en su casa, con otros colegas, la Mesa

Democrática de Madrid, inspirada por la Asamblea de Catalunya, con el objetivo de sentar juntos a representantes de todos los partidos y organismos de la oposición y coordinar la caída de la dictadura. Ese mismo año el régimen lanza una orden de busca y captura contra él y, tras meses ocultándose y ante la imposibilidad de exiliarse, se entrega e ingresa en prisión. Para entonces, ya era pareja de Silvia Schmitz, una mujer alemana y culta de la que sigue profundamente enamorado.

«Para amar tienes que aceptar a la otra persona tal y como es, lo que te gusta y lo que no te gusta tanto. Pero la vida no puedes más que compartirla porque, si no, no la estás viviendo», me dijo cuando le pregunté por la clave para quererse tanto como se quieren ellos después de cuatro décadas juntos. Luis tiene ese don de vivir la vida sabiendo que se acaba, y así la narra, con la certeza de que lo que me cuente hoy, probablemente, nunca más me lo podrá volver a contar, y que lo que no quede dicho, no se dirá.

«El papa Francisco, en esa encíclica, habla del buen samaritano. En su parábola, Jesús cuenta que los judíos odiaban a los samaritanos porque eran considerados extranjeros y poco de fiar. Y que fue precisamente un samaritano, y no los hebreos, el que se paró junto a un judío que había sido atacado por un malhechor para curarlo y atenderlo. En este sentido, Iván Illich dice que cuando Jesús pregunta quién se ha comportado como el prójimo, no se refiere al pobre para darle limosna, sino al otro». Me doy cuenta de que Luis ha elegido con minuciosidad las lecturas que me ha regalado en esta ocasión para ahondar en qué entiende por amor. Y fue así como cambió radicalmente la orientación que adoptaría finalmente este capítulo.

Descubrí a los veintidós años por qué a los siete había decidido ser periodista, un oficio en el que ya llevaba trabajando varios años. Fue en un viaje a Açailândia, una ciudad de diez mil habitantes del estado de Marañón, el más pobre de Brasil. La urbe apenas tenía dos décadas de existencia en el momento de mi visita, en 2005, y había surgido en el cruce de caminos que comunica la industria maderera que deforesta el Amazonas, las siderúrgicas que queman esos troncos como carbón, la agricultura y la ganadería intensivas para la exportación de ternera y soja, y el tráfico de esclavos, uno de los negocios más lucrativos del país. Hasta allí se había marchado la española Carmina Bascarán, a los cincuenta años, después de que sus cuatro hijos se licenciaran y emprendieran su vida adulta, y ella sintiera que había llegado el momento de retomar el rumbo de la suya. Durante los últimos años del franquismo, había formado parte de los movimientos de cristianos de base y comunistas que habían organizado huelgas y acciones de protesta contra la dictadura. Y durante la transición española se había volcado en la formación laboral de quienes habían sido expulsados a la marginación por la desindustrialización de Asturias, donde vivía. Así que, cuando llegó a esta población del norte de Brasil, en la que los asesinatos eran tan comunes como las muertes de bebés por malnutrición, desempolvó el mayor de los aprendizajes que había adquirido durante aquellos años: que la función del que quiere construir justicia social en colectivos a los que no pertenece es posibilitar el encuentro, la escucha colectiva y la decisión conjunta de los pasos que seguir. Pidió que le dejasen la parroquia para cada noche reunirse con un grupo de jóvenes, con los que estuvo conversando un año, hasta que identificaron qué necesitaba la región y qué querían y podían hacer ellos al respecto. Fue así como en 1996 fundaron el Centro de la Vida y de los Derechos Humanos, un espacio en el que desde entonces han demostrado a miles de jóvenes, a los que en ese contexto solo les esperaba la explotación sexual y laboral, que su vida tiene valor y que solo ellos pueden defenderla. Y lo hicieron a través de las artes, del teatro, de la danza, del canto, entre cuatro paredes, que poco a poco fueron ampliando a muchas más gracias al dinero que conseguían de donaciones particulares y ONG españolas. Niños, niñas y adolescentes que, mientras sacaban la garra de su cuerpo al aprender el baile tradicional de sus antecesores, aprendían la violenta historia del expolio de la que eran resultado sus pies descalzos, los chamizos en los que vivían, sus padres alcoholizados y sus madres amoratadas. Cuando entraban en la clase de teatro y representaban a los terratenientes que secuestran a hombres para emplearlos como mulas de carga y después hacerlos desaparecer, se cruzaban por los pasillos con los mismos esclavos que escondían en el centro tras liberarlos hasta encontrarles un lugar seguro. Campesinos que eran trasladados para trabajar en fincas aisladas y a los que, una vez allí, les obligaban a pagar por los utensilios de trabajo, la comida e, incluso, el camastro en barracones. De esta manera, asumían una deuda que iba creciendo a lo largo de las semanas y que siempre superaría el salario mensual. Aquellos que intentaban escapar, y que eran interceptados en su intento, solían ser golpeados, vejados o asesinados por los guardianes. Los esclavos liberados que yo conocí no tenían edad, ni siquiera puedo recurrir a la metáfora de que aparentaban muchos más años de los que tenían. Era algo más, como si estuvieran algo difuminados, como si les hubiesen arrancado algunas capas de piel y aflorado rocosidades de las articulaciones: en los nudillos y en las palmas de las manos, en los codos, pero también cicatrices de cortes y heridas por todo el cuerpo. Eran como corchos de troncos que hubieran sufrido muchos intentos de ser talados. Cuerpos tan deformados y abombados como los de las ilustraciones del siglo XIX del tráfico en navíos de esclavos y de las plantaciones de algodón.

Esto fue lo que Carmina Bascarán, acompañada de varios adolescentes, encontró en sus incursiones por los latifundios. Era mediados de los años noventa y ni el Gobierno brasileño ni la Organización Internacional del Trabajo reconocían todavía la existencia del trabajo esclavo en este país de dimensiones continentales. Así que la misionera, que aún apenas hablaba unas pocas palabras de portugués brasileño, se aprovechaba de la imagen inofensiva que, según ella, proyecta una mujer madura para meterse hasta la cocina y grabarlo todo.

Tras meses registrando escenas de hombres harapientos que se veían forzados a beber el agua de la pileta de las vacas, niñas encerradas en hornos de piedra para que fuesen violadas por los esclavos y muchachos heridos de bala de cuando intentaron huir, las activistas organizaron una proyección en la plaza de Açailândia. Tendieron una sábana gigante y convocaron a las autoridades locales, regionales y federales, que acudieron pensando que sería un evento religioso inofensivo en el que podrían fotografiarse y hacer un poco de campaña electoral. Los vecinos más miserables del pueblo vieron a la vez que los poderosos lo que ya no podrían seguir negando. La conmoción fue absoluta, la esclavitud nunca había desaparecido y, como se iría demostrando en los siguientes años, la clase política estaba implicada en este negocio que abarcaba de lo local a lo transnacional.

Cuatro años después llegaría a la presidencia brasileña Lula da Silva, que convertiría la erradicación del trabajo esclavo en una prioridad de su Gobierno. Durante su trayectoria como sindicalista había conocido y denunciado esta aberración que convierte a los seres humanos en bestias de carga. Los Premios Nacionales de Derechos Humanos reconocieron la labor del Centro y de Carmina. Cuando yo la conocí, cinco años después, las amenazas contra su vida eran tan graves y recurrentes que ya no les prestaba atención.

De las primeras cosas que le pregunté a aquella mujer, de carcajada tan sonora como mirada imponente cuando te observaba en silencio, fue si no sentía miedo. La gente valiente no suele desdeñar este mecanismo, sino que, al contrario, tiene bien identificado cómo influye en sus decisiones. Carmina se tomó unos segundos antes de contestar. «Sabes que el peligro está ahí, pero crees tanto en lo que estás haciendo que es como si el miedo quedase atrás. Lo sientes. Eso que dicen del aliento en la nuca, es algo así. Pero no tiene capacidad de frenarte, porque lo que tienes que hacer es mucho más importante».

Una tarde de aquellas semanas que pasé con ella entendí lo que me había querido decir. Rodeada de decenas de niños, niñas y adolescentes, viajamos a Bom Jesus das Selvas, una población de unos treinta mil habitantes en la que vivían algunos de los terratenientes más conocidos por emplear mano de obra esclava. Lo hacían, sobre todo, para la tala de árboles gigantes que después carbonizaban para venderlos como combustible. Las siderúrgicas se lo compraban para alimentar los hornos de una producción que estaba destinada, en su práctica totalidad, a la exportación. Bom Jesus era, por tanto, uno de los enclaves en los que había que estar alerta a cualquier señal que pudiera encender las alarmas. Aunque todo el mundo hacía como que toda aquella excitación era solo por los nervios previos al espectáculo.

Al ocaso, Carmina subió al escenario de tablones de madera rodeado de un muro de hormigón: ese era todo el espacio dedicado a la cultura en esa población. Los chavales esperaban, tras un telón negro que ellos mismos habían instalado, nerviosos por representar una obra en la que darían vida, precisamente, a la realidad de sus padres, de sus madres, pero también de quienes habían venido a verlos. Centenares de hombres, mujeres y criaturas, obnubilados todos ellos ante la novedad de los artistas visitantes, sin saber que en unos minutos iban a verse a sí mismos de pequeños, cuando fueron niños de vientres abultados; en ese momento, como adultos hambrientos; en unos años, muertos o asesinados. Tras unos segundos de silencio, Carmina agarró el micrófono como si fuese una hoz y mirando a los ojos, uno a uno, arrancó: «Margarita Alvez, Chico Mendes, Irma Dorothy, padre Josimo, Ezequiel Ramín... Tantos y tantos hombres y mujeres que fueron asesinados porque no creían más que en la vida y en la justicia. Fueron asesinados por eso. Y aquí, donde viven muchos de sus asesinos, hemos venido a gritar que nosotros defendemos la vida». Sus palabras resonaban en las paredes de las casas vecinas y parecía que todo el público contenía la respiración. Sabían que todo aquello podía acabar con un disparo, como había ocurrido antes con otros activistas como los que Carmina había citado en su discurso. Pero el telón se abrió y, como ha hecho el teatro desde sus inicios mejor que ninguna otra disciplina artística, explicó a aquellas personas, en su mayoría analfabetas, que no merecían el desprecio ancestral que llevaban sufriendo desde que eran críos, que no tenía por qué seguir siendo así con sus hijos y nietos, que no nacieron para preguntarse, cada día, si sería mejor morir.

A la mañana siguiente, aún con la resaca emocional que deja el arte cuando nos arranca certezas y siembra dudas sobre nuestra propia vida, Carmina y yo nos sentamos a hablar. Y le pregunté lo que pregunto siempre: ¿por qué? ¿Por qué haces lo que haces? Las preguntas más simples suelen dar pie a las respuestas más interesantes y completas. «¿Que por qué lo hago? Porque yo no entiendo que no haya más gente que lo haga, porque me duele la barriga si no lo hago, porque a mí, aquí, se me han muerto niños de hambre. En Brasil, una de las potencias en el mundo. Aquí, sobre mi pecho. Así que lo que no entiendo es que no todo el mundo esté intentando evitar que ocurra otra vez, que dedique su vida a dejar pasar el tiempo o, peor, a ganar dinero. ¿Que por qué lo hago? Porque quiero estar del lado de los que intentan cambiar las cosas», me soltó, casi sin tomar aire, golpeándose el cuello cuando decía «cuello», y golpeándose el pecho cuando decía «pecho», con esa ansia de hacerse entender que tienen quienes están acostumbrados a hablar con catedráticos y con analfabetos. Y de quienes les hablan y tratan y conciben igual a unos que a otros.

Carmina es medio mujer, medio volcán. De cuerpo recio, sus brazos y piernas estaban musculados por una forma de entender el trabajo que conjugaba la coordinación de la actividad del centro con su mantenimiento físico, no solo del edificio en sí, sino de sus habitantes. Solo una persona con su nervio podía sostener el ánimo de tantas almas mediante la palabra: reconstruir la autoestima quebrada de los chavales, acompañar la búsqueda de justicia de los esclavos liberados, buscarle su sitio a cualquiera que quisiera unirse a la defensa de la vida. Ese era el único requisito para entrar en aquella casa en la que siempre había un trasiego vivaz de personas, cada una con su propia idiosincrasia y muchas preguntas que, en su mayoría, esperaban que les resolviese Carmina. El torrente de su voz grave te daba y te da la bienvenida siempre con la fiereza del rugido de una leona que defiende a sus cachorros. Y sus manos-zarpa de jornalera, que han escrito algunos de los discursos más amorosos que he leído, abrazan como una osezna tan dulce como tosca. En aquel momento no sabía todo esto, que lo iría descubriendo en los siguientes años, pero ya me sentía absolutamente absorbida por su energía, que era regazo y empuje. Así que le volví a preguntar: ¿por qué?

«El amor alegra, duele y cansa, pero no se acaba. Entonces es que yo creo en el amor», dijo como masticando las palabras. Y mi cabeza se incendió.

El psicólogo Javier Barbero, que dirigió durante años el Comité Ético del hospital madrileño de La Paz, y que también fue concejal de Seguridad Ciudadana en Madrid, con la corporación Más Madrid de Manuela Carmena, me explicó en su despacho en el consistorio que el amor es un sentimiento, pero también un valor. Llegué a él de la mano de Javier Baeza, cura de la parroquia de San Carlos Borromeo, del barrio obrero madrileño de Entrevías. A través de Baeza he conocido a parte de la red de personas que trabajan a la sombra y como hormiguitas para garantizar humanidad y justicia a quienes la clase política conservadora madrileña pretende quitarles todo, a veces, negándoles el acceso a la sanidad o a un techo, incluso la vida. Barbero es parte de esa tribu de rebeldes que siguen creyendo en el mandato del amor al prójimo que tan bien describió Antonio Machado, citado a su vez por Héctor Abad Faciolince en su bello y amoroso homenaje a su padre *El olvido que seremos* (Alfaguara, 2017).

«Se ignora que el valor es virtud de los inermes, de los pacíficos —nunca de los matones—, y que a última hora las guerras las ganan siempre los hombres de paz, nunca los jaleadores de la guerra. Solo es valiente quien puede permitirse el lujo de la animalidad que se llama amor al prójimo, y que es lo específicamente humano».

Aparcar las obligaciones para entregarse a la conversación es uno de los actos más valiosos, puesto que supone reconocer el interés y respeto por el parecer del otro y la aspiración de construir nuevos significados y pareceres de forma conjunta. Y por eso, precisamente, son las buenas conversaciones las que ocupan buena parte de nuestros mejores recuerdos, como esta en la que Barbero y yo concluimos que el amor, como valor ético, supone el mejor engarce con la realidad porque está por encima de discursos ideológicos: actuar movido por el amor al otro es la forma más poderosa de sustentar la lucha, la justicia y la dignidad sin caer en el mesianismo ni en el fanatismo que justifica la violencia contra el victimario.

El amor es también una metodología, una guía sobre una forma consciente de estar en el mundo, según la que actuamos, nos relacionamos y construimos con los otros movidos por la ternura, el cuidado, el respeto y el bien común. Una creencia según la que encontramos el gozo y la alegría contribuyendo a crear las condiciones y circunstancias para que también los encuentren los demás. Amar a alguien es querer que sea feliz. Y ser feliz en el bienestar del otro. Eso no puede ser malo jamás.

Me tocó entender el grosor del amor que sentían mi padre y mi madre cuando nos comunicaron que pronto, muy pronto, tendríamos que vivir sin él, sin mi padre. Fue el 23 de diciembre de 2020 y ese día sufrí un dolor-terremoto, cuyas réplicas siguen haciéndome temblar. El amor parental, cuando está, esponja el camino, allana el tránsito. No se hace sentir la mayor parte del tiempo, es solo la mano a la que instintivamente sabes que te puedes agarrar cuando resbalas. El amor de pareja se instala en otro lugar, a menudo entre la garganta y el pecho, y hay momentos de calma en los que se llena, se hincha, y parece que no cabe y que va a salirse por la boca, y dan ganas de apretar mucho a la persona amada y entonces asalta el miedo a que uno de los dos deje de amar, a hacerle sufrir, a que deje de estar. Pero el amor no duele, salvo cuando anuncia que ya no estará más. Entonces no es un dolor metafórico como se pudiera pensar; el amor, cuando se deja caer en forma de desamor, despedida o ausencia, duele físicamente hasta hacer rabiar, en el pecho, la barriga, la espalda; el amor, al experimentarlo como extinción, se transforma inmediatamente en un desgarro físico que hace mantequilla el esqueleto y te deja sin sostén: solo carne dolorida y un grito, un aullido sofocado, un socavón entre el pecho y la garganta, un rugido que a mí tardó días en aflorarme y vaciarme. Fue en el parking del hospital, una tarde antes de subir a la habitación de mi padre, e intentar hacerle reír, y que se riese, estoy segura sin ganas, para contentarme. Los dos haciendo como que no sabíamos, como que en ese mismo instante los dos no queríamos morirnos antes de que él se muriese para evitarnos el dolor de su muerte. A mí me tocó descubrir el amor tan grande que sentían mi padre por mi madre y mi madre por mi padre cuando me dijeron que pronto este se moriría.

* * *

Nunca como hoy hemos estado tan sedientos de amor. Miro a mi alrededor y veo a muchos de mis amigos y amigas con unas ganas terribles de encontrar a la persona a la que deseen amar. Muchos tienen trabajos que les satisfacen, una red familiar y de amistades en la que se sienten valorados y queridos, pero cuando han empezado a rondarles los cuarenta años han empezado a sentir que no les bastaba. Unos desean una pareja; otros, ser madres o padres; algunos, todo a la vez. La cantante Christina Rosenvinge, en su tema dedicado a la muerte, «Souvenir», canta: «Quiero vivir siempre. ¡Tengo tanto amor que dar!». Y se desgañita con un grito que pareciera condensar una angustia que los confinamientos por el coronavirus dejaron al descubierto: que muchas personas, cuando se vieron encerradas solas en sus casas, sin el ritmo incesante de actividades que les impedía parar y pensar, se sintieron turbadas por el absurdo de poderse morir en cualquier instante sin tener a quien amar.

Según datos del instituto de investigación Advancing Technology for Humanity, un 40 por ciento de las parejas heterosexuales y el 60 por ciento de las homosexuales de Estados Unidos se conocen a través de plataformas digitales. En España, en 2020, un 5 por ciento de las mujeres y un 9 por ciento de los hombres tenía al menos una de ellas descargada en su móvil. Estamos hablando de 1.185.000 mujeres y 2.133.000 hombres aproximadamente, la mayoría menores de veinticinco años. Es el país donde más se recurre a estas plataformas para ligar. Según la compañía Smartme Analytics, durante el confinamiento, Tinder creció un 94 por ciento entre los menores de treinta y cinco años. La mayoría de mis amigos han pasado de emplear esta plataforma para divertirse y conocer gente con la que mantener relaciones sexuales esporádicas a esperar que, entre algunos de esos *matches*, esté la persona con las que les apetezca despertarse, si no todos, bastantes días. Y aunque a muchos de ellos les cueste creer que sea posible, y sean más que conscientes de todas las trampas y falacias que sostienen el mito del amor romántico, en el horizonte sigue flotando la aspiración de tener una historia parecida a la de Paloma y Gustavo.

El 26 de marzo de 2020, trece días después de que se decretase el estado de alarma en España y de que se aprobase el confinamiento generalizado, Paloma Recio y Gustavo Tardón decidieron que ya no podían esperar más. Bajaron en el ascensor, cruzaron la calle y se despidieron. En unas horas, Paloma estaría en coma inducido y Gustavo pasaría los siguientes veintiséis días mirando por la ventana de su casa al edificio de enfrente, el hospital de la Princesa de Madrid.

«Yo es que cuando veo a Gustavo me emociono muchísimas veces. Para mí es una persona única y, aunque somos muy distintos, ese amor, los deseos sexuales, perduran en nosotros. Yo es que estoy ilusionada con él», me explica Paloma sentada junto a Gustavo en un sofá de terciopelo morado. Tras ellos, un ventanal enorme con vistas al edificio del que ella estuvo a punto de salir sin vida.

En las paredes del salón, personas en blanco y negro nos sonríen desde distintos escenarios a distintas edades. En Nueva York, en Roma, en Madrid, ellos dos solos, juntos y por separado, con un bebé que va creciendo hasta convertirse en su hija adulta, Bárbara, amigos y familiares siempre alrededor. Sobre la puerta de dos hojas de madera que da al comedor, la pantalla que cada noche desenrollan para ver películas con el proyector. En las estanterías, muchos de los libros que ambos han leído durante una vida compartida y que ella emplea en las clases de escritura que imparte en las bibliotecas y librerías de la capital. También muchas de las cintas que él ha grabado a lo largo de su carrera como periodista en Telemadrid, la televisión autonómica de donde fue despedido por un ERE declarado ilegal en los tribunales. Eran los tiempos de la presidenta Esperanza Aguirre, que convirtió la arbitrariedad, el nepotismo y la corrupción en los rasgos distintivos de su Gobierno, como evidencia que más de una decena de sus altos cargos hayan sido condenados por malversación, tráfico de influencia o financiación ilegal, entre otros delitos. Gustavo era un apasionado periodista, que se vio desechado en el momento de madurez profesional por quienes no entienden de servicios públicos ni del derecho a la información ni de vidas, solo de codicia y expolio. Pero nada de todo esto tiene importancia ya para Gustavo y Paloma, que siguen ahí sentados, en medio de la sala en la que son felices leyendo, conversando y viendo películas, pero en la que desde marzo de 2020 los acompaña un monstruo gigante e invisible: el miedo que no se separa de ellos desde aquella noche en que Paloma llamó por teléfono a Gustavo para decirle que tenía COVID, neumonía en ambos pulmones, que le tenían que inducir el coma y que se moría. Porque ella pensaba que se moría, sus médicos sabían que había muchas probabilidades de que así fuese, solo hacía unas horas que se habían despedido en la entrada de urgencias y Gustavo prefiere preservar para su intimidad lo que se dijeron en ese momento.

Esta mujer de larga melena castaña y este hombre de voz suave se conocieron cuando ella tenía quince años y él, veinte. Gustavo pensaba que Paloma era mayor de edad; ella, que nunca tendrían nada. Dos años después se casaron y tuvieron a su hija. Y se hablan con tanto amor y tanto respeto que dan ganas de callarse y limitarse a escuchar y observar cómo se disculpan si se interrumpen, cómo se preguntan si le parece bien al otro si entran en tal cuestión o cómo se cogen de la mano cuando prefieren guardarla para su privacidad. Ese universo que solo han explorado ellos y que tiene el tamaño de medio siglo de complicidad.

«Cuando empecé a volver en mí, veinte días después de entrar en coma, pensaba que me moría, que aquello que me estaba pasando era la muerte y me moría de la pena. Todo lo que pensaba era en lo que me había quedado por organizar: si se acordarían de echar mis cenizas en la playa gallega a la que vamos siempre, si le darían este anillo que era de mi padre a mi sobrino... Pero, sobre todo, en cómo estarían él y mi hija, si habrían enfermado», recuerda Paloma que, como le ocurre a Gustavo, dedica más tiempo a alabar el trabajo del personal sanitario, de las limpiadoras, de las celadoras, que a lo que ellos vivieron. «De repente, una mujer (que luego averigüé que era la anestesista Carmen Vallejo) me dijo: "Vamos bonita, despiértate". ¡Y me di cuenta de que estaba viva! Ella me decía: "No sabes lo que estoy aprendiendo contigo", y yo pensaba: "Pues si está aprendiendo conmigo es porque no sabe". Pero, claro, aun así, yo quería vivir, pero no podía abrir los ojos, ni moverme. Hasta que al día siguiente lo hice y me los encontré a todos a mi alrededor, cariñosísimos». Paloma irradia amor cuando recuerda aquellos momentos el «amor por la humanidad» que Hannah Arendt identificaba como la política. En su necesidad de agradecer continuamente el trato afectuoso que recibió de las limpiadoras que hicieron una colecta para comprar cepillos y champú seco para desenredarle la melena durante la hospitalización, o de las enfermeras que la animaban cada vez que pasaban por su lado, hay un compromiso cívico que va más allá de su ideología feminista y de izquierdas: tiene que ver con la forma de reconocer la humanidad en los demás y la relación tan íntima que se establece cuando alguien repara en nosotros y nosotras, y nos trata como un individuo absolutamente irrepetible.

En su ensayo *El eco de los disparos* (Galaxia Gutenberg, 2017), la escritora Edurne Portela alcanza una conclusión sin la que yo, tras conocerla, no podría entender nada, ni como periodista ni como ciudadana: que ningún análisis sobre una realidad, especialmente aquellas atravesadas por las violencias y el conflicto, está completo si no contempla, aborda y valora el papel que juegan los afectos. A su vuelta de Estados Unidos, donde pasó trece años trabajando en la Universidad de Lehigh, en Pensilvania, la escritora vasca se sumergió en su memoria para entender el impacto que tuvo en ella y en su pueblo la violencia de la banda terrorista ETA y del Estado español, a través de sus fuerzas y cuerpos de seguridad y de los GAL. Y descubre, entrelazando sus vivencias con sus rigurosos conocimientos teóricos, que nada de lo ocurrido se puede entender sin abordar los lazos familiares, las lealtades por la sangre y la amistad, en definitiva, los afectos.

Gran parte de quienes somos, de lo que nos define y constituye es por quiénes daríamos la cara y por quiénes no, quiénes nos importan y quiénes consideramos que no son «nuestro problema». Las sociedades fuertes, inclusivas y con menos brechas de desigualdades son las que política y socialmente engloban el bienestar de grandes sectores de su población como parte de su mandato y responsabilidad. «Todo el progreso moral consiste en ampliar el perímetro de quienes consideramos que nos incumben y en articular las obligaciones respecto de los más próximos con los deberes que nos vinculan a los más lejanos. Los deberes hacia nuestros semejantes no deberían impedir la hospitalidad hacia los extraños; el afecto por lo propio es compatible con una tensión cosmopolita [...]. Los seres humanos tenemos que aprender a vivir en medio de causalidades no lineales, fenómenos emergentes, efectos cascada, reverberaciones y contagios», escribía el filósofo Daniel Innerarity en un artículo titulado «Deberes lejanos», publicado en *El País* en 2020. La Declaración Universal de los Derechos Humanos, y todos los tratados internacionales que se han suscrito desde su aprobación en 1948, es uno de los grandes pasos civilizatorios precisamente por ello. Porque estableció como parte de los consensos contemporáneos que el destino de todas las personas es responsabilidad de todos. Aceptar que, por ejemplo, las víctimas de guerras civiles como las que han asolado países tan lejanos como Sudán, Ruanda o Myanmar nos incumben, no solo por nuestra responsabilidad como potencias coloniales y expoliadoras, sino por un mandato humanístico y cívico, es la versión actualizada del mítico proverbio «Soy un hombre, nada humano me es ajeno», atribuido a Publio Terencio Africano en 165 a. C. Cierto es que nuestros gobiernos siguen sin cumplir con ese compromiso, entre otras razones, porque sus poblaciones no se lo exigen, pero solo el hecho de que pueda ser exigido desde el estricto cumplimiento de los acuerdos suscritos es uno de los grandes avances que deberíamos blindar, convirtiéndolo en un motivo de orgullo y esperanza colectivos.

Pero esta defensa de la fraternidad global no puede plantearse solo como deber ni obligación, sino también como un rasgo de virtud, una fuente para el goce y, fundamentalmente, una herramienta para facilitar la convivencia. Uno de los motivos lo explica así el escritor José Ovejero: «No creo en el altruismo, no creo en la generosidad, no creo en la solidaridad como bases estables y permanentes. Creo que son momentos del ser humano, existen, pero no son duraderos. Necesitas unas bases que tengan que ver con el interés. La política se construye también con intereses comunes». Y para alcanzar objetivos que trascienden lo individual, Ovejero defiende la cooperación como la vía más eficaz. Y eso es también el civismo, el respeto por las normas que favorecen la convivencia, algo que, según me explican muchas personas que trabajan en empleos de atención al público, se ha visto muy mermado en los últimos años, especialmente a raíz de la pandemia.

«Estar aquí se está convirtiendo en insoportable», me dijo el dependiente y dueño del asador de pollos que hay en la esquina de mi calle. Pese a los más de cuarenta grados que había en la pequeña estancia caldeada por los hornos y las freidoras, este rubio treintañero se mantenía siempre perfectamente peinado y con una frase agradable y personalizada para cada cliente. Su agotamiento no estaba causado por las condiciones físicas de su trabajo, sino por las crecientes agresividad y mala educación de las que se sentía víctima. «El cambio con la pandemia ha sido como cuando despega un avión: en picado y de cero a cien en un minuto. Es como si ya no les importase lo que puedan pensar los demás: van a lo suyo, interrumpen, no respetan el turno, insultan...». Le entra una llamada por el pinganillo que lleva siempre en una oreja para poder apuntar los pedidos mientras trincha, empaqueta, entrega, cobra. Responde y continúa: «Se han vuelto malas personas. Mi mujer es médica y mis hermanas son enfermeras. Tienen que llamar a la policía porque las intentan agredir». El muchacho vive en Málaga, una de las ciudades con más turismo de España, de las más pacíficas del mundo y envuelta en el imaginario popular en la simpatía con la que se asocia Andalucía. «La gente va a pedirles ansiolíticos y antidepresivos a urgencias. A urgencias. Estamos muy mal», concluye, antes de tener que cortar la conversación para atender al siguiente cliente.

※ ※ ※

Cuando viví en Francia, entre 2004 y 2005, me enfrenté a absurdas y numerosas barreras burocráticas para realizar gestiones tan básicas como alquilar una casa, abrirme una cuenta bancaria o tener una tarjeta SIM para poder comunicarme por teléfono. Para cualquiera de estas «hazañas», necesitaba haber conseguido, al menos, una de las otras dos, lo cual convirtió mis primeras semanas en Lyon en un aprendizaje acelerado de la yincana endiablada a la que se enfrenta cualquier persona migrante. Con una diferencia fundamental: yo era ciudadana de un país de la Unión Europea, tenía una familia con recursos económicos para respaldarme y siempre me podía volver a España a seguir estudiando en mi universidad. Los obstáculos que yo decidí afrontar como una experiencia y un aprendizaje son para millones de personas extranjeras los mismos que, hoy en día, configuran un entramado de violencia institucional destinado a debilitarlas y hacerlas así más fácilmente explotables.

De aquellos días recuerdo ahora con humor la falta de empatía de la que hacía gala, por ejemplo, la panadera, que me ignoraba cuando le pedía una baguette si no pronunciaba perfectamente todas las consonantes, o el quiosquero, que me hacía repetir «Orange» para recargar semanalmente mi móvil porque no pronunciaba perfectamente las vocales. Pero tengo igualmente vívido el recuerdo de lo agradecida que me sentía por los *bonjour, bon après-midi, merci* y *enchantés* con los que me iba tropezando a lo largo del día. Por supuesto que no hay nada más violento que un «lo siento, gracias» pronunciado con una sonrisa mientras te dan con las puertas en las narices, pero, en circunstancias normales, la amabilidad es una herramienta política de enorme valor. La amabilidad es un reconocimiento de la dignidad del otro, un pararse y tomarse el tiempo para decirle: te veo, sé que existes y me mereces todo el respeto. La amabilidad es una reivindicación de la dicha de compartir el espacio público con otros ciudadanos y ciudadanas, y, por tanto, es la celebración de la *res publica*, de la esfera pública, de la república. Por eso, para el filósofo Santiago Alba Rico, la amabilidad también es un valor fundamental, porque al pararnos y reconocer al otro estamos reconociendo la «fragilidad radical del mundo», como escribía en un artículo publicado en 2020 en la revista *Ctxt.es*. En el texto, Alba Rico se remonta a los orígenes del derecho moderno, fundado sobre la pregunta de

«¿Qué es lo más justo para todos?» y cómo la inocencia se juzga no por el comportamiento que tenemos en general, sino por «la no culpabilidad de los hechos por los que se le juzga». Me gusta cómo Alba Rico confía en que su lector agradecerá que no dé nada por sentado, que empiece la casa por los cimientos y que, en lugar de impacientarse por su minuciosidad, se deleitará con el camino que emprenden sus ideas. Todo lo contrario de la angustia que lleva aparejada la escritura en el periodismo, que ha de secuestrar la atención del lector y transmitirle la información más importante en el menor espacio y tiempo posibles para evitar el riesgo de que siga su vida sin pararse a conocerla.

Por el contrario, en este artículo titulado «Ser amables», parte del contenido es la forma y su estructura: ser amables es querer comprender, y para comprender hacen falta tiempo y atención, y para ello es imprescindible una actitud de quietud y de escucha activa hacia lo que tienen que contarte. Y esto, dicho así, podría ser tildado de ingenuidad, porque, como sigue exponiendo, «lo más terrible que se puede decir de este mundo es que, a veces, desde la aceptación cínica del propio poder o de la propia impotencia, los humanos llegan a un punto en el que desprecian la inocencia y llaman "ingenuo" al que intenta hacer el menor daño posible e incluso al que pretende introducir algún bien menor en su entorno más cercano». Y la ingenuidad es la que nos permite «crear el mundo cada mañana» a sabiendas de que es imposible. «Si de nuestras vidas se retirasen la belleza, la solidaridad, el cuidado, la cortesía, nos volveríamos malos como un instrumento normalizado de supervivencia». Y eso es lo que están intentando los que han conseguido que extrañemos la hipocresía de aquellos tiempos no tan lejanos en los que, incluso, los seres más deleznables defendían públicamente el bien mientras cometían todo tipo de actos execrables. Ahora se han instalado en la ostentación del «cinismo», una palabra cuyas acepciones recogidas en el Diccionario de la Real Academia Española reproduzco por el temor ya señalado a que, de tanto usarla, hayamos banalizado su corrosividad:

1. *m.* Desvergüenza en el mentir o en la defensa y práctica de acciones o doctrinas vituperables.
2. *m.* Impudencia, obscenidad descarada.
3. *m. Fil.* Doctrina de los cínicos, que expresa desprecio hacia las convenciones sociales y las normas y valores morales.
4. *m. desus.* Afectación de desaseo y grosería.

El cinismo tiene una gran capacidad de expansión porque, al practicarse, se hace pedagogía de la indecencia y porque su objetivo es desterrar la idea y el horizonte del bien como virtud a la que aspirar.

Aristóteles sostenía que el bien es deseable cuando interesa a un solo individuo, pero que es bello y sublime cuando interesa a un pueblo y a un Estado entero. Y ese es el corazón de las tinieblas: el Estado defensor y configurador de la república tiene el deber no solo de velar por el bienestar de su población, sino de brindarle las condiciones y el ambiente para que encuentre la belleza, los dos pilares para que pueda alcanzar momentos de plenitud y felicidad, lo más sublime a lo que se puede aspirar. No solo porque el humanismo debería estar en el corazón de las políticas públicas de las sociedades democráticas, sino también porque este es el estado en el que el ser humano es más proclive a colaborar para que otros y otras estén igualmente bien. En condiciones normales, para empezar a construir ese bienestar social necesitas saber que vas a tener las herramientas para cubrir las necesidades básicas, saberte a salvo tú y tus seres queridos, y cierta confianza en que los hechos previsibles no pondrán en riesgo todo lo anterior. Esto es lo que señalan todos los estudios sobre prosperidad y paz social desde hace décadas.

En 2009, en pleno crac de la economía mundial, los epidemiólogos británicos Richard Wilkinson y Kate Pickett publicaron *Desigualdad* (Turner, 2009), un volumen en el que resumían tres décadas de investigaciones para concluir que la desigualdad era la causa de buena parte de los males psicosociales que afectan a nuestra sociedad y que, aunque se cebe especialmente con los más pobres, afecta a todas las clases sociales. Una década después, publicaron *Igualdad* (Capitán Swing, 2019), en el que abordan sus beneficios. «La mayoría de la gente piensa que la jerarquía social es un reflejo de las diferentes habilidades e imaginan que las personas inteligentes terminarán en la parte superior y la gente estúpida acabará en la parte inferior. Pero a medida que hemos aprendido más sobre la maleabilidad del cerebro, sobre todo en los primeros años de vida, y la forma en que cambia de acuerdo con lo que hacemos, nos hemos dado cuenta de que las diferencias en las habilidades son principalmente un reflejo de dónde estás en la jerarquía y no al revés». Exponen cómo la percepción que tenemos de nuestro estatus influye en nuestro rendimiento y en la valoración que hacemos de nuestra propia valía. Y lo ejemplifican con casos recogidos en sociedades y países muy diversos, como el que se desarrolla en las aulas de un colegio de India. Los niños de distintas castas obtienen los mismos resultados hasta que conocen esa información sobre su estatus: entonces, empiezan a sacar mejores notas en relación con lo alto que estén en la escala social.

Pickett y Wilkinson observan que, en las sociedades más igualitarias, sus individuos no destinan tanta energía a competir entre sí por los recursos, por lo que desarrollan vínculos comunitarios más fuertes y una autoestima más saludable. En ellas, el estrés, la ansiedad y la depresión son menos comunes. Por el contrario, en las más desiguales, sus habitantes tienen peores condiciones físicas, consumen más alcohol y drogas para evadirse de su realidad, y cuentan con menos red social, lo que agrava su aislamiento y soledad. «También el consumismo aumenta con la desigualdad porque refleja la competencia por el estatus. Hay estudios que demuestran que si vives en una sociedad desigual es más probable que gastes tu dinero en productos que reflejen tu estatus como un coche o ropa de marca». En definitiva, son sociedades más infelices y frágiles.

Por supuesto, estamos hablando de igualdad en el bienestar. Por mucho que algunos digan, yo no he encontrado felicidad entre las personas desplazadas por los ataques de los yihadistas en Mozambique ni entre las supervivientes del ébola en Sierra Leona por habitar en aldeas donde la mayoría vivía en la misma absoluta miseria. Las sonrisas que, a veces, despliegan adultos y niños en medio de la adversidad son parte de su patrón cultural de comunicación, en absoluto inconsciencia de su propio miedo, hambre y desesperación ante tanto horror. Tampoco he encontrado mayor felicidad en una sociedad teóricamente más igualitaria como es la cubana.

Aterricé por primera vez en La Habana en octubre de 2005, pocos días antes de que llegase el ciclón Wilma y provocase los peores destrozos por un fenómeno natural que ha sufrido en su historia la ciudad. Fue justo dos meses después de que el huracán Katrina colapsara el sistema de diques de Nueva Orleans, y la ciudad quedase totalmente sumergida bajo las aguas. Más de dos mil personas fallecieron en aquellos días en los que el entonces presidente George Bush Jr. retrasó la intervención del Estado federal hasta que los saqueos se convirtieron en la única manera de conseguir algo que comer y beber. Para entonces, la mayor empresa de mercenarios del mundo, Blackwater, ya había enviado a la séptima ciudad de Estados Unidos a ciento ochenta efectivos para evacuar a las familias más pudientes en helicópteros Puma. Días después, el Gobierno federal contrataría para la gestión de la crisis humanitaria a esta empresa que determinó la política estadounidense en Afganistán a partir del 11S y, especialmente, en la guerra de Irak que inició en 2003. De su experiencia en estas dos invasiones, los paramilitares se trajeron aprendizajes que aplicaron al dedillo en una de las ciudades más pobres, abandonadas y segregadas de Estados Unidos, en la que uno de cada tres de sus habitantes es negro y uno de cada cinco vive por debajo del umbral de la pobreza. No fue hasta que las aguas empezaron a bajar y dejar al descubierto los cadáveres que se descompusieron durante días sin que nadie los recogiese cuando la Administración Bush envió, junto a policías y militares, al que se consideró aquellos años el quinto brazo armado del Ejército de Estados Unidos. Hombres pertrechados con fusiles de asalto con capacidad para disparar cientos de balas en un minuto y pistolas atadas a las piernas, que recorrían la ciudad en jeeps negros deteniendo y enjaulando en una prisión al aire libre, al estilo de Abu Ghraib, a miles de hombres y mujeres que detenían de manera arbitraria y sin ningún tipo de garantía judicial en batidas callejeras. Solo respondían ante sus jefes, comandados por Erik D. Prince, un exmilitar perteneciente a la extrema derecha violenta cristiana de Estados Unidos. Este empresario, fundador de Blackwater, ha sido después uno de los grandes aliados de Donald Trump, quien indultó a cuatro trabajadores suyos, condenados a prisión por la masacre de Nisour. En septiembre de 2007, como quedó demostrado en uno de los juicios más emblemáticos de la justicia estadounidense, estos cuatro mercenarios abrieron fuego de manera indiscriminada en una céntrica rotonda de Bagdad y asesinaron a diecisiete hombres, mujeres y menores, entre ellos a Alí, un niño de nueve años. También hirieron de gravedad a otras veintisiete personas, muchas de las cuales han quedado con secuelas permanentes. En 2017, Blackwater cambió su nombre por el de Xe para desvincularse de su historial criminal en la que muchos de sus trabajadores tienen relaciones con movimientos supremacistas como el Ku Klux Klan o los Patriots. En los días posteriores a las elecciones de 2020, cuando Trump no reconocía la victoria de Biden, miembros de este grupo paramilitar llegaron a afirmar que no descartaban defender con las armas su permanencia en la Casa Blanca. Con esas mismas palabras me lo decían cuando les entrevisté en aquellos días en las manifestaciones que convocaron en Detroit, tras asaltar un centro de recuento de votos. Esta fue la empresa contratada por Bush para gestionar la crisis provocada por el huracán Katrina en Nueva Orleans, y dos meses después yo estaba en Cuba, contando cómo la maquinaria castrista había conseguido que la isla siguiera su vida normal tras el ciclón Wilma gracias a su capacidad de previsión y a la eficacia de sus redes comunitarias.

Tras dos días anunciando la llegada del tornado, las calles de La Habana amanecieron tan inundadas que, en algunas zonas, el agua me llegaba hasta la cintura. Las decenas de miles de turistas que estaban alojados en hoteles afectados por la subida del nivel del mar ya habían sido trasladadas a otros alojamientos del país. La empresa nacional de pan llevaba días produciendo y repartiendo el triple de la ración habitual para evitar desabastecimiento, entre otras medidas.

Cuando el mar recuperó su nivel habitual, que se había incrementado en un metro y medio en el momento en el que el ciclón cruzaba frente a las costas cubanas, La Habana salió a flote mientras las mujeres barrían incansablemente el barro de las calles. Algunas de ellas me siseaban para que me acercara y decirme en voz bajita que estaban hartas, que en ese país no se aguantaba más, que si les podía ayudar con algo de dinero o, directamente, a migrar. Me lo contaban muy rápido, atentas a quienes pudieran estar viéndolas y haciendo como que hablábamos del huracán. De aquel viaje me quedé con la impresión de que el Gobierno de Fidel Castro era bueno gestionando las catástrofes, pero pésimo en la gestión de la vida cotidiana de su gente. Al agotamiento evidente de parte de su población por la escasez y la falta de horizonte en el futuro, se unía lo que más me incomodó: la cantidad de muchachas que pasaban el día con extranjeros a cambio de comida, una cena o de ropa —la prostitución está prohibida en la isla, por lo que la remuneración se hacía en especie—. A mi vuelta me sorprendió la cantidad de personas que cuando contaba los motivos de mi desazón, al contrario que cuando volvía de otros destinos, preferían no escucharlos y se precipitaban, como forma de acallarme, a exponer las razones por las que Estados Unidos, y solo Estados Unidos, tenía la culpa de todo. No querían saber y, lo peor, no querían comprender lo que después escribió magníficamente bien en la web Afroféminas la cubana Sara Tiyá. «¿Nos reíamos? Sí. Y jugábamos al dominó y hasta bailábamos casino. Contábamos chistes durante los apagones. Quemábamos muñecos la noche de San Juan, y hacíamos caldosas comunitarias con más voluntad que proteína para celebrar las fiestas revolucionarias. Por eso los extranjeros se confundían. Ahí estábamos nosotros, bebiendo matarratas y permitiéndonos el lujo de pasarlo bien un rato, y ahí estaban ellos, cámara en mano, inmortalizando el momento y elogiando nuestras paredes de ladrillo visto, como si fueran cuestión de moda y no de falta de presupuesto».

Dieciséis años después, en el verano de 2021, miles de personas salieron a las calles de más de medio centenar de ciudades y pueblos cubanos para gritar en contra de su Gobierno. Fueron las protestas más importantes que había vivido el país desde que triunfó la revolución castrista en 1959, y la violencia policial con la que fueron aplacadas sorprendieron incluso a los más afines al sistema cubano. En Cuba. Porque fuera, las redes sociales se convirtieron en un ring entre dos bandos irreconciliables. Por un lado, quienes aprovecharon estas manifestaciones para impugnar, no ya el Gobierno cubano, sino cualquier política, político o gobierno progresista del mundo. Y, por el otro, aquellos que menospreciaban o, directamente, negaban la veracidad de las razones de los cubanos para protestar y que lo atribuían todo a un nuevo intento de Estados Unidos y de los medios de comunicación «aliados del imperialismo», según ellos, para acabar con el modelo socioeconómico castrista. Cuba se convirtió en el perfecto ejemplo de las cajas de eco en las que se han convertido no solo las redes sociales o buena parte de las tertulias de los medios de comunicación, sino también muchos círculos sociales: parecía imposible intercambiar pareceres sin que alguien se sintiese herido o insultado en la conversación. Magda Bandera, directora de *La Marea*, la revista en la que trabajo, me llamó para decirme que estaba convencida de que debía ir a Cuba para ver qué era lo que estaba pasando en realidad; que eran exactamente este tipo de escenarios —en los que los intereses ajenos a la población abonan la crispación, la manipulación y la polarización— en los que debe fijar su atención el periodismo que atiende a los matices. Me fui hasta allí con el fotoperiodista Ricardo García Vilanova y, tras los cinco días de confinamiento obligatorio, nos encontramos con un país con sus calles vacías por las medidas adoptadas para frenar la pandemia y por la falta de turismo. Los habaneros tenían un miedo atroz a enfermar de coronavirus después de que los contagios diarios hubiesen pasado de doscientos a casi mil en solo un mes, justo el tiempo que había transcurrido desde que el país había reabierto las fronteras a la llegada de turistas. Así que ni los autobuses ni los taxis nos paraban cuando les hacía señales desde la acera, ni nadie se me acercaba para entablar conversación como había sido lo habitual en mi anterior viaje. La única vida que había en las calles eran las colas en las que mujeres y algunos hombres tenían que pasar horas, bajo un sol impío, para recoger los tres kilos de arroz, el medio kilo de pollo o los siete huevos mensuales, entre otros productos a los que tienen derecho, a precios subvencionados, todos los cubanos. El silencio solo se rompía cuando había un malentendido en los turnos, pero rápidamente se acallaban las voces indignadas, temerosas de atraer la atención de los policías —uniformados y de paisano— que lo vigilaban todo, con especial ahínco tras las protestas.

Aquel verano de 2020, los incendios y las inundaciones arrasaban regiones enteras de numerosos países, de Siberia a Italia, de Turquía a Brasil... Las imágenes apocalípticas se sucedían en los cinco continentes, mientras variantes recién descubiertas de coronavirus provocaban nuevas olas de contagios. Y, sorprendentemente, las noticias diarias seguían sin establecer una relación entre ambos fenómenos: la crisis climática ha sido el gran detonante de la pandemia de la COVID-19 y ni aun así parecemos dispuestos a aceptar que los de la parte privilegiada del planeta tenemos que renunciar al estilo de vida del que hemos gozado hasta ahora. Durante el vuelo a La Habana el piloto, entre otras informaciones, nos comunicó que habíamos «quemado cuarenta y nueve toneladas de combustible» en el trayecto. Era la primera vez que escuchaba a un miembro de una tripulación dar este dato y pensé en cómo me cuesta, cada vez más, justificar mis contaminantes viajes a la vez que considero más necesaria que nunca la mirada extranjera en el periodismo. Esa mirada es la que nos permite llegar a los lugares y observarlos desde un estado de extrañamiento e identificar actores, factores y dinámicas que pasan más desapercibidos cuando has nacido en un lugar o llevas mucho tiempo viviendo en él. Se trata del estado de curiosidad al que Arendt quiso dedicarle un libro, ese *amor mundi* que ella interpretaba que era la política, el amor por la vida que practicaba a través del motor de su vida: ese querer comprender. Esta es una de las razones por las que la mayoría de las agencias y medios internacionales intentan rotar a sus corresponsales cada cierto tiempo, porque, como me dijo la periodista francesa Laurence Boutreux: «No puedes contar igual de bien ni con la misma pasión el carnaval de Río de Janeiro a partir de la sexta o séptima vez». El extrañamiento, en su acepción de «ver u oír con admiración o extrañeza algo», es el estado más tentador que conozco y en el que más fácil resulta ser ingenuo en el sentido en el que lo definía Alba Rico: «La ingenuidad no consiste en creer que es posible resolver los problemas del mundo; consiste en creer sencillamente que el mundo es posible. La ingenuidad, por así decirlo, crea el mundo cada mañana: en medio de la complejidad más inextricable, atrapados en una selva hostil cuya radical maldad no podemos cambiar, la ingenuidad cree todavía posible llenar un cántaro de agua, coser un botón, encender de nuevo el fuego, enseñar a un niño matemáticas, curar una herida».

Una ingenuidad que resulta ahora más difícil de conservar que nunca ante la concatenación de noticias lapidarias y el escenario de armagedón que dibujan todos los informes científicos ante la falta de respuesta política al calentamiento del planeta. ¿Qué hacía yo, entonces, en una isla de apenas seis millones de habitantes, donde, mal que bien, tenían comida todos los días, así como educación y sanidad gratuitas? Cuando era más evidente que nunca que el capitalismo y, sobre todo, el neoliberalismo nos habían llevado al colapso, matándonos por millones, yo había decidido intentar entender las razones para protestar de unos diez mil hombres y mujeres que salieron un día a la calle en uno de los pocos países que le habían plantado cara a la nación que más había contribuido a la debacle global: Estados Unidos.

A priori, podía parecer incluso caprichoso poner el foco en una anomalía del sistema: una dictadura socialista que se había perpetuado en el poder durante sesenta años, pese a un embargo comercial y un bloqueo financiero dictado por Estados Unidos que, obsesionado por erradicar el ejemplo díscolo, apenas le deja margen para la supervivencia. Pero Cuba siempre ha representado mucho más que Cuba y el pueblo cubano: al menos, desde que ganó la guerra contra España en 1898, y especialmente a raíz de la victoria de los revolucionarios de Fidel Castro frente a la dictadura de Fulgencio Batista, Cuba se ha convertido en un espejo en el que unos proyectan sus sueños de una alternativa al capitalismo y otros, sus peores pesadillas de vivir bajo un régimen socialista o comunista. Unos y otros desoyen o directamente se niegan a ver el cuadro completo que, como todas las realidades complejas, está lleno de matices y contradicciones incompatibles con verdades categóricas, etiquetas ideológicas y conclusiones cómodas. El «amor por el mundo» arendtiano requiere asumir la incomodidad como estado natural: igual que pasar mucho tiempo sentado en un sofá deforma el cuerpo, la servidumbre ideológica, la sumisión de la capacidad de pensar por uno mismo a credos políticos atrofia el raciocinio. Porque estamos conformados de ideología, tenemos que estar siempre vigilantes para que nos sirva de guía, nunca para que nos deje ciegos. Y Cuba es uno de los mejores exponentes para demostrar que cuando caemos en el maniqueísmo y la polarización, deja de importarnos el objeto de la discusión —en este caso, el pueblo cubano—, porque lo que está en juego es nuestra identidad y, por tanto, ganar y, sobre todo, aplastar al rival. Ya no hablamos, pues, de política, ni de ideología, sino de emociones.

Vivimos en un tiempo de sociedades sobreexcitadas, atenazadas por emociones en su mayoría negativas —el miedo, la indignación, el odio, el resentimiento, el agravio...— que los algoritmos de internet acentúan y que favorecen el voto a partidos populistas e involucionistas. Para desactivar los mecanismos que nos llevan a actuar a la contra, desde el enfurruñamiento o el ansia de revancha, necesitamos rebajar los niveles de intoxicación que inoculamos de pasiones básicas. Para ello es fundamental volver a consumir un periodismo que distinga escrupulosamente la información de la opinión. Y es más, destinar menos tiempo a leer columnas de personas que dicen muy bien lo que ya pensamos y leer más a quienes piensan y escriben bien lo que rechazamos.

Por eso la idea de ir a Cuba y convertirme en trillo que separa la información de la opinión me estimuló tanto. Después supe que trillo en Cuba y en muchos otros países latinoamericanos significa «senda formada comúnmente por el tránsito». Es decir, la vereda abierta por las pisadas de los caminantes, exactamente, la función del periodismo: abrir nuevos caminos a la comprensión de una situación que, en la mayoría de las ocasiones, lleva repitiéndose toda la historia de la humanidad y que ya antes ha sido narrada por distintos y magníficos cronistas.

En el caso de Cuba, resultaba fácil salirse del discurso conservador en el que la situación del país era exclusivamente resultado del modelo político, al que sus detractores y defensores definían como comunista y los economistas, incluso los más leales al sistema castrista, ateniéndose a los hechos, ni siquiera podían encajar en el socialismo, puesto que conjugaba la economía de mercado con la nacionalización de buena parte de sus sectores básicos. Pero no resulta tan fácil cartografiarlo desde posiciones progresistas, en las que se ha instalado una especie de acuerdo tácito por el que se pide autocensura e indulgencia. Todo para no verbalizar lo que todo el mundo sabe: que está gobernada por un partido único y que, por tanto, desde el punto de vista liberal, Cuba es una dictadura. Desde el punto de vista socialista, se trata de una democracia porque los representantes de la Asamblea Nacional, encargados de nombrar a los miembros del Gobierno, son elegidos mediante sufragio universal.

Decir esto no debería generar rechazo ni hostilidad entre ningún lector o lectora hacia quien lo escribe porque son hechos, no valoraciones. Y sin embargo, hay quien entrevé en esas palabras afinidad con el modelo socialista. Escribir en estos tiempos de anabolizada ideologización del debate público se convierte a menudo en un ejercicio preventivo, en el que no pocas veces dedicamos casi tanto tiempo a decir lo que queremos dejar dicho que a anticiparnos a cómo podrán retorcer nuestras palabras para que digan lo que nunca dijimos o para que rezumen significados que nunca tuvieron.

Pero escribir y describir es también preguntar, y quien lee debería hacerlo buscando respuestas. Y cuando describo la pobreza y la desigualdad intolerables que encontré en La Habana, encuentro entre parte de los lectores y lectoras una indignación que no despiertan mis crónicas de la miseria en Estados Unidos. Y viceversa. Hay quienes celebran que escriba sobra la falta de agua potable en ciudades estadounidenses y me acusa de imperialista por hacerlo en Cuba. Conseguir que la incoherencia y la indecencia de usar a los otros para sus respectivas batallas dialécticas vuelva a ser motivo de vergüenza y censura debería ser una de las prioridades pedagógicas de la opinión publicada.

De hecho, si había algo que unía a todos los cubanos y cubanas que entrevisté —partidarios y contrarios a las protestas— era su rechazo a quienes los instrumentalizan desde el extranjero. A quienes se solidarizan con sus carencias sin importarles las de sus vecinos para sacar rédito político, pero especialmente a quienes les exigen que renuncien a su legítima aspiración de una vida mejor para convertirse en mártires de su causa, que estos defienden en países donde sí tienen derecho a la manifestación.

Por ello, no resulta banal recordar que cualquier aspiración, individual o colectiva, que se sustente en el sacrificio está condenada al fracaso. No solo porque la inmensa mayoría no somos mártires, sino porque, además, no debemos querer serlo. Todo lo contrario: para construir comunidades cohesionadas y respetuosas, es fundamental que los estados favorezcan la virtud de sus ciudadanos, que promulguen como lo legítimo y respetable la amabilidad, el civismo y el respeto por la pluralidad de ideas. Porque, de lo contrario, como defendía Simone Weil, «La naturaleza está hecha de tal manera que en todos —a excepción de los que se encuentran en estado de perfección— las inclinaciones hacia el bien puro son para la atención estimulantes bastante débiles». Por eso es tan importante desacralizar el bien, quitarle el tinte de pureza inalcanzable y de sacrificio mesiánico que impusieron las morales religiosas y los activistas quijotescos. Hay que convertir en referentes a personas como Luis Acebal, Carmen Bascarán o Paloma Recio, que hacen bien a quienes están a su alrededor, de manera cotidiana y anónima, con la alegría envolvente de la heterodoxia. Hombres y mujeres en los que se puede ver el grosor de determinadas vidas, del que un día me habló Bru Rovira. Este periodista vive en ese estado de asombrado enamoramiento por la vida que es, en esencia, la curiosidad, cualidad inherente al humanista; una voracidad por el conocer y comprender tamizada por la melancólica decepción pesimista propia de los que siguen creyendo en las utopías. La vida solo puede saberte a poco cada día cuando sabes que es la más bella y única oportunidad de todo.

En una conversación telefónica, me habló del libro que leía en ese momento: *Otra vida por vivir*, de Theodor Kallifatides (Galaxia Gutenberg, 2019). El escritor griego, que siempre había escrito en sueco, la lengua del país al que migró en su juventud, no encontraba las palabras. En busca del hilo del que tirar, decidió viajar con su mujer, en pleno hundimiento económico de Grecia, a su isla natal del Peloponeso. Para describir estas memorias, Bru dijo: «Leyendo a este hombre de más de ochenta años te das cuenta del grosor de algunas vidas». Aquella palabra no necesitaba ser resucitada: de inmediato, me arrojó la visión de una nueva unidad de medida desde la que evaluar lo más valioso. El propio Kallifatides lo explicaba así en una entrevista con el periodista de *El Mundo* Antonio Lucas: «Albert Camus nos advirtió que la libertad se construye desde la bondad, y eso es lo que hoy no tenemos. En Lesbos vi a centenares de griegos desbordados por las oleadas de inmigrantes volcados en ayudar, abriendo sus casas a los que llegaban a las costas. Entonces comprendí que solo la gente pobre se vuelca en verdad en la ayuda de sus semejantes, pues ellos conocen bien la intemperie».

La intemperie versus la bondad. El grosor. Los semejantes. Hay en todas estas palabras el poder terapéutico, la capacidad poética, de hilvanar el bien común y lo que me parece más revolucionario, los buenos tratos.

Muchos hemos pasado nuestra infancia observando cómo las parejas de adultos destinaban gran parte de su tiempo y energías a despreciarse, a verbalizar el desafecto, obligándonos a los que los rodeábamos a ser testigos de sus malos tratos y, consecuentemente, al daño que inflige sentirse cómplice de situaciones injustas. Matrimonios que, por tradición, por miedo o por falta de recursos, no se separaban, educando a los niños y niñas que había a su alrededor en la percepción de que la vida en pareja era una puerta segura a la infelicidad. Es lógico, por tanto, que una de las principales instituciones que ha caído derribada con la modernidad líquida haya sido el matrimonio y, sobre todo, las relaciones afectivas a largo plazo. Hacer uso del derecho a la separación, a la ruptura, al resetear todas las veces que hiciera falta nuestra vida de pareja se presentaba como el comodín inagotable para el acceso a la renovación de la felicidad. No lo sabíamos, pero crecimos queriendo, intuitivamente, zambullirnos en los amores líquidos sin parar; creyendo que las opciones serían infinitas y que lo divertido sería gastarlas sin ver el final.

La paradoja, como analizó Bauman en sus libros, es que no solo uno o una está tentado de sopesar a cada instante si esa persona, ese tipo de relación, ese contrato es el mejor al que se puede aspirar siguiendo la lógica del mercado. Sino que esa persona a la que supuestamente amamos está, del mismo modo, comparándonos con el resto de la «oferta del mercado» en términos de costes-beneficios. Y esto, como apuntaba el filósofo, resulta insoportable para la estabilidad emocional de cada uno de los individuos y absolutamente desestabilizador para la pareja en sí.

Cualquier adulto con una mínima formación sabe que lo que necesita un niño o una niña desde el punto de vista de la crianza es saberse querido, cuidado y protegido de manera incondicional. Cuando esto ocurre, suelen jugar tranquilos en el parque con otros críos porque saben que sus progenitores siempre estarán ahí cuando levanten la mirada para encontrarlos. Por el contrario, los que albergan dudas, se sienten inseguros y dependientes, los buscarán continuamente con la mirada y temerán alejarse de ellos.

Esto, que tenemos claro en relación con los menores, nos cuesta mucho más entenderlo y aceptarlo en las relaciones de pareja. Aspirar a esa tranquilidad de amar y sentirnos amados, de manera que esa relación sea una fuente de bienestar y fortaleza para desarrollar otros proyectos, de manera conjunta o individual.

Bauman argumenta que el neoliberalismo ha conseguido convertir el compromiso, que no es otra cosa que la promesa de lealtad, en una traba para la consecución de la plenitud, que mayoritariamente se entiende como el infinito consumo de experiencias y cuerpos. Esta fragmentación y disolución de las instituciones erigidas por la modernidad sin que hayamos construido otras que las sustituyan dejan al individuo en una «inédita soledad». Llama la atención la obsesión de este filósofo por abrir nuevos surcos en las facetas más cotidianas, vivenciales y corpóreas de la existencia. Cuando él dice que hay una minoría que aumenta su riqueza diluyendo lo sólido, convirtiendo a las personas en sustituibles, sobrantes, desperdicios a los que cada vez les cuesta más volver a subirse a la rueda de la disponibilidad, pienso en esos amigos y amigas que se cansaron de mostrar su perfil más favorecedor en Tinder, de exponer su ingenio y su inteligencia en las citas con desconocidos, de preguntarse en los días siguientes qué hicieron o dijeron mal para provocar no que la otra persona les manifestase su falta de interés —lo que implicaría una acción, tenerlos en consideración—, sino, directamente, su silencio, su desaparición.

Y este era, exactamente, el origen de este capítulo. Cuando esbocé los miedos que determinan nuestra vida privada y pública, erróneamente pensé que nuestra sociedad adolece de un miedo al amor, a lo que yo entiendo por amor: una entrega confiada y serena a la existencia en comunión con los otros. Pero cuanto más leía, entrevistaba y reflexionaba sobre esta cuestión, más convencida estaba de que era absolutamente lo contrario: nunca como hoy estuvimos tan sedientos por entender cómo y a quién amar, y lo que yo identificaba como miedo al amor era en realidad miedo a lo que nos deja su ausencia: miedo a la «inédita soledad» de la que hablaba Bauman.

El día que murió el cantante Aute escribí en su memoria un penoso poema que terminaba diciendo: «la soledad es el absurdo de no tener a quien amar». Era 4 de abril de 2020 y en aquellos días me dedicaba a conocer a personas que vivían en las calles de Barcelona y Málaga mientras buena parte de la población mundial vivía confinada. Una de ellas fue Joana, a la que lo único que le había cambiado la pandemia es que durante unos días no tuvo cómo comunicarse con el mundo ni saber qué estaba ocurriendo.

Joana tiene cuarenta y cinco años, es danesa y, desde hace cinco, vive en una tienda de campaña, rodeada de árboles, y estos, de grandes almacenes en un parque comercial de la Costa del Sol. Me pidió que no especificase su ubicación por miedo a que el dueño del terreno la eche, a que las autoridades se empeñen en desalojarla o a que alguien pueda ir a atacarla. Joana adora pintarse las uñas y tiene una bolsa llena de decenas de tarros de esmalte. El cabello pelirrojo y su piel de textura y color melocotón le dan un aire aniñado e inofensivo y, sin embargo, su autosuficiencia e imperturbabilidad evocan una cierta animalidad salvaje. Decidió quedarse a vivir en España tras recorrerla en bicicleta con un amigo. Trabajaba de asistente en una guardería en Copenhague y, sencillamente, no volvió. Cuando se le acabaron los ahorros cambió las pensiones por la calle, donde conoció a un chico húngaro con el que se mudó a una casetilla de la instalación eléctrica que encontraron en este terreno. Una noche salió ardiendo y, desde entonces, cada uno tiene su tienda de campaña. Él pasa la mitad del año trabajando como jornalero en el norte de España, periodo en el que ella se queda completamente sola. Dice no echar de menos nada: cargaba su tableta en una gran tienda de muebles y durante los meses de confinamiento en los que estuvo cerrada, consiguió que le dejaran hacerlo en una gasolinera. Se traslada en bicicleta, consigue lo básico gracias a un dinero que le ingresan desde su país, y cuida su entorno como si fuese su jardín. No transmite un ápice de renuncia ni de derrota, afirma sentirse plena y lo único que le preocupaba en aquellas semanas era que, de romperse la tienda, no podría comprar otra porque en los supermercados no la consideraban un bien de primera necesidad. Por fortuna, el equipo del Ayuntamiento de Málaga encargado de apoyar a las personas sin hogar le explican en el momento de nuestro encuentro que, de darse el caso, ellos le conseguirían otra nueva. Tras ver el respeto, la humanidad y el buen hacer que sus profesionales, Paco y Nordin, despliegan en su trabajo día tras día, estoy segura de que lo habrían hecho de ser necesario. Y por cómo recibió la promesa Joana, resultaba evidente que tenía razones para confiar en ellos.

La confianza es esperanza firme en alguien o algo: la confianza de una ciudadana, pobre y extranjera, en unos trabajadores de la Administración —uno de ellos extranjero de un país pobre— es una razón para la confianza en el sistema democrático y de esperanza por los valores republicanos. *Liberté, egalité, fraternité* son ellos tres conversando en este lugar en medio de la nada, con alguien que apenas nadie sabe que existe ni, mucho menos, que reside aquí. Garantizar la dignidad de los invisibles es lo contrario del politiqueo y la mejor versión de la gran política.

Comienza a chispear, ella se vuelve a su tienda y nosotros a casa, mientras miles de ancianos seguían muriendo atrapados en las residencias españolas. Hay que recordar que en regiones como la Comunidad de Madrid se les impidió huir de aquellos edificios convertidos en ratoneras, se les negó el derecho más básico, a luchar por su vida, y el deber más primordial de cualquier profesional de la medicina, que luchasen por ella; y, en muchos casos, se los condenó a la agonía de la asfixia y del dolor por la falta de tratamientos paliativos, sin ni siquiera el consuelo de saberse acompañados por sus seres queridos. Sus responsables podrían ser juzgados por lo que, según todas las definiciones del derecho internacional, constituiría un delito de tortura, con el agravante de la discriminación por razón de edad. Resulta difícil no concluir que vivimos un gerontocidio cuya responsabilidad deberíamos llevar sobre nuestra conciencia como sociedad, pero, sobre todo, tendríamos que exigir que se dirima en los tribunales para combatir tamaña impunidad. Algunos de los líderes políticos que negaron la atención médica más básica en las residencias, como la presidenta madrileña Isabel Díaz Ayuso, no solo han renovado sus mandatos en las urnas, sino que se jactan públicamente de su gestión criminal. El daño infligido a nuestra ética pública es de dimensiones incalculables: si representantes públicos elegidos en las urnas pueden dejar morir a miles de sus representados como si fuesen cucarachas,

¿qué nivel de depravación ha de tener su siguiente acción para que despierte indignación y rabia?

Llevamos años asistiendo a una aceleración de la determinación de los dirigentes europeos para derribar horizontes éticos. Cuando, en 2010, Nicolas Sarkozy ordenó deportar a centenares de niños, mujeres y hombres rumanos de etnia gitana, la imagen de los trenes llenos de familias partiendo de Francia hirió de muerte la carta fundacional de la Unión Europea. El paralelismo con los trenes nazis rumbo a los campos de concentración era insoportable para la conciencia de un continente que hacía sesenta años se había destruido hasta el alma. Me acuerdo de haberme preguntado qué tendrían que hacer nuestros dirigentes a partir de entonces para superar tamaña exhibición de vileza y seguir dañando nuestra conciencia colectiva. No tuvimos que esperar mucho: la guerra que libra la UE contra las personas migrantes nos ha regalado numerosas oportunidades para constatar su creativa malignidad y su impúdico cinismo. Para la posteridad ha quedado la instantánea de los 298 ataúdes en el hangar del aeropuerto de la isla italiana de Lampedusa en 2013. Un barco con unos quinientos migrantes procedentes de Libia había naufragado frente a sus costas después de que algunos de sus ocupantes encendieran una hoguera en la cubierta para pedir auxilio. Cuando los altos cargos de Bruselas visitaron la isla apenas propusieron algo más que un funeral de Estado para los fallecidos, mientras los ciento cincuenta supervivientes eran acusados de inmigración ilegal.

Pero la muerte por COVID de casi treinta mil personas en las residencias españolas de ancianos ha sido un desgarrador recordatorio de que, en el concepto de los otros, contra quienes algunos consideran que todo vale, cada vez caben más colectivos de los que, hasta hace no tanto, consideraban parte del nosotros.

Cuando en los primeros meses de la pandemia comencé a visitar residencias de personas mayores descubrí la peor de las versiones de la palabra soledad. Recorría los pasillos vestida con el traje de protección y me sentía lo que parecía: una astronauta recién aterrizada en otro planeta, uno muy lúgubre, triste y despiadado. Avanzaba como si estuviera en un plano secuencia de una *road movie* en la que las puertas abiertas me permitían atisbar el mundo que albergaba cada habitación. Personas tumbadas en la cama o sentadas en un sillón, mirando al infinito, con la aparente única ocupación de esperar su muerte. Una de estas mujeres, mientras voluntarios de la ONG Proactiva le hacían una PCR, nos preguntó si el hombre de la habitación de enfrente seguía vivo. «Me he pasado días escuchando sus lamentos, y desde ayer no se escucha nada». Llevaban semanas sin poder salir de sus habitaciones para evitar los contagios: el virus ya había entrado en el asilo, iban tres muertos y las trabajadoras estaban casi tan aterradas como las internas. Subiendo unas escaleras, al final de un pasillo precintado, una mujer caminaba desorientada en pañales. Eran los peores días para estar en uno de los peores sitios de las sociedades ricas: hombres y mujeres que, tras una vida de trabajo, crianza y sacrificios, de satisfacciones, alegrías, celebraciones y besos, no se tenían ahora más que a sí mismos, su desesperanza y silencio. Encerrados en habitaciones de apenas unos cuatro o cinco metros cuadrados, con las paredes cubiertas de fotografías con hijos y nietos sonrientes, sus camas perfectamente hechas y el televisor permanente encendido, pensaba en lo rápido que se había normalizado tanta crueldad contra las personas ancianas. La mayoría de ellas son recluidas en estos edificios de manera forzada, aunque no lo verbalicen. Querrían estar en su casa, morir en su cama, como lo hicieron sus padres y madres. «Si no se hubiese acabado con la ley de dependencia, muchas de estas muertes se habrían evitado», me dijo Pepe García-Gala, experto en gestión sanitaria, cuando le llamé al principio de la pandemia para conocer su opinión sobre lo que estaba ocurriendo.

La ley de dependencia, aprobada por el Gobierno de José Luis Rodríguez Zapatero en 2006, garantizaba el derecho de todos los ciudadanos y ciudadanas a recibir atención por parte del Estado cuando no pudieran valerse por sí mismos, ya fuese por enfermedad, accidente o vejez. De no haber sido vaciada de presupuesto por la crisis que comenzó en 2008, las personas mayores que así lo hubiesen deseado podrían haberse quedado en sus casas con personas que las habrían cuidado de manera remunerada. Así se rompía, además, con la condena a todas esas mujeres, hijas, madres y esposas que se veían empujadas a asumir esas tareas de manera gratuita por no tener recursos suficientes para contratar a otros cuidadores.

Pero el estallido de la burbuja financiera arrasó también con esa norma, destinada a consolidar en España el estado del bienestar. Porque los cuidados no pueden ser una obligación para quien los da ni un favor para quien los recibe. Así que, ante la falta de políticas públicas garantistas, y como en todo el norte global donde las sociedades están cada vez más envejecidas, los fondos de inversión se apresuraron a ofertar lo que la Administración estaba pidiendo subcontratar: techo, cama y brazos para limpiar, tumbar, levantar, alimentar, socorrer, curar... a quienes ya no pueden hacerlo por sí solos. Desde entonces, el lucrativo negocio de los geriátricos no ha parado de crecer. En 2001, solo en España, tenían unas 240.000 plazas; en 2018, ya eran unas 381.000. Y aun así, según los estándares de la Organización Mundial de la Salud, faltarían unas 70.000 para cubrir con las necesidades de personas en situación de dependencia.

Vivimos en un mundo en el que pocas industrias crecen más que la del encierro. Además de las prisiones para adultos y menores, cada vez son más los centros destinados a aislar personas que no han cometido ningún delito, solo existir: centros de detención de personas migrantes, refugiadas, de menores desamparados, de personas ancianas, dependientes, con enfermedades psicológicas... No-espacios a los que son expulsados para que no sean visibles, para que su sola visión no se convierta en una carga o en una distracción para su clase productiva. Y lo más preocupante es la rapidez con la que se ha instaurado la idea de que, ante la falta de autonomía de las personas ancianas y la imposibilidad de ofrecer las atenciones que merecen y necesitan, el retiro sea la única salida. Así sea en unas condiciones de precariedad indignas para países como España, que pese a todo se encuentra entre los veinte más ricos del mundo.

La pandemia nos ha obligado a mirar de frente la relación supremacista que nuestras sociedades han adoptado hacia la vejez. Como sostiene Theodor Kallifatides, «el viejo ya no es un ciudadano más, Europa ha hecho de la vejez una enfermedad». Algo que, como él mismo añadió, «es brutal». Seguimos sin querer asumir las dimensiones de ese sentimiento de culpabilidad que ha caído sobre nuestra conciencia porque hay algo que nos da tanto miedo como la vejez: la insoportable soledad que vislumbramos al imaginar la muerte de las treinta mil personas que, según cifras oficiales, han muerto por COVID-19 en las residencias en España.

«Pensar que mis hijos, nietos y bisnietos no pudieran despedirse de mí, que no pudiera verlos una última vez, que no pudiesen ir a mi entierro...». Conocí a Pepita Serra Grau, noventa y tres años, y a Carmen Lecha Badía, noventa y cuatro, un día soleado de mayo de 2020. Desde su bonita residencia privada de Mataró podíamos ver el mar. La sala estaba perfumada por un ramito de rosas rojas que una de las trabajadoras les había cogido del jardín. Oficialmente, llevaban dos meses sin poder salir de la habitación, aunque todas las tardes se escapaban un ratito a tomar el fresco al patio y nadie les decía nada. Con el dinero de sus pensiones y un poquito del de sus ahorros, podían permitirse este pequeño apartamento que compartían en la tercera planta del edificio, destinada a los residentes autónomos y sanos. Recordaban lo rico que les sabía el pan duro mojado en aceite y vinagre durante la guerra y la posguerra, el frío punzante que hacía por las mañanas cuando iban a trabajar a la fábrica con catorce años, lo enamoradas que se casaron de sus esposos, lo que los extrañan desde que murieron... Y también cómo, hacía dos años, tras algunos problemas de salud, decidieron internarse en esta residencia para no condicionar la vida de sus hijas. Me contaron que a lo largo de los últimos años habían vivido varios momentos en los que se habían dado por satisfechas, en los que no encontraban el sentido de seguir viviendo y, en ambos casos, lo habían hallado en el nacimiento de sus nietos y bisnietos, en las nuevas ramas que les iban creciendo a esos árboles genealógicos que enraizaban en sus prolíficos vientres.

¿Qué encontraban en esos nuevos rostros abizcochados que les hiciera recuperar el entusiasmo? Habían vivido el enamoramiento de sus hijos cuando los habían alumbrado, amamantado, llevado de la mano a la escuela; habían sufrido el socavón en las entrañas de la primera pelea, del día que se marcharon de casa, de las llamadas protocolarias cada vez más espaciadas. Habían recibido a sus nietos con la dicha de las segundas oportunidades, con la determinación de disfrutar de los juegos y las risas que no pudieron permitirse cuando la crianza era un trabajo y con la resignación de saber que, según fuesen creciendo, esas miradas de adoración en llamas con las que las rejuvenecían también irían centrando su atención en otras personas desconocidas para ellas. Al principio, las envidiarían; después, les agradecerían que les hubieran dado bisnietos.

La ingenuidad de la que hablaba Alba Rico, por la que sentimos que podemos crear el mundo cada mañana, es más factible cuando se reconstruye desde la flamante mirada de un niño al que deseamos una vida hermosa como adulto. Pero cada vez hay menos niños y niñas en nuestra vida, y cada vez nos sentimos más insatisfactoriamente solos. No porque las personas rodeadas de criaturas sean más felices, como desmienten todas las investigaciones, sino porque especialmente las mujeres hemos sido educadas para esperar alcanzar la plenitud en la compañía de nuestra descendencia. Y cualquiera que atienda a la historia de la humanidad comprenderá que no hay especulación ni promesa más incierta. Por eso me sorprendió especialmente la pregunta con la que le contestó una madre a su hija veinteañera cuando le contó que no tenía intenciones de reproducirse. «¿Te vas a quedar solita?», le dijo, a lo que, durante unos segundos, la muchacha no supo qué decir. Al final, balbuceó frases inconexas como que no estaba sola, que tenía amigos, que la tenía a ella... Sentí ternura por la joven, pensé que se había contenido, que habría sido fácil que, como es habitual entre madres e hijas, hubiese respondido a la defensiva, con una frase boomerang tipo «¿Acaso no estás sola tú teniendo hijos?», u otra menos agresiva pero igualmente hiriente como «¿Acaso no estamos solos todos?». No había maldad en la pregunta materna, solo afán de protección y una de las grandes preocupaciones que determinan el devenir de nuestra sociedad, la soledad, y la exposición de la vía más recurrente para combatirla, la crianza.

La familia, como institución alrededor de la que se articulaba toda la sociedad, no ha dejado de perder peso desde la década los sesenta. Procesos como la legalización del divorcio, la incorporación de la mujer al mercado laboral, la generalización de las jornadas laborales de ocho horas y el día de descanso, y el creciente laicismo restaron determinismo a la familia en la que nos había tocado nacer. Se diversificaron la posibilidad de los afectos a las amistades, parientes lejanos y nuevas familias con estructuras más amplias, diversas y que podían cambiar a lo largo del tiempo. Efectivamente, la contrapartida de esta complejización del mapa de las relaciones humanas es una mayor liquidez y fragilidad en algunos casos, pero también una mayor libertad para elegir a las compañías.

No obstante, los populistas de extrema derecha han hecho de la familia tradicional un estandarte de su catálogo *vintage* de elementos que recuperar de un pasado supuestamente mejor. Basta recordar que es la misma derecha que siempre ha votado contra los avances sociales que después ha disfrutado, desde el sufragio universal y femenino, al derecho al divorcio y al aborto, entre muchos otros. En cualquier caso, son coherentes en su defensa de la familia como institución vertebradora de la sociedad dado que es la principal reproductora de las clases sociales a través de la herencia. También es el primer espacio de disciplinamiento para asumir la jerarquía por razón de género y edad que articula el resto de la comunidad. Las mujeres y las niñas siguen siendo las perdedoras en buena parte de los hogares, como marca la tradición. Además, estos grupos ultraderechistas se nutren del odio contra los movimientos feministas y LGTBIQ+, a los que les debemos en gran medida los logros en el terreno de las violencias intrafamiliares contra las mujeres, los niños y las niñas. La familia puede ser un espacio muy violento, sórdido y, sobre todo, impune.

Más llamativa es la tentación que siente parte de los populistas de izquierdas por la familia, así sea en versión *indie*, como antídoto frente a la incertidumbre. Unas izquierdas que, ante la complejidad de diseñar medidas que nos permitan ser optimistas con respecto al futuro, también se repliegan en la nostalgia de un pasado en el que las familias se convierten en uno de los bienes máximos que hay que proteger. Solo así se explica que siga siendo la unidad de medida para las políticas sociales: el ingreso mínimo vital (IVM), aprobado para aliviar a los más castigados por la pandemia, se estima por la media de ingresos familiares, y la declaración de la renta premia a las parejas casadas. Por el contrario, la economía feminista recomienda recuperar el horizonte de garantizar la autonomía al individuo para que pueda actuar y decidir en libertad.

Con todo, es difícil escapar de la idealización de la familia cuando, como hemos visto durante la última década, se ha convertido en uno de los pocos garantes de la subsistencia para millones de personas. Que las pensiones de los ancianos y ancianas que construyeron la democracia en este país se convirtieran en una especie de cartilla de racionamiento para sus hijos y nietos es quizá uno de los signos más evidentes del fracaso de la economía de los países del sur de Europa. Ante el abandono estatal, muchas familias se han sentido a la deriva, ellas contra el mundo. Salvo excepciones, se acabó la solidaridad de la clase obrera, los sindicatos, las huelgas indefinidas. La asturiana Anita Sirgo, una de las promotoras de la gran huelga a la que se enfrentó la dictadura franquista en 1962, me contó que si consiguieron resistir dos meses sin que sus maridos bajasen a la mina fue gracias a las tiendas de sus pueblos, que les fiaron todo lo que compraron durante aquel tiempo. Y así ocurrió en buena parte del país, donde otros gremios se fueron sumando al paro hasta sumar más de trescientos mil trabajadores que exigían derechos laborales al dictador. Y en lugar de juzgarlos por rebelión, como fue su primera intención, tuvo que ceder y aprobar una subida de los salarios. La soledad no la vence solo la compañía de la familia, la solidaridad crea un sentimiento de comunidad en el que cada persona se siente reconocida en su individualidad y fortalecida por los logros que serían imposibles sin la unión con las demás.

Pero en lugar de recuperar este legado de la lucha obrera y actualizarlo, de ahondar en su vocación internacionalista, cosmopolita, laicista y que antepone los afectos elegidos con los de sangre, hay cierta izquierda neoconservadora que se lame las heridas regodeándose en el costumbrismo, los nacionalismos, las tradiciones y el valor supremo de la familia. Un giro que supone optar por el terrible refrán de «mejor lo malo conocido que lo bueno por conocer», o su versión católica «virgencita, virgencita, que me quede como estoy». La idea humanista en la que la vida ideal era aquella que se aventuraba a explorar el mundo, guiada por la confianza en el extraño, aspirando a ser el extranjero que viaja encontrando hospitalidad, ha quedado desterrada para la mayoría de la población que se ha vuelto temerosa ante la sobreexposición a información que presenta el mundo como un lugar peligroso y hostil. Es lógico, por tanto, que asistamos a una apetencia por el retorno al concepto de aldea, donde todo el mundo se conoce, la vida es predecible desde la niñez y la estructura en la que se desarrollará buena parte de nuestra existencia es la familia. Hay una abdicación en pos de la seguridad en la que, intuyo, también se busca la garantía de la compañía, una huida de la posibilidad de la soledad.

La soledad se ha convertido en una de las grandes plagas de nuestro tiempo si atendemos a las investigaciones que se publican al respecto y a la atención que empiezan a prestarle gobiernos como el de Reino Unido, Japón o Suecia, que tienen ministerios dedicados a combatirla y atender a quienes la sufren. Los tres países se decidieron a encararla cuando se hizo evidente su consecuencia más extrema: el aumento de los suicidios, especialmente entre las personas mayores de sesenta y cinco años.

El problema de la soledad no es estar solo físicamente, sino sentir que no le importas a nadie o a casi nadie. Eso es lo que provoca un efecto tan devastador en la autoestima y en la salud mental que puede desembocar en enfermedades físicas. «Me gusta estar sola, me gusta leer, pasear, ver películas... Ese no es el problema. El problema es que pasen los días sin que nadie me mande un mensaje o me llame, es decir, que durante días no exista para nadie, que nadie piense que le gustaría escuchar mi voz o estar conmigo», me explicaba Carmen, la madre de una amiga colombiana, que se sabía querida por sus hijas, pero, también, prescindible. Habíamos recalado en su casa buscando un abrigo para mí. Como siempre, el frío punzante de Bogotá me había vuelto a sorprender y, a los efectos del mal de altura, se sumó la dificultad para entrar en calor con el plumífero de entretiempo con el que llegué. La madre me ofreció una infusión de coca, me sentó a la mesa a comer una sopa con pollo, aguacate y limón, y antes de salir por la puerta me abotonó un abrigo de su época hippy. Nunca he querido tener hijos, pero siempre he querido tener la oportunidad de ser madre para otros, o lo que yo, como hija, he sentido como los más bellos signos de la maternidad: abrigar y alimentar. Me sigue maravillando ese gesto de subir la cremallera hasta la barbilla, enrollar la bufanda o arropar a un pequeño en la cama antes de dar un beso de buenas noches. O esa otra cualidad que parecieran tener de manera innata la mayoría de las madres de proveer de alimento a sus polluelos. Quizá me atraiga por lo animal que entraña garantizar la supervivencia, como la yegua que guía con el hocico al potrillo para que mame por primera vez o para que arranque a cabalgar. Es parte de ese lenguaje universal de la mayoría de las madres. Da igual si son más comunicativas o introspectivas, más amorosas o secas al trato o, incluso, más amantes o desinteresadas por la cocina: así sea en el guiso más elaborado o en el bocadillo de salchichón con mantequilla, hay un querer maternal que a mí siempre me ha hecho sentir en casa.

Así que fue fácil terminar hablando de maternidad con Carmen, porque era, en realidad, la empresa a la que había dedicado su vida. Esta mujer de pelo corto rubio y ojos azules había educado a sus hijas para que fuesen autónomas y libres, para que tuvieran autoestima y seguridad, y para que no se dejasen condicionar por una dependencia hacia nadie. Las había criado diciéndoles que, cuando fuese mayor, si se sentía impedida, se metería por su propio pie en una residencia. Y cuando se divorció de su padre, siguió celebrando con él las Navidades y los cumpleaños para no privarles de su compañía. Y las muchachas habían cumplido con sus expectativas: habían estudiado hasta la universidad, habían viajado y vivido en el extranjero, donde se quedaron dos de ellas. Mi amiga había vuelto después de que le ofreciesen un buen empleo en una ONG internacional, pero seguía viajando mucho, trabajando todas las horas del día, y saliendo a bailar y beber las noches en las que necesitaba sacudirse el dolor. Era una especie de pátina que se le iba quedando pegada al cuerpo durante las entrevistas con víctimas de la guerra. Cuando llegaban los fines de semana terminaba tirada en el sofá y viendo series con las que no pensar. Así que raramente visitaba a su madre, no porque no la quisiera, sino porque arrastraba un cansancio lleno de penas ajenas que su cuerpo sentía como propias. Pensaba que no era justo mostrarse así a su madre, sino que debía hacer acopio de energía y desplegar ante ella una alegría contagiosa, subirle el ánimo, hacer que se sintiera orgullosa, acabar con su soledad, borrar su sentimiento de culpabilidad. Así que se sentía exhausta tras cada visita. Y triste. Por eso, cada vez iba menos y se sentía peor. Todo eso me lo había contado en el trayecto a la casa familiar, por eso sentí una punzada cuando, poco después de llegar, su madre le recriminó lo poco que la visitaba. Lo hizo con tiento, pero aprovechando mi presencia para obligarla a que la escuchara. Nos convirtió en el público cautivo de un reproche que se quedó flotando en la estancia, sin obtener respuesta.

Etimológicamente, la soledad es «la vivencia de sentirse solo, sintiendo la ausencia de otros y anhelando su presencia compartida». Y eso es lo que sentía esta mujer que acababa de cumplir los setenta años, según me contestó cuando le pregunté cómo estaba. «Sola —me dijo antes de sonreír para amortiguar la hondura y el eco de la palabra—. A veces me arrepiento de haber criado a mis hijas para ser tan independientes», añadió con tono de estar bromeando, pero sin ocultar que había un poso de verdad en sus palabras.

Frente a lo que algunos sostienen, no hay oposición entre la soledad y la solitud, ese goce de estar a solas con uno mismo, nuestros pensamientos e intereses. Se puede disfrutar de la solitud y sufrir la soledad, la terrible creencia de que nadie quiere compartir su tiempo contigo. Por eso me sorprendió tanto la afirmación de la madre que le preguntó a su hija si se iba a quedar «solita» por no tener hijos.

Queremos a nuestros padres y madres, sabemos que difícilmente vamos a tener con alguien una relación más larga y, sin embargo, eso no significa que queramos pasar más tiempo con ellos que con otras personas que van apareciendo y desapareciendo de nuestra vida. Construirse y vivir una vida propia es, necesariamente, egoísta. Solo así podemos sobrellevar el distanciamiento de nuestros progenitores y la certeza de que se sienten desatendidos por nosotros. Pero la soledad no es exclusiva de las personas mayores.

En 2018, la BBC realizó una encuesta online a cincuenta mil personas de todo el mundo sobre la soledad. Los resultados contradijeron la presunción inicial de que las personas mayores de setenta y cinco años serían las más afectadas: el 27 por ciento declaró sentirse así, frente a un 40 por ciento de los menores de veinticuatro años.

La soledad es un juicio contra uno mismo en el que todas las voces de la acusación se repiten, en bucle, en un soliloquio alimentado por la propia imaginación. No somos conscientes de la inagotable fuente de maltrato que puede ser una mente hasta que descubrimos la cantidad de odio que podemos verter contra nosotros mismos. La soledad, cuando se vuelve patológica y una fuente de sufrimiento, no responsabiliza a otros de nuestro malestar, sino que se enroca en el sentimiento de culpabilidad por habernos convertido en un ser indeseable o prescindible para los demás.

Y tener esta percepción de nosotros mismos cuando estamos decidiendo nuestro lugar en el mundo deriva, cada vez más, en el deseo de dejar de vivir. En la última década, el suicidio entre los adolescentes y jóvenes menores de veintiocho años ha crecido un 30 por ciento en España, una tendencia similar a la de los países de nuestro entorno. Y se suicidan porque quieren dejar de padecer tanta pena y desesperanza.

«Me sentía muy culpable por estar tan triste cuando no había sufrido ninguna gran desgracia: no había vivido una migración traumática, ni me habían violado, ni había sufrido violencia. Al contrario, tenía una buena familia que se preocupaba por mí. Si no me suicidé fue porque no quería hacer sufrir a mis padres y a mi abuela, porque sé que les importo».

Conocí a María cuando tenía diecinueve años y lo único que supe de ella entonces es que era extremadamente dulce, que nos hacía llorar cuando cantaba en las clases de canto a las que ambas asistíamos y que no terminaba de sentirse a gusto en la carrera que había elegido, Historia del Arte. Yo tenía diez años más que ella, el mismo tiempo que llevaba trabajando en el que había dicho que iba a ser mi oficio cuando tenía seis: de periodista. Era 2012, me dedicaba a cubrir desahucios, manifestaciones de trabajadores que terminaban en enfrentamientos con la policía e historias sobre la pobreza en la que se hundía el sur de Europa. Los días en que coincidíamos pensaba en cómo sería ir a la universidad mientras todo parecía derrumbarse y lidiar con un mundo tan violento siendo una muchacha tan sensible. Su aparente fragilidad me recordaba la expresión que una vez me dijo un amigo para definir la confianza: «Una vez que la copa de cristal se ha roto, nunca podrás arreglarla». Para entonces a María se le había roto la confianza en el mundo, y yo lo descubriría años después, cuando queriendo entender la insondable tristeza que encontraba en, cada vez, más jóvenes me acordé de ella. Pensé que, transcurrido el tiempo, podría ofrecerme claves, sin imaginar jamás que me haría uno de los retratos más certeros de las legítimas razones de la juventud para tener miedo o desinterés por el futuro.

María había empezado a sentirse muy sola a los quince años. Despreciaba su cuerpo, al que consideraba que le sobraban kilos y le faltaban centímetros de altura. Eso le provocaba una falta de autoestima que dificultaba su relación con el resto de los compañeros. Se sentía obligada a seguir estudiando en el conservatorio, mientras le atormentaba tener que elegir tan pronto si querría dedicar el resto de su vida a trabajar en el campo de las ciencias o de las humanidades, porque le gustaban ambas. Y desde que había entrado en la adolescencia solo escuchaba noticias terribles sobre pobreza y corrupción. La bola de ansiedad se fue haciendo día a día más grande en su estómago y más pesada en su espalda. Sus padres veían que cada vez se mostraba más introvertida, pero no imaginaban que, pocos años después, su hijita preciosa, excelente estudiante desde el parvulario, se encerraría durante horas en su cuarto para leer testimonios de otras jóvenes que, como ella, querían suicidarse. Le frenó el amor por ellos y la lógica aristotélica. «Un día leí una frase de esas que aparecen cuando pones suicidio en Google. Decía algo así como que cuando quieres suicidarte, lo que buscas es el alivio de dejar de sufrir. Pero para sentirlo debes estar vivo. Y me molestó mucho porque no lo pude rebatir».

María se había cambiado de carrera dos veces, y había terminado estudiando Antropología a distancia, «solo por no defraudar a mis padres», mientras se hacía cortes en los brazos buscando mitigar tanto sufrimiento. Había comenzado clavándose las uñas, primero como si fuese uno de esos gatos a los que adora, que hunden sus zarpas, lentamente y con sumo cuidado, sobre la piel de sus dueños como forma de demostrarles su amor. Después empezó a hincarlas hasta cortarse la piel y hacerse sangre. «Era como si mi cuerpo me pidiera que lo agrediese». Y empezó a hacerse cortes con una cuchilla.

La adolescencia es una etapa de extrema fragilidad en la que hemos de tomar numerosas y determinantes decisiones para toda nuestra vida. Es entonces cuando, subidos a esa noria emocional y hormonal, construimos buena parte de nuestra identidad y de nuestra personalidad, siempre en relación con los demás y con el papel que queremos jugar en el mundo. Por eso, en ninguna etapa como en la juventud más temprana la soledad puede quebrarnos tanto, porque ¿cómo dirigirnos a un futuro en el que parecen no querernos? Pero si, además, el contexto es el de total incertidumbre, normalización de la precarización, desesperanza generalizada y una violencia ambiental creciente, ¿cómo no querer dejar de vivir?

En los últimos años, hemos asistido a disturbios protagonizados por jóvenes en buena parte de los países europeos. Los análisis más reaccionarios se limitaban a insultarlos llamándolos violentos o, incluso, niñatos consentidos, y a negar la posibilidad siquiera de que tuvieran razones para salir a la calle. En España, una de las movilizaciones más desconcertantes fue la que tuvo lugar en 2021 tras el encarcelamiento del rapero Pablo Hasél por sus canciones contra la Corona. Durante días, la ciudad de Barcelona apareció con varias de sus calles más céntricas vandalizadas. Prácticamente a la vez, la población andaluza de Linares salió a la calle de forma masiva después de que unos policías le dieran una paliza a un hombre que defendió a su hija de unos insultos sexistas. Esta población de cincuenta y siete mil habitantes tiene el mayor porcentaje de desempleados de España: el 37,5 por ciento de la población, más del 50 por ciento de los menores de veintiocho años. Cuando entrevisté a jóvenes implicados en ambas protestas, lo que me encontré fue el nihilismo más absoluto. No creían en nada porque la vida nunca les había dado razones para pensar que había algo hermoso o ilusionante para ellos. Y ni siquiera creían en ellos mismos porque no habían tenido la posibilidad de demostrar que podían contribuir en algo a mejorar sus condiciones de vida. Para la mayoría era la primera vez que se habían manifestado, y aunque todos negaban haber participado en los destrozos de escaparates o en la quema de contenedores de basura, de haberlo hecho, no transmitían una rabia agresiva, sino más bien una impotencia autodestructiva. Puede ser que lo que veamos de estos chavales esté coloreado por los filtros de TikTok o Instagram, pero sus relatos están opacados por la falta de salida.

«Los jóvenes ya saben lo que hay. Lo que nosotras descubríamos en la veintena, ellos lo saben desde los diez o doce años», me dijo Xana Villa, una medioambientalista formada en Estados Unidos, que reside en Medellín y que teletrabaja para una consultora británica dedicada a reducir la huella ecológica de empresas e instituciones. Allí colabora como analista de datos con una ONG dedicada a perseguir los crímenes de Estado y del paramilitarismo. «Yo me di cuenta de que nada tenía sentido en el primer año de universidad, cuando aprendes tanto de tantísimas cosas y, de repente, descubres que llevamos ochenta años dándole vueltas, sin éxito, a la misma mierda: cómo acabar con tanta injusticia. Recuerdo que me derrumbé y me pasé ocho horas llorando delante de mis padres», me explica, ya en su cuarentena, sentada en una terraza de Barcelona, después de contarle mi desazón por encontrar tanto dolor en gente tan joven.

Es difícil encontrar enganche con la vida cuando pasas, al menos, ocho horas al día dedicada a contrastar el nivel de devastación del planeta y la aceleración de sus consecuencias. Aún desconocemos cómo está afectando a la población más joven la información más catastrófica sobre la emergencia climática, esa ecoansiedad de la que empieza a hablarse y cuyas consecuencias no estamos midiendo. Por eso le pregunto a Xana por qué, tras esa primera depresión, termina trabajando en la crisis más destructiva que vive el planeta. «Al final, decides que lo único que puedes hacer es trabajar contra ello. Aunque tu aportación sea insignificante, es lo único que se puede hacer».

Frente a la posibilidad que hemos tenido muchos de combatir la sensación de impotencia trabajando, de una u otra manera, contra las causas del malestar, muchos jóvenes nacidos a partir de los 2000 no han tenido la oportunidad de sentirse con capacidad de decisión sobre su propia vida. Una realidad que también ha afectado a muchos de sus padres y madres a través de las múltiples y variadas consecuencias de esta última crisis, haciendo la convivencia más difícil y conflictiva. Crecer en esta olla a presión es una de las razones por las que el suicidio se ha convertido en una de las tres principales causas de muerte entre los menores de treinta años en España. Es, por tanto, una de las tres principales causas de muerte de este sector de población en España. Y el suicidio es la manifestación más extrema de todo tipo de autolesiones, que representan el 25 por ciento de los ingresos de urgencias psiquiátricas pediátricas en España: además de los cortes, las crisis de ansiedad, las intoxicaciones por sobreingesta de medicamentos y bebidas energéticas, las prácticas sexuales de riesgo... Y según la Asociación Española de Pediatría, aún no podemos conocer el impacto que ha tenido la pandemia y el confinamiento en su salud mental. Pero sí que se han duplicado los casos de anorexia y bulimia, y que las conductas suicidas han crecido un 27 por ciento solo en 2020.

La pedagoga Cristina Antuña, especializada en terapia familiar sistémica, lleva años trabajando con familias cuyos hijos e hijas no están correctamente cuidados, por lo que la Administración las supervisa para saber si ha de retirarles la custodia. En la práctica, eso significa ingresarlos en centros de menores. Muchos de estos críos y adolescentes se autolesionan y tienen pensamientos suicidas, según ella, a menudo «por su necesidad de sentirse vistos y sentidos por las familias». Conozco a Cristina desde hace quince años, hemos trabajado juntas haciendo documentales juveniles sobre derechos humanos en distintos países y es de esas personas que, estén donde estén, adoptan el rol de matriarca cuidadora. Junto con su pareja, el fotoperiodista Álex Zapico, son familia acogedora de una niña y dos niños. Uno de ellos pudo volver con su madre gracias al trabajo que esta hizo para recuperar su custodia, pero igualmente el pequeño sigue pasando parte de sus vacaciones con ellos.

Por todo ello, Cristina conoce bien las dificultades psicosociales que arrastran buena parte de los progenitores de los menores que terminan bajo la tutela de la Administración, y como ella misma explica, no es porque no los quieran, sino porque sus propias necesidades afectivas, emocionales, sociales, económicas y educativas les impiden identificar las de los menores. «Muchos de ellos no saben cómo cuidar porque no fueron bien cuidados y terminan reproduciendo sus carencias en sus descendientes. Y, en realidad, lo fundamental que necesitan estos chicos y chicas, en sus palabras, es acompañamiento, seguridad y el refugio afectivo de sus cuidadores», explica a todo aquel que quiera escucharla.

Hasta ahora, evitábamos hablar del suicidio en los medios de comunicación porque existía la creencia de que hacerlo podía provocar un efecto de imitación. La sospecha hundía sus raíces en el fenómeno que provocó en el siglo XVIII la novela de Goethe *Las penas del joven Werther*. Las crónicas de entonces sostuvieron que numerosos jóvenes lectores se suicidaron como lo hacía su protagonista, incluso disfrazándose de él.

Sin embargo, cada vez son más los expertos y expertas que recomiendan romper con este tabú y abordarlo en los medios, dando voz especialmente a personas que hayan superado depresiones que les hacían valorar el suicidio para recordar a quienes estén sopesando esa opción que se puede salir de ese pozo de angustia. «Cuando estaba tan mal lo hubiese dado todo por escuchar una entrevista como la que me has hecho a mí», me dijo María después de contarnos su experiencia en el programa de la Cadena Ser *A vivir que son dos días*. «Otra de las razones por las que no lo hice es porque leía testimonios de personas que habían pasado por lo que yo estaba viviendo y ahora tenían vidas plenas», añadió. Meses antes, la cantante Zahara se abrió en flor para explicarme en otra entrevista cómo había superado las ideas suicidas que la persiguieron durante su adolescencia. «Lo que me ocurría es que estaban pasando cosas muy gordas de las que no era capaz de hablar, cada vez se acumulaban más. Así que pensaba que, si hacía algo por lo que acabase en urgencias, que no me muriese pero que les hiciese preguntarme qué me había pasado, entonces tendría que ser capaz de hablar, porque ya no iba a poder esconderlo más. Y ese sentimiento es el que tienen muchas personas en la adolescencia», me explicó esta artista capaz de abordar con estilo vanguardista cuestiones como el acoso escolar, el sexismo en la industria, el crecimiento de la extrema derecha, la adicción a la adulación, las dudas en torno a la maternidad y, como en este caso, la depresión en la infancia y los pensamientos suicidas. «Creo que todo mejoraría si a las niñas y a las mujeres se nos dejase de educar en la complacencia», afirmó. Y, efectivamente, el complacer a los demás está detrás de muchas de las depresiones que sufren las mujeres, que sacrifican su bienestar y preferencias para cumplir con las de su entorno hasta que, como le dijo una psicóloga a una amiga, acabas con las reservas de serotonina y no hay otra forma de reactivarlas que mediante el consumo de ansiolíticos y antidepresivos. Eso explica, en parte, que de los dos millones de personas que toman psicofármacos a diario en España —el país con mayor consumo de estas sustancias del mundo— dos tercios sean mujeres. Y que también sean mayoría, en todas las etapas vitales, entre quienes terminan suicidándose. Es lógico que así sea si tenemos en cuenta que vivimos atravesadas por el sistema heteropatriarcal que nos dice a cada paso que nuestra vida, nuestro cuerpo, y nuestros sentimientos e ideas valen menos.

Y es falso, como algunos sostienen, que la soledad solo aflija a los habitantes de las sociedades enriquecidas. La diferencia es que aquí se la puede nombrar como una prioridad porque no tenemos que dedicar buena parte de nuestro tiempo y energías a garantizarnos la supervivencia, como era el caso de Máxima García, el rostro mismo de la soledad.

Para llegar a personas como Máxima García hay que contar con la complicidad de muchas personas, por eso siempre insisto en que el periodismo es un oficio comunitario. En este caso, para entender cómo las mujeres en Guatemala sufren todo tipo de violencias a lo largo de su vida comenzamos por una de las más abyectas: el genocidio contra la población indígena que había tenido lugar durante los treinta años de guerra civil que había sufrido este país. Más de 200.000 personas fueron asesinadas, 45.000 permanecen desaparecidas y el ejército cometió, al menos, 645 matanzas contra los pueblos originarios. Era 2006, hacía una década que se había firmado el Acuerdo de Paz y apenas empezaba a hablarse de la violencia sexual empleada por los soldados contra las mujeres ixiles en la región más abandonada y aislada del país: Baja Verapaz, limítrofe con México.

Hasta la capital de esta región llegué una tarde en coche y, en cuanto entré en la única pensión que había en ese momento en Verapaz, me di de bruces con la mentalidad feminicida que quería retratar. Una niña de apenas doce años que barría la estancia fue la encargada de acompañarme a mi habitación. En aquella ocasión solo me dijo que no saliera a la calle una vez que se empezara a hacer de noche, que era peligroso porque los pandilleros tomaban la ciudad. Días después, tras varias conversaciones, me explicó que se quedaba todas las horas que podía en la fonda porque le daba miedo que su padrastro la violara en su casa. «Mi mamá me ha dicho que si me hace "cosas" se lo diga», me contó cuando le pregunté por ella. Una tarde la acompañé a hacer algunos recados y vi cómo la miraban algunos hombres. En ese contexto, la única salida que tenía María para estar a salvo era casarse con algún muchacho y que, con suerte, no la maltratase.

De eso mismo había huido Manuela Tum cuando tenía unos pocos años más que ella. Manuela llegó a nuestra cita subida a la moto de 125 c.c. con la que se movía por toda la región. Era una de las trabajadoras del Centro de Integración Familiar (CIF), una entidad local que hacía todo lo que tendría que hacer el Estado: impartía clases para niños y adultos, formaba a mujeres como matronas para que asistieran al parto en sus aisladas comunidades y enseñaba un oficio a todo aquel que quisiera con el fin de erradicar tanta miseria. Manuela, me contó, se había quedado embarazada de adolescente de un hombre que la abandonó en cuanto supo de su estado. Así que tuvo que dejar a su criatura con su madre y trabajar como una mula para sacarlo adelante. «Y pese a todo doy gracias a Dios porque no me casé. Todas mis hermanas han sido maltratadas y abusadas sexual, psicológica y físicamente», sentenció.

Tras encadenar durante años trabajos de todo tipo, había llegado al CIF, y seguir su actividad era como ver un montón de clones de Manuela en acción. A ratos, la veía dando clase a un grupo de niñas a las que, además de enseñarles conocimientos teóricos, las animaba a llegar a la universidad; otros, se colocaba detrás de un pequeño dispensario, en el que iba entregando medicamentos a las parteras que habían caminado horas para llegar hasta aquí desde sus aldeas en las montañas; los sábados por la mañana, daba órdenes a las jugadoras del equipo de fútbol femenino al que entrenaba. Vestida con su falda tradicional y una gorra para protegerse del sol, les gritaba: «¡Muchachas, no se arremolinen! ¡Repártanse por el campo!». Reía, gritaba, sufría. *Vivir adrede*, como tituló uno de sus libros Mario Benedetti, era exactamente lo que hacía Manuela. Era un espectáculo de la naturaleza.

Y en medio de todo eso, algunos días los dedicaba a acompañarme para que conociese, de primera mano, a quienes habían sobrevivido al genocidio. Caminábamos durante horas por las veredas de frondosas montañas, ella con su bolso colgado de la frente y apoyado en la espalda, como habían hecho sus descendientes durante siglos. De vez en cuando se paraba en una planicie, en un cafetal o en una ermita y me explicaba cómo los militares habían llevado hasta allí a los hombres, cómo habían encerrado allá a las mujeres, cómo habían cortado trocitos de la oreja, de los dedos, mientras los acusaban de ocultar a los guerrilleros; cómo rajaban los vientres de las mujeres embarazadas, sacaban los fetos y los estrellaban contra las rocas; cómo los habían quemado vivos. Para cuando llegamos a la casa de Máxima García, parecía que habíamos hecho un vía crucis sobre cómo el colonialismo seguía tan vivo como cuando llegaron los hombres de la corona de Castilla. La élite blanca y mestiza había ordenado a sus secuaces cometer los mismos sacrificios humanos y martirios contra los pueblos originarios que llevaban cometiendo los españoles y sus descendientes desde cinco siglos atrás; las mismas masacres que antes cometieron los aztecas, que comían niños y tiraban sus corazones pirámide abajo, o los incas, que explotaban sin piedad a los campesinos, como explica el periodista argentino Martín Caparrós en *Ñamérica* (Literatura Random House, 2021). Las élites solo han dejado de recurrir al exterminio y el terror para conservar su poder cuando la tecnología militar se ha sofisticado lo suficiente para reducir a la irrelevancia las posibilidades de éxito de una rebelión popular. Y aun así, cuando la desesperación y la rabia se vuelven incontenibles, lo inaudito ocurre: como las revueltas árabes, en las que las familias salieron con sus hijos a manifestarse a sabiendas de que los sátrapas no titubearían en la respuesta. Y después, vendrían guerras interminables como la de Siria. O antes, la de aquí, en Guatemala, a la que las oligarquías desangraron durante treinta años para cumplir su propósito: que nada cambiase.

Y así sigue siendo: en medio de un manto de montañas verdes que se pierden en el horizonte, aquí no llegan ni las migajas del desarrollo del siglo XXI. Cuando llegamos a la casa, construida con tablones de madera entre los que se cuela la luz, Máxima amasa una pasta para hacer los jabones que vende en el mercado, junto con los quesos de leche de cabra y los pocos huevos que le sobran después de alimentar a sus nietos e hijos. Cuando nos sonreía, para quitarle gravedad a sus palabras, su mirada se entristecía más aún. Todavía no había cumplido los cuarenta años, un dato que no aporta casi nada en este contexto.

Máxima hablaba poco castellano, pero el suficiente para contar lo que había mantenido oculto durante dos décadas: que una mañana de 1978, una veintena de soldados hicieron cola para violarla. Que cuando acabó el último y la dejaron tirada en la vereda, ella se envolvió de nuevo en su falda y le llevó a su suegro la ración de comida que portaba para él. Lo explica mientras sigue aprisionando su collar de semillas rojas, por donde dice que la agarraron mientras le decían «hija-la-gran-puta» y la trataban «como un animal, como si yo no fuera persona». Que cuando llegó a la aldea descubrió que a su mamá también la habían violado, como a muchas otras mujeres, pero que a ella, además, la habían colgado del techo y ahorcado, y que la había encontrado así, con los brazos en cruz y su vientre abultado por el embarazo avanzado. Que ella también lo estaba y que cuando tuvo a su bebé, nació mal, con la cabeza así, doblada para un lado y abultada, y que murió a los pocos días. Que ella también, «muerta estoy». Que ni entonces ni durante los siguientes veinte años le había contado a nadie lo que le había pasado. Ni siquiera a su marido, porque le daba vergüenza y porque temía ser repudiada por este o por su comunidad como ocurrió con otras supervivientes de la violencia sexual. Que ahora le sigue dando vergüenza contarlo, que por qué le hicieron eso.

Le pregunté a su esposo qué había sentido cuando se había enterado de lo que le habían hecho a su mujer: «Pues sienta mal, pero como no fue hecho, sino que fue la violencia, uno pues se conforma como Dios nos dé, porque así es. Somos carne, somos humanos, tenemos la misma sangre. Nos conformamos», me respondió, sin saber qué responder.

Máxima no sabía situar en el mapa el país del que venía la periodista, pero sí que era donde se estaba intentando juzgar al responsable de que todo ese valle, esa región y buena parte del país estuvieran sembrados de huérfanos, viudas y fosas comunes. «Ojalá haya juicio para Ríos Montt», nos dijo. Finalmente no lo hubo en España, ya que el Gobierno de José Luis Rodríguez Zapatero acabó con la jurisdicción universal que permitía juzgar crímenes de lesa humanidad. Pero gracias al empeño de centenares de mujeres como Máxima García fue condenado por genocidio en su propio país en 2013. Poco después, su multimillonario bufete de abogados consiguió que la sentencia fuese anulada por un supuesto error en el proceso. La ingeniería judicial consiguió perpetuar la impunidad en el plano formal, pero cuando la jueza Yassmin Barrios anunció que estaba «condenado por genocidio» estaba reparando una verdad que ya nadie puede negar.

Por eso, aquel día, las mujeres a las que ni el Estado ni buena parte de los más o menos blancos de su país habían tratado jamás como a seres humanos rompieron a cantar: «Solo queremos ser humanos, comer, reír, enamorarnos, vivir... Vivir la vida, no morirla». La jueza no pudo contener las lágrimas y cuando entonaban la siguiente estrofa con su «queremos luchar», ella les mandó desde el estrado un abrazo. Durante dos meses las había escuchado relatar, en achí, en quiché y en quekchí, las peores atrocidades, cometidas contra sus cuerpos y los de sus seres queridos, con el afán de erradicarlas de la faz de la Tierra. Más de treinta años después, habían bajado de las montañas hasta el corazón del poder político y económico de su país para decirles que ya no les tenían miedo, que no estaban solas y que nunca más iban a consentir que nadie las volviera a intentar convencer de que no eran personas.

4

Miedo a la muerte

Aceptar la muerte. Después de eso, todo es posible.

Albert Camus

Hasta las ocho de la mañana del 23 de enero de 2021 creía firmemente en esta afirmación del periodista y pensador Albert Camus. Llevaba defendiéndola desde muy pequeña, lo que provocaba que muchos de mis compañeros y compañeras de primaria me mirasen como si tuviesen ante sí a una repelente réplica de Miércoles, la siniestra hija de la familia Addams. «No me importaría morirme ahora mismo. Preferiría que no, porque me encanta vivir. Pero si me muero solo me daría pena por lo mal que lo pasaría mi familia. Total, yo no me voy a enterar», les solté alguna vez, imagino que pensando estúpidamente que ese supuesto desapego por la vida me hacía parecer interesante.

Ahora creo que buscaba conjurar lo que estaba viviendo en casa. Mi tío había muerto en un accidente de tráfico cuando, de madrugada, hacía el reparto de la panadería en la que trabajaba. Tenía dieciocho años, yo, dos y medio; mi madre estaba embarazada de mi hermana la mediana, y el único recuerdo que tengo de él es el precipicio que se abrió a nuestros pies con la noticia de su pérdida: abuela, tías, madre gritando y llorando; después, abuela y madre vestidas de negro durante años, su esfuerzo por ocultarnos su pena, la pena sentándose a la mesa en cada uno de los momentos señalados.

Los que hemos crecido con un muerto importante para la familia sabemos que pocos parientes estarán tan presentes ni marcarán tanto su dinámica como ellos. No creo que haya ausencia más presente que un difunto cuya muerte los adultos no terminan de aceptar. Porque murió demasiado joven, por un error médico o como resultado de un asesinato o una desaparición. Son, quizá, las únicas relaciones irrescindibles: hay muertos a los que es imposible dejar atrás.

Sin embargo, como es consustancial al egocentrismo de la infancia y la juventud, crecí pensando que, cuando se hablaba del miedo a la muerte, era a la propia. Te das cuenta de que el verdadero pavor es a la de los demás cuando eres tú quien pierde, por primera vez, a un ser querido, y entonces su muerte te expulsa a ti un poco de la vida: de alguna manera, ya no hay forma de ignorar que comenzó la cuenta atrás.

Mi padre murió el 23 de enero de 2021, dos meses después de que acudiera a varios médicos porque se sentía algo cansado, un mes después de que le diagnosticaran un cáncer de pulmón con metástasis cerebral. Tenía sesenta y nueve años y vivíamos nuestra etapa más hermosa como familia. Si él siguiese vivo, yo seguiría dándole la razón a Camus, pensando que, si tuviese que morirme ahora mismo, estaría bien porque he tenido la vida que he querido y me siento satisfecha con ella. Pero él ya no está y yo no me quiero morir nunca. Vi el espanto en su mirada ante la imposible comprensión de que todo se acababa. Si algo ha hecho su muerte en mí es acentuar mis ansias por vivir como si no existiese la muerte, como si me fuese a morir mañana mismo.

«No hay nada más humano que negar nuestra mortalidad. Si hasta la pandemia vivíamos con un montón de amenazas y seguíamos adelante como si no pasara nada, no creo que la pandemia lo vaya a cambiar. Cuando algo malo sucede, todo el mundo piensa que les ocurre a los demás. Con la COVID-19 es lo mismo: pese a que hemos visto las imágenes de urgencias, a que hemos conocido a gente enferma, es normal que nos neguemos a asumir que va con nosotros». Entrevisté al escritor Bob Pop en julio de 2020. Quería conocer su visión sobre los tres meses que llevábamos de vida pandémica.

Él había dejado de ir a Madrid entre semana para trabajar en el plató del programa *Late motiv,* cuyos monólogos lo habían convertido en uno de los pensadores más conocidos del país. Seguía haciendo sus intervenciones desde su casa en Barcelona, donde vive con su marido, el fotógrafo Mauricio Rétiz. Un virus había transformado radicalmente nuestro mundo y a Bob Pop una enfermedad, la esclerosis múltiple, le había cambiado para siempre la vida a los veinte años, cuando se la diagnosticaron. Para el momento de nuestro encuentro tenía casi cincuenta y llevaba toda su etapa adulta conviviendo con esa incertidumbre de la que ahora se hablaba continuamente. Por los ventanales abiertos de su apartamento entraba el suave murmullo de una ciudad que comenzaba a recuperar la actividad. Dentro, un hogar construido con paredes de libros hasta el techo, en el que Bob sentía que el mundo se había acompasado un poco a su ritmo.

«La pandemia me ha llevado a vivir un presente continuo, estoy plenamente en el ahora y haciendo cada día lo que tengo que hacer. El confinamiento, los rebrotes, la posibilidad de que nos tengamos que volver a confinar... es como si hubiesen introducido una nueva variable en la ecuación de nuestra vida sobre las que ya no tenemos control. Para mí es imposible imaginar el futuro, porque me han dado un elemento nuevo con el que no sé calcular. La pandemia me ha llevado a entender que no puedo analizar las cosas con cierta previsión, ni tener un punto de vista de futuro. Ni siquiera entender el pasado. El hoy es una incertidumbre que yo ya venía experimentando por mi enfermedad y mi estado físico. Ya vivía en esa sensación de estar lo mejor posible ahora. Porque, además, mi enfermedad también tiene eso: pese a que es progresiva, nunca sabes cómo te vas a levantar al día siguiente. Es como si el mundo se hubiese conjurado para estar un poco en sintonía conmigo y como si ambos estuviésemos mirando cómo la vida nos está pasando».

Bob Pop seguía destinando buena parte de su tiempo a sus grandes pasiones: escribir, leer y pensar: «Mi cabeza es mi Play favorita». Echaba de menos poder recibir más visitas en su casa, pero se sabía un privilegiado por poder seguir dedicándose a lo quería. Y aun así, hay una frase que resume este capítulo, quizá el espíritu de este libro. «Hay dos mundos: el de los sanos y el de los enfermos. Y si no estás en el segundo, por mucho que empatices, no lo vas a entender». Estoy convencida de que es imposible comprender en su totalidad aquello que no has vivido.

Muchas de las personas enfermas y mayores con las que conversé en aquellos días sentían una rabia inmensa porque estaban viviendo el confinamiento como un robo del tiempo que, ellos sí lo tenían muy presente, tarde o temprano se acabaría. La enfermedad te hace consciente de tu cuerpo y del tiempo en todo momento. Y te saca de un empujón de la ilusión de la inmortalidad, que es la ilusión de darlo todo por sentado, la más bella y natural. Porque la muerte da miedo. El miedo a la muerte es la resistencia lógica a aceptar que ya no habrá posibilidad de nada nunca más. Por eso pugnamos con la muerte por el tiempo: siempre queremos más tiempo, salvo cuando cada segundo es una lucha contra el sufrimiento y no hay perspectiva de cese del dolor. En esa creencia se basa la efectividad de la tortura y, por eso, la eutanasia es un derecho fundamental: porque su privación nos convierte a todos los miembros de una sociedad en cómplices de este crimen de lesa humanidad.

Pero hay otras formas más sutiles de tortura, sustentadas igualmente en el miedo a la muerte, que emplea cada vez más la antipolítica: aquella que se hace para que nada cambie. Porque la política, la que hace honor a su función más noble, «es la única alternativa digna y democrática de los individuos que sienten la necesidad de adaptar sus instituciones a las nuevas realidades del mundo». Y por eso, «hacer Estado, la consigna de la España republicana del primer tercio del siglo XX, vuelve a ser la tarea de la Europa democrática del siglo XXI», como escribió Luis García Montero en *Inquietudes bárbaras* (Anagrama, 2008).

* * *

El marido aparcó y se quedó unos metros detrás de ella, que avanzaba cabizbaja, con un ramo de flores en las manos. Tras unos segundos dubitativos, lo lanzó al interior del pozo, en el que no hacía ni un año que habían colocado un monolito. En el centro de este valle rodeado de frondosas montañas, que durante siglos habían agujereado hombres y mujeres para sacar carbón, se habían ocultado desde hacía unos sesenta años más de trescientos cuerpos.

«Y salir un día del pueblo un camión con tanta gente, y otro día, otro y otro, y no poder preguntar dónde los llevaron, dónde los echaron. ¿Por qué? Por miedo, por miedo», explica Josefina López, conocida en su entorno como Chefi, cincuenta y seis años, pelo rubio corto, voz entrecortada, la memoria silenciada por décadas taponándole la garganta.

Entre 1937 y 1941, militantes franquistas condujeron hasta este paraje asturiano de Mieres decenas de furgones con mujeres, hombres y niños para arrojarlos a un pozo minero que no se había llegado a inaugurar por el estallido de la guerra. Allí mismo, Florentino González, que era un niño pastor cuando vio cómo descargaban a los represaliados, me contó que lanzaban a los vivos junto a los fusilados. «Recuerdo una mujer que venía en un camión de Urbíes. Les rogaba que no lo hicieran, por favor, que estaba en estado. Yo estaba escondido detrás de estos matorrales y escuché cómo le contestaban que mejor, que así acababan con la semilla de los rojillos que había por aquí».

En las decenas de entrevistas que he realizado sobre la Guerra Civil española, la represión y la dictadura franquistas, y durante las excavaciones de fosas comunes de la Asociación de Recuperación de la Memoria Histórica a las que he asistido, la palabra más pronunciada siempre ha sido «miedo», y la más omitida —porque, sencillamente, se daba por sentada—, era su objeto: a la muerte; a ser asesinados por preguntar por los suyos, por hablar, por hacerse visibles mediante la palabra, sospechosos, ni más ni menos, que por querer saber. Debemos estar alerta ante esa señal: cuando querer saber genera recelos significa que el autoritarismo se está haciendo fuerte en una sociedad.

«Vinieron a buscar a mi tío para declarar en Figaredo. Mi abuelo dijo que no, que donde iba su hijo iba él. Y mi abuela, que donde iban su hijo y su marido iba ella. Y marcharon. Y nunca más volvieron. Mi abuela era la única mujer que iba en el camión. Uno de sus asesinos contó en el pueblo que ella fue la última, que así vio cómo los mataron y todo», me explicó en aquel encuentro casual en el Pozo Fortuna. «Si alguna oportunidad tenemos las familias es ahora, ellos no la tuvieron», continuó temblorosa Josefina, en referencia a la Ley de Memoria Histórica que había anunciado el Gobierno del socialista José Luis Rodríguez Zapatero y que, finalmente, se aprobaría un año después, en 2007.

Nada cambiaría para Josefina, que terminó de quebrarse cuando decidió, como dijo ella, contar «otra anécdota de mi madre». Pero no era una anécdota, era el desgarro que había heredado, la orfandad que tampoco a ella la dejaba descansar. «Cuando murió, me dijo que no le llevase flores al cementerio. Y no las llevé. No las llevé. Porque decía que ella había tenido mucha suerte, que los suyos nunca tuvieron nada. Y que la única pena que se llevaba era esa: el no saber dónde tenía enterrados a sus padres y a su hermano». Más de quince años después, Josefina sigue yendo al Pozo Fortuna de vez en cuando, «como el que va a un destino de peregrinaje. Pensamos que están ahí porque es la fosa más cercana a Peñule», me explica por teléfono. Peñule es la aldea mierense de ciento cincuenta habitantes a la que Josefina retornó cuando se jubiló y donde convive con los descendientes de los asesinos de sus familiares. «Ellos no tienen culpa de lo que hicieron sus parientes, no tengo odio, ni quiero remover nada, solo saber dónde están enterrados». Esta mujer de voz y apariencia dulces que sigue cerrando cada lamento con argumentos de por qué no es malo querer saber dónde están, resume así la diferencia entre los delitos propios de cualquier guerra y los crímenes de lesa humanidad: «Una guerra es una guerra y los que tienen las manos manchadas de sangre son combatientes. Pero ¿y la gente de la calle, los vecinos, las familias que estaban encerrados en sus casas? Ellos fueron los vencedores, sí, pero después nos machacaron y machacaron pero bien».

Cuando Josefina se entera de que por su zona se está exhumando una fosa, enferma: «Me pongo mala de los nervios. Tengo que cuidarme, porque me dio un ictus». Pero esta mujer que reproduce el borramiento que tuvieron que practicar los represaliados para sobrevivir, ese pedir perdón continuamente como si su mera existencia fuese una molestia, ya sabe mucho y, a veces, no puede dejar de pensar en lo que sabe: sabe que el Estado nunca reconoció a su madre y a sus seis hermanas como víctimas de unas ejecuciones extrajudiciales que las dejaron solas en el mundo, con una mano delante y una detrás, «por el mero hecho de pensar distinto. Es como si ahora tú o yo nos matásemos por pensar diferente», repite aún con asombro. Y sabe, porque se lo contaron durante nuestro primer encuentro en aquel 2006, que los niños de la zona evitaban pasar cerca del pozo porque era habitual ver cadáveres flotando.

Somos hijos, hijas, nietos y nietas de niños y niñas arrasados emocionalmente por la guerra, infancias *gore* sobre las que se impuso el incapacitante peso del silencio, adultos traumatizados que, en algunos casos, se convirtieron en adultos agresivos que reprodujeron contra sus familias, especialmente contra las mujeres y los niños, la violencia que atravesaba —silenciosa y cortante— toda la sociedad. Quienes se muestran nostálgicos por el pasado ignoran, olvidan o desprecian la crueldad con la que una minoría estaba legitimada para tratar a la mayoría, compuesta por las mujeres, los menores, las personas del colectivo LGTBIQ+, el pueblo gitano... Que el maltrato animal no solo fuese legal, sino un elemento central de la inmensa mayoría de las festividades públicas es una prueba más del país sádico y primitivo del que venimos. Pero, quizá, la mayor evidencia sea que más de cuarenta años después de que se reinstaurase la democracia siga habiendo, según el Ministerio de Justicia, unas dos mil quinientas fosas comunes repartidas por todo el territorio español, una cifra que podría duplicarse según las asociaciones de memoria histórica. España es el país de la Unión Europea con más desaparecidos: unas ciento treinta mil víctimas de la Guerra Civil y el régimen fascista impuesto por los golpistas. Una tiranía que se perpetuó en el poder mediante el miedo, entre otros, a perder la vida.

A una hora del Pozo Fortuna, en un prado verde eléctrico desde el que se atisba el azul del Cantábrico, Ricardo Prieto contempló, pocos meses después del encuentro con Josefina, cómo a medida que la tierra se abría, y las distintas capas de terreno iban cambiando de color, las siluetas de los restos óseos se definían. A sus casi ochenta años, Ricardo permaneció tres días a pie de fosa, en silencio y sin apenas moverse, apoyando el peso de tan larga espera en un paraguas que cada vez parecía más hundido en el barro. Estoico y sereno, observaba las pinceladas con las que los cuarenta voluntarios y voluntarias de la Asociación de la Memoria Histórica de Asturias traían al mundo de los vivos la osamenta de su padre, del que lo separaron cuando ambos hacían sidra en casa del abuelo. Cuando los jóvenes comenzaron a trasladar los huesos a las cajas de plástico, Ricardo habló: «La de veces que he estado segando ahí enfrente, con el hombre que sacó a mi padre de casa, y no poder decir nada. Había que hacer como que no había pasado nada para que no hicieran lo mismo con nosotros: dos tiros, y al hoyo. Pero sí pasó. A nosotros nos partieron la vida para siempre».

Hasta ahora Ricardo era un paisano —como dicen en *Asturies*— sin ningún rasgo físico que lo distinguiese, a primera vista, del resto de paisanos del mundo. Hasta ahora, cuando pareciera que el pelo canoso, las arrugas y la voz se hubiesen difuminado, y que quien habla a través de esos ojos fuera el *guaje* huérfano que nunca dejó de ser. «Mi madre, días y noches gritando. No dormíamos nadie. Se volvió loca. Los dejaron a medio enterrar y los perros, que andaban buscando qué comer tras la guerra, empezaron a jalarles las piernas. Queríamos enterrarlos clandestinamente, pero nos daba miedo que nos pillaran. Así que mi tía vino, y con tierra y piedras, los tapó. Después, durante toda mi vida, la gente me decía: "Está enterrado tu padre ahí", "Está enterrado ahí". Pero, claro, yo no me atrevía a preguntar, no fueran a decir que para qué me metía yo en esas cosas».

El día en el que lo que una vez fueron abrazos, caricias y refugio fueron recuperados del abandono, Ricardo estaba satisfecho, alegre, triste, enfadado, roto. «Me dicen que es mejor no recordar, pero el futuro está hecho de recuerdos, y yo apenas tengo recuerdos de mi padre, y ya no tengo futuro. ¿Cómo no voy a recordarlo?», continuaba, en ese estado de irrealidad que se genera en cada exhumación, una especie de túnel en el tiempo en el que los familiares vuelven a la edad que tenían en el momento exacto del desgarro. «Cuanto más me dicen que olvide, yo más recuerdo».

Ricardo recuerda que su padre se llamaba Rogelio Prieto Cué, que era hijo de José y Vicenta, que estaba casado con Leonor Rozada Artasánchez, que, además de a él, tenía otros siete hijos, que era peón, socialista, que tenía treinta y cinco años cuando lo fusilaron, junto a otros cuatro vecinos de Celorio, unos falangistas del pueblo. Que fueron enterrados en este *prao* de Turanzas conocido como «Diosa de Pita», que «pita» en asturiano es gallina, y que ni su padre ni los otros cuatro hombres fueron nunca gallinas, que fueron unas personas íntegras y que por eso se las «llevaron», que es el eufemismo que se instauró en la dictadura para omitir todo lo que venía después de detenerlos: la tortura, la ejecución extrajudicial, la desaparición, el borramiento de su nombre de las conversaciones en público, el decreto del olvido.

Unos meses después, cuando las pruebas de ADN confirmaron su identidad, Ricardo avanzaría en un sombrío cortejo con los familiares de los otros cuatro desaparecidos que fueron enterrados en la misma fosa. Cada uno cargando con una caja, ahora metálica. Daba frío pensar en abrazar ese cubo brillante. Durante el periodo transcurrido entre la exhumación y el entierro, tanto ellos como los miembros de la asociación memorialística habían intentado que las instituciones cumplieran, sin éxito, con su deber. Antes de extraer los restos, habían llamado al cuartel de la Guardia Civil y al juzgado más cercanos para informar de que habían encontrado cuerpos humanos, aparentemente asesinados con disparos por las balas que había junto a ellos. Eran las pruebas de un crimen que ni estos funcionarios, ni ningún representante institucional se dignó a visitar, a investigar, a documentar.

Así que los descendientes de los cinco desaparecidos acordaron darles sepultura en el cementerio de Celorio, contra cuyos muros se estrella el oleaje del mar Cantábrico y junto al que fueron fusilados decenas de hombres, mujeres y niños a los que los golpistas consideraban peligrosos demócratas. En la guerra los seres humanos vuelven a su naturaleza primitiva, pero desarrollan una extraordinaria inventiva para el exterminio. En este caso, que sus cuerpos fuesen apareciendo en los días sucesivos por toda la costa era parte de un rito siniestro dirigido a imponer la obediencia.

Pero Ricardo no mira al mar, ni al cura que oficia el sepelio —y que terminará emocionándose—, ni al nicho que permanece con la lápida abierta: el anciano no aparta la mirada de ese cofre que aprieta contra su pecho con todas sus fuerzas, como si volviese a ser aquel niño que no se separaba de su padre, «siempre a su lado jugando, enredando». Rogelio no quería morirse sin volver a abrazarle. «¿Te puedes creer que después nos obligaban a venir a esta playa a hacer instrucción militar? Pero qué instrucción militar si éramos así», y señala por su cintura. Y, muy serio, añade: «Esto es una satisfacción y una alegría... Aunque no sean más que los huesos, estos son los huesos de mi padre». Ricardo moriría pocos años después.

En esta misma playa también hubo quien lo sacrificó todo por la dignidad y la justicia, y quien tras sufrir todos los dolores físicos y emocionales imaginables por defender el mundo que deseaba, descubrió lo que era sentirse vivo cuando, por primera vez, fue abrazado por una mujer a los cuarenta años. Así me lo contó pasados los noventa, sin un ápice de cursilería, con una asepsia notarial que dejaba apartada a un lado cuando recreaba apasionadamente los combates y otras historias de las batallas que protagonizó primero como miliciano y, después, como maqui.

Felipe Matarranz comenzó su militancia comunista antes incluso que su vida laboral, prematura también, a los catorce años, como carpintero. Hijo de minero, cuando empezó la guerra en 1936, él tenía diecinueve años y varios arrestos a sus espaldas por su actividad antifascista. Así que inmediatamente se convirtió en jefe de una de las milicias de Torrelavega. Perdida la guerra, siguió su lucha en la clandestinidad como uno de los maquis más destacados del Partido

Comunista de España. Cuando lo apresaron en 1946, fue torturado durante semanas. «Te colgaban, te daban descargas, tortura, tortura, tortura, perdías el conocimiento, te despertabas, y otra vez», me explicó el Lobo, alias por el que se le conocía, en su casa familiar, mientras me enseñaba las fotos de una vida que se merecía un libro, el que él mismo se encargó de escribir: *Manuscrito de un superviviente.* Pero Matarranz no era un superviviente, ese adjetivo que empieza a desgastarse de tanto usarlo y que reduce al sujeto a una sola etapa o faceta de su vida: la de damnificado o víctima. Matarranz no había sobrevivido, Matarranz arrasó con una vida que exprimió hasta los cien años. Cuando lo conocí, no tuvo problemas en recorrer a pie el pico del Cuera, una sierra paralela a los Picos de Europa en la que había combatido al bando fascista, bajar un acantilado en el que había esperado el barco lleno de armas que el Partido Comunista envió a España desde Francia y que nunca llegó, o emocionarse reviviendo junto a la casa de su madre la de veces que huyó por la ventana cuando los falangistas iban a buscarlo. La de adultos que he visto convertirse en niños cuando hablan de sus padres y madres muertos. Un fenómeno que se manifiesta, sobre todo, entre quienes siguen amando u odiando sin fisuras a sus progenitores. Es como si el amor y el odio nos repatriaran a la infancia indefensa que fuimos. Y a la que desearíamos poder socorrer, arropar y consolar.

Por eso la edad psicológica es una medida radicalmente subjetiva, como insistía en explicarme Matarranz, como si precisamente ese fuese el mejor legado que me podía dejar: él a sus noventa y un años, yo a mis veintitrés. Tras cinco años en prisión, el defensor de la democracia fue puesto en libertad condicional e, inmediatamente, volvió al monte para seguir combatiendo al franquismo. Era 1952, y tenía treinta y cinco años, «viejo ya, muy viejo», me dijo casi susurrando. No se descubrió viejo por todo lo vivido, sino por el agujero negro que se le abrió en el pecho la primera vez que se descubrió enamorado. «Entonces conocí a mi compañera, era lo mejor que he conocido. Como nunca había sido feliz». «Como nunca había sido feliz» es una de las frases que siempre me acompañan. La consciencia del momento exacto de la dicha y la desdicha. Solo Matarranz podía seguir la frase así: «Me escondía la pistola en las bragas porque el momento de hacer de enlace con otros camaradas era el más peligroso. No se habla de las mujeres, y sin las camaradas y las madres no habríamos resistido nada». Cuando le conocí, Matarranz llevaba unos años viviendo en una residencia de ancianos gestionada por monjas en La Franca, una aldea costera limítrofe entre Asturias y Cantabria. Dedicaba sus horas a escribir, leer y a revivir sus recuerdos. Entre ellos, el más trascendente, el estremecimiento que produce el descubrimiento de la ternura: «Nos tumbamos en la cama, ella me pasó su brazo por debajo de mi cuello, puso su mano en mi pecho. Me puse a llorar porque me di cuenta de lo que era la vida y de todo lo que me había perdido».

Matarranz nunca se arrepintió de lo sacrificado, pero sí era muy consciente del valor de todo lo que había entregado. Felipe, Ricardo y Josefina, como cantó Raimon, habían «visto al miedo ser ley para todos». Y cuando llegó la democracia, el Estado no reconoció su deuda con ellos y sus parientes, que la habían defendido con sus vidas. Fue así cómo y por qué la democracia nunca ha terminado de ser plena en España.

En otros lugares, donde sigue librándose una guerra, hay quienes deciden alejarse de la muerte para darse una oportunidad en la vida. Es la única forma que tienen de romper con la ley del miedo.

* * *

Aquel día Eduardo Márquez pensó que había llegado su momento. Alguien abrió la puerta de su casa, que había convertido también en la sede de la Federación Colombiana de Periodistas, y el hombre con casco entró. Eduardo levantó la mirada del ordenador y con la pipa en los labios volvió el cuello a la derecha. Encima de su cabeza había un cuadro horizontal de más de un metro de largo. Gran parte estaba pintado de rojo; en el centro, tres círculos de tamaño creciente de izquierda a derecha. Tenían algo de marciano: su exterior era de un verde pistacho que se iba transformando en un amarillo casi blanco en el centro. Era una pintura de una amiga artista que había retratado así el proceso de la fecundación de un óvulo. Él lo explicaba entre risas, pero todo era exquisito en la casa oficina de Eduardo y todo lo contaba con retruécanos que hacían inolvidable cualquier anécdota. El hombre metió su mano en la bandolera y Eduardo se preguntó cómo habían podido ser tan imbéciles. Así había sido con muchos de sus colegas, como contaba en las notas de prensa que se distribuían por todo el mundo: cuando iban en un coche o en moto, cuando llevaban a su hijito al colegio o cuando abrían la puerta sin preguntar, aparecía alguien en moto o con el casco aún colocado, sacaba la pistola y le disparaban. Ya está, no hace falta nada más para silenciar a alguien molesto, desgarrarle el alma por el dolor a quienes lo amaban, sembrar el terror entre sus colegas, acabar con el ejemplo de su valentía. El hombre sacó un paquete y dijo su nombre, y Eduardo rompió en carcajadas y le dijo que se quitara el casco, «hombre», que si no veía que así podían creer que los iba a matar.

Esa era la Colombia del presidente Álvaro Uribe Vélez, en la que aprendí de mis colegas que ser periodista en buena parte del mundo era no dar jamás la vida por sentada. Y alguien que lo sabía bien era Márquez. Tras una brillante trayectoria reporteando sobre la guerra en la selva, dejó aparcado el cuaderno de notas y se puso a organizar la defensa de sus colegas. Entre los años noventa y 2010, fueron asesinados, al menos, ciento nueve periodistas, en su inmensa mayoría, por paramilitares y agentes del Estado colombiano, según la Fundación Libertad de Prensa. Los más vulnerables eran los que trabajaban en las zonas rurales o más apartadas de Bogotá y de Medellín, donde muchos de los colegas tenían que conseguir publicidad para poder alquilar espacios en las emisoras de radio. Todo con tal de poder cumplir con su cometido. La independencia periodística era interpretada por la extrema derecha que llenaba el país de fosas comunes como afinidad con las guerrillas de las FARC (Fuerzas Armadas Revolucionarias de Colombia) y el ELN (Ejército de Liberación Nacional). «Terroristas de derechos humanos» llamó el expresidente Uribe a los informadores, activistas y líderes sociales que defendían la Declaración Universal.

Especialmente en ese periodo, los periodistas eran más que conscientes de que mantener la coherencia entre lo que decían y lo que hacían no solo les podía costar la vida, sino que, de darse, la muerte podría ser un alivio tras horas de torturas, mutilaciones y vejaciones. Tenían miedo a morir, pero, como decía Carmina Bascarán, tenían tan clara su responsabilidad —en este caso, como informadores para alcanzar algún día la paz— que el miedo quedaba atrás, que no permitían que el miedo secuestrase su vida, que entendieron que no merece la pena dedicar la vida a defender la justicia y la libertad si el coste es terminar siendo cautivos del miedo.

Pero esta entrega sin fisuras a una causa corre el riesgo de desembocar en el mesianismo, de convertir una lucha justa en quijotería solitaria y egoísta, y de que sus promotores terminen creyéndose únicos e insustituibles. Desgraciadamente, el reporterismo y el activismo están llenos de personas que en nombre de lo mejor para la humanidad se comportan de manera miserable en el plano individual. No fue el caso de Eduardo Márquez, quien tras años poniendo cara y voz al exterminio de los periodistas en Colombia, dio paso a otros portavoces y se trasladó a vivir en el campo para dedicarse a su otra gran pasión: dar clases de taichí. A Márquez no lo retiraron las amenazas de muerte, sino el temor a que se le pasara la vida sin disfrutar de su lado luminoso, sin demostrarse que también podía sembrar concordia y paz desde la cotidianeidad y no solo desde el púlpito de la tragedia y el sepelio. Desde entonces, como él dice, se ha convertido en un neocampesino opinador: cultiva una tierra que le ha hecho interesarse cada vez más por la crisis climática, y escribe artículos con un argumento en común: la urgencia de construir consensos básicos que posibiliten el diálogo entre quienes piensan distinto. Solo cuando se destierre la idea del «enemigo» para verlo como «rival» habrá una posibilidad de que acabe la guerra, insiste, en un país en el que tras los acuerdos de paz con las FARC de La Habana los paramilitares asesinan a más civiles que nunca.

Como ecologista, Márquez se distanció de la muerte para reencontrarse con la vida, ocupándose de un futuro en el que él ya no estará. Pero sí su hija, también periodista, a la que ama y con la que comparte una camaradería muy particular. «Cuando era aún bebé, su madre se fue a clase porque seguía estudiando en la universidad. Le entró hambre y se puso a llorar. No encontraba forma de consolarla, así que la puse en el pecho pensando que, lo mismo, chupar del pezón la calmaba. Nunca sentí dolor igual que el que me provocó con el bocado que me dio. Ahí me hice irremediablemente feminista», me contó, entre carcajadas, con esa alegría tan impagable de quienes se toman muy en serio a los demás y poco en serio a sí mismos. Como decía Bob Pop en aquella entrevista, «sobran chistes y chistosos, y falta humor. El humor tiene que ver con la inteligencia y sirve para explicar que las cosas no son como son, sino que hay muchas formas de verlas y leerlas».

El humor es una gran herramienta para mantener los miedos bajo control.

※ ※ ※

Festus encontró la salida a su laberinto cuando aceptó que era por la puerta de entrada. Tras quince años probando suerte en distintos países europeos, el activista nigeriano creyó que por fin había encontrado su sitio en Suecia. Ya no aspiraba a encontrar un empleo de geofísico, ni de nada que requiriera formación universitaria. Había comenzado a trabajar como albañil cerca de Estocolmo por un sueldo digno que le permitiría alquilar una habitación y ahorrar para, algún día, vivir solo. Por fin. Pero antes de que todos esos condicionales se materializasen, ya estaba encerrado en una cárcel para inmigrantes en situación administrativa irregular. Tras varias semanas esperando ser deportado a España, el lugar en el que había solicitado y le habían denegado el asilo, preguntó si asumirían el coste de enviarle de vuelta a casa, a Nigeria. «No podía más, llevaba tantos años sintiéndome deshumanizado que terminé por sentirme una mierda. No sabía quién era yo ni para qué había luchado tanto. Y, de repente, me sentí demasiado cansado para seguir intentándolo. Pedí volver, fue como saltar dentro del fuego, podía ser un suicidio, pero ya me sentía muerto».

Festus había pasado quince años intentando aportar a las sociedades de los países en los que iba probando suerte, buscando por todas las vías posibles el modo de regularizar su situación, ocultándose de forma permanente para evitar su deportación. Así que cuando aterrizó en Abuya, se subió directamente en un autobús que lo llevaría de vuelta al norte para volver a empezar en su región. «Pero allí están los de Boko Haram, matan todos los días y yo ya no tenía fuerza para implicarme para mejorar la situación». Se mudó al oeste, donde no era extranjero, pero donde tampoco lo conocía nadie. Y experimentó una resurrección. «Llevaba años sintiéndome viejo, con el tormento de que se me acababa el tiempo y que eso era todo lo que iba a vivir. Y, entonces, me casé y tuve dos hijos. De repente, me encontré con una vida por estrenar». A esa nueva vida ya le han salido arrugas —un divorcio, una pandemia, el desempleo...—, pero sostiene que ya no se siente la personificación de la teoría del fin de la Historia, aunque le sigue persiguiendo la sensación de soledad. «He estado tanto tiempo tan profundamente solo que me cuesta salir de mí, sentirme de alguna manera en comunidad».

Me dijo esto en pleno confinamiento por la pandemia, cuando, por primera vez, el planeta entero se quedaba suspendido durante semanas por el miedo a enfermar y a la mortalidad. Porque igual que Bob Pop sintió que el mundo se acompasaba al ritmo al que a él le obligaba su enfermedad, las potencias mundiales, durante al menos unos días, se sincronizaron en su impotencia con los países empobrecidos y expoliados, habituados a mermas regulares de su población por epidemias y enfermedades erradicadas en otras latitudes del mundo.

Los imperios también se sustentan en una supuesta meritocracia y para perpetuar esa idea han de transmitir el mensaje, hacia el resto de las naciones y hacia su propia población, de que son pueblos que han demostrado su supremacía a través de su papel en la historia, de su cultura, de su tradición. Occidente conserva ese espíritu imperialista y parte de toda la violencia que ejerce contra las personas pobres y contra las migrantes y refugiadas son los coletazos de la bestia ante su desmoronamiento. «Vivimos una decadencia que podría ser la causa de la ansiedad colectiva que se ha apoderado del país, de los miedos y la furia, de lo que es una confusión desesperada», escribía la periodista Suzy Hansen en *Notas desde un país extranjero* (DeConatus, 2020).

Y para ocultar esa decadencia, el neoliberalismo ha creado el espejismo de la eterna juventud. Una sociedad que oculta y desdeña no solo la ancianidad, sino también la adultez. La publicidad, las televisiones generalistas, el cine y las series *mainstream* dibujan todos ellos un mundo en el que, a menudo, si hay protagonistas que superan los cuarenta años es porque parte de su papel tiene que ver con su edad. La juventud se ha instaurado en nuestra sociedad como la medida universal y como el estandarte de la belleza, el brío y la salud. Su desenlace es el principio del final: la fealdad, la vejez, la enfermedad y la muerte. Pero la realidad es infinitamente más compleja, por eso hay que ocultarla, para que el eslogan siga funcionando y vendiendo.

Todas y todos somos interdependientes, es decir, para sobrevivir dependemos de los cuidados que nos brindan otras personas en diferentes etapas de nuestra vida —ya sea durante nuestra infancia, durante nuestra vejez o en cualquier otro periodo por enfermedad—. Y todas, en todo momento, somos ecodependientes: nuestra existencia es posible gracias a los recursos naturales que extraemos de la naturaleza. Los seres humanos somos radicalmente frágiles y vulnerables, y nuestra excepcionalidad como especie es haber sido capaces, a la vez que nos masacrábamos periódicamente, de desarrollar y entender el valor de la creación artística y cultural, y de habernos dotado de normas que reconozcan los derechos fundamentales. Por eso, para ahondar en la consecución de una vida digna y plena, en condiciones de igualdad y justicia social, habría que diseñar políticas guiadas por la única teoría que conjuga ecología y feminismo, el ecofeminismo. En palabras de la antropóloga Yayo Herrero, una de las pensadoras ecofeministas españolas más destacadas, este cuerpo teórico a la vez que movimiento social trata de «la defensa de la tierra y de un proceso emancipador de mujeres que se presentan y se configuran como agentes clave para defender y proteger la vida». En definitiva, subraya, «poner en el centro lo que es necesario para sostener la vida». Y la decencia de una sociedad también se define por cómo concibe y se relaciona con la última etapa de la vida, la vejez.

«La vejez es terrible, es una cosa muy dura», me dijo Luis Acebal en una de nuestras comidas. «Hoy me duele la pierna y me he olvidado el paracetamol. Pues me aguanto. Yo opté por ser un viejo simpático y es horrible ver que hay gente que envejece muy mal, que se va estropeando humanamente, que se avinagran, que se encasquillan, que no aprenden nada, como si por ser viejos estuvieran libres de aprender cosas».

En efecto, la vejez puede ser una etapa terrible. El cuerpo se deteriora, duele y raramente está libre de enfermedades. Es habitual que algunos o, incluso, todos los miedos abordados en los anteriores capítulos afloren o se intensifiquen ante la mayor de las incertidumbres y de los desconciertos: la muerte.

Desde los medios de comunicación, la publicidad y buena parte de la ficción, se ha fomentado una imagen bucólica e infantilizada de los ancianos y ancianas. Además, se les ha homogeneizado como un grupo que responde a la figura metafórica del abuelo y la abuela: seres sacrificados, resignados, sumisos y discretos, siempre al servicio altruista y gratuito de las necesidades de la familia. Por el contrario, lo que yo me he encontrado en parte de las entrevistas que he realizado a personas mayores es, además de la misma diversidad que en cualquier otro segmento de edad, un resentimiento por haber sido expulsados de un mundo que, parecía decirle desde todos los altavoces, ya no es el suyo, ya no es «el de sus tiempos». A la vez, la brecha digital, la aceleración de la producción de conocimiento y el febril ritmo de los hechos noticiosos dificultan, como hemos visto, la comprensión de unas claves que perciben cada vez más lejanas. Envejecer en términos psicoemocionales es exactamente eso, la paulatina pérdida de interés por el mundo que te rodea. De ahí que una de las mejores formas para frenar esa tendencia a la desconexión sea dejarse guiar por el verso de Rimbaud: «Hay que ser absolutamente moderno». Por eso, como defiende la periodista Maruja Torres, hay que aspirar a estar siempre en la vanguardia o, al menos, esforzarse por entenderla. Porque la innovación proyecta un futuro en el que se quiere participar o influir; de alguna manera, estar.

La nostalgia tiende a ser reaccionaria y para amar la vida hay que creer en la posibilidad de contribuir a un futuro mejor. De ese empuje se alimentaban las ideas progresistas y por esa falta de capacidad de vislumbrar un horizonte esperanzador las izquierdas no terminan de redefinir políticas del siglo XXI, mientras los populismos de extrema derecha se aúpan mirando al pasado. Pero, como escribía en *Inquietudes bárbaras* García Montero, «la palabra futuro tiene a veces el peligro de los vacíos solemnes y de las utopías que se muerden la cola para hacer imposible la dignidad del presente». Y es que, como explica Bob Pop, esta visión apocalíptica no es casual: «Igual que han conseguido que la verdad sea demasiado compleja para entenderla, han logrado que no queramos participar en un futuro que resulta demoledor. El éxito de la extrema derecha también tiene que ver con que los partidos autoritarios nos dicen que se van a hacer cargo de un mundo que se va a la mierda, que alguien tendrá que hacer el trabajo sucio y que, por supuesto, tendrán que ser los machos alfa, que siempre asumen esa responsabilidad. Nos ofrecen trabajar como sus peones, pero no nos cuentan que en realidad trabajan para el gran capital, el gran beneficiario de todo esto. Nos han convencido de que el futuro no va a tener nada bueno para nosotros en ningún ámbito para que nos desentendamos de él. Y, claro, no querer participar en nuestro futuro es una definición clara del suicidio».

La psicóloga y gerontóloga Anna Freixas, autora de *Yo, vieja* (Capitán Swing, 2021), recuerda cada vez que tiene la oportunidad que «tenemos que tratar la vejez como algo que forma parte de la vida, es un proceso natural y deseable, porque lo contrario es que te has quedado por el camino». Pero, sobre todo, ha dedicado parte de su trabajo a denunciar el edadismo —es decir, la discriminación que sufren distintos colectivos por su edad— y el paternalismo con el que, a veces, tratamos a las personas ancianas. Y me incluyo porque yo misma incurrí en esa actitud deleznable en un artículo que escribí sobre el recorte de derechos fundamentales que había sufrido este grupo de población durante los meses de confinamiento. Me referí a ellos como «nuestros mayores», un término popular que reproduje acríticamente y que, como me hizo ver Freixas en un comentario, denota un sentimiento de superioridad intolerable. Si a algo nos debería enseñar el escribir para el escrutinio público es a nunca dar por sentada una palabra; menos aún, las expresiones y frases hechas. Suelen estar preñadas de tiempos pasados que, hasta el momento, siempre fueron peores para las mayorías sociales.

La vejez es la culminación de un proceso que iniciamos en cuanto entramos en la etapa adulta y a cuya investigación las grandes fortunas están destinando cantidades multimillonarias. El alargamiento de la juventud e, incluso, la inmortalidad es uno de los negocios en los que más están invirtiendo los magnates de las grandes corporaciones tecnológicas. En 2013, el cofundador de Google Larry Page creó Calico Labs. Fichó a científicos de élite con salarios millonarios para que investiguen la reprogramación molecular con el fin de alargar la esperanza de vida. Las perspectivas deben de ser halagüeñas dado que, en 2021, Jeff Bezos, creador de Amazon y la persona más rica del mundo —con una fortuna superior a los 164.000 millones de euros— y Yuri Milner, que debe sus más de cuatro mil millones de euros a Facebook y Mail.ru, crearon Altos Lab con el mismo objetivo: la búsqueda de la inmortalidad.

La esperanza de vida está claramente determinada por la pertenencia a una u otra clase social, incluso dentro de un mismo país. En España, la diferencia de la media de edad entre los habitantes de uno de los barrios más empobrecidos de Madrid, Amposta, y uno de los más ricos, El Goloso, es de diez años: de vivir 78,4 años a 88,7, respectivamente, según un estudio elaborado en 2019 por el Ayuntamiento de Madrid con la Universidad Carlos III. Vivir una década más o menos es quizá el indicador más incontestable de la injusticia radical que entraña la desigualdad. Y todos los factores apuntan a que esta brecha se va a acentuar en los próximos tiempos: vivir más años y con mejores condiciones va a ser cada vez más un privilegio de los más ricos, mientras las clases bajas y medias se verán gradualmente más debilitadas por el encarecimiento del precio de los alimentos —según la ONU, la pandemia provocó que, solo en 2020, subiesen un 30 por ciento de media—, las consecuencias de la crisis climática y al aumento de la contaminación, el alargamiento de las jornadas laborales de los trabajos más precarios, cuyas condiciones enferman física y psicológicamente, e imposibilitan los autocuidados y la práctica de ejercicio. Eso en los países del norte global, porque en los más pobres, la minoría privilegiada puede atender a todas estas cuestiones mientras la gran mayoría tiene que dedicar buena parte de su tiempo a buscar cómo sobrevivir o, directamente, cómo evitar morir.

※ ※ ※

«Cualquier noche van a venir y nos van a cortar la cabeza a todos. Están entre nosotros, en esas chabolas de refugiados. Algunos vienen ocultos entre ellos cuando huyen, otros han nacido aquí. Nos odian porque no tienen nada, porque son pobres y saben que no tienen posibilidad de dejar de serlo». Lo dijo mirando por la ventana a los centenares de casuchas que parecen agarrarse con las puntas de los tablones a las colinas del golfo de Mozambique, donde se libró la batalla de Madagascar, una de las más largas de la Segunda Guerra Mundial. María, cuyo nombre real omito por razones de seguridad, se siente cada vez más cercada por el enemigo, pero habla de ellos sin rencor. Entiende sus razones para haber acabado abducidos por el odio. Pero entender no serena cuando lo que está en juego es la propia vida. «Antes de atacar y sitiar Mocimboa da Praia en 2017 avisaron. Y cumplieron. Con Palma llevaban semanas anunciando que terminarían tomándola. Y en Pemba ya han dicho que entrarán en breve. Pero ¿adónde vamos a huir?».

Hacía tres semanas que el Estado Islámico había cometido su atentado más mortífero en África hasta el momento. En marzo de 2021, tres grupos terroristas que se habían integrado recientemente en el ISIS tomaron la ciudad mozambiqueña de Palma, en la que la petrolera francesa Total desarrollaba la inversión más importante de toda África: veintidós mil millones de euros para la construcción de una planta de extracción de gas natural.

Durante las dos semanas que los yihadistas mantuvieron el asalto de la ciudad, saquearon comercios, quemaron casas y asesinaron y decapitaron a varios centenares de personas. Mientras, más de cincuenta mil almas protagonizaban un éxodo de tintes bíblicos. Unas, a pie, durante días, sin comida y deshidratados, a través del monte; otras, en barcazas, de las que se bajaban cuando se acercaban a la orilla niños, niñas, mujeres y hombres, espectros esqueléticos que parecían andar sobre las aguas tras sobrevivir a las siglas que se han convertido en la encarnación del mal del siglo XXI: ISIS. Las imágenes se repitieron durante varios días en los informativos de todo el mundo, hasta que la efervescencia del interés noticioso se disipó y dejaron de enfocar a las familias de desplazados, que seguían llegando a Pemba, la ciudad que los fundamentalistas señalaron como su siguiente objetivo.

En la capital de Cabo Delgado, la región más pobre de uno de los quince países más pobres del mundo, sus habitantes sabían que en cualquier momento se podía acabar todo. Más de doscientas mil personas para las que, en su mayoría, nada había cambiado porque nada podía cambiar. Cuando se subsiste al día, hay que seguir saliendo a conseguir el arroz, cultivar la planta de maíz, lavar la ropa, mientras se espera el zarpazo de la calamidad. El miedo solo puede paralizar cuando nadie depende de ti o cuando hay otros que se encargan de garantizar tu integridad. Por eso, si se cumple la amenaza, si los combatientes del Estado Islámico toman Pemba, los que no logren escapar tendrán que jugarse la vida para buscar el pan. Vivir con razones objetivas para tener miedo a morir es la realidad diaria de decenas de millones de personas en el mundo. De hecho, buena parte de la población mundial convive con la posibilidad real de la muerte propia en cualquier momento e intentando olvidar todo el tiempo que esa posibilidad incluye a sus seres queridos. Que sea probable no la hace menos grave ni traumática, simplemente, más palpable. Y más visible.

Y, por el contrario, en países enriquecidos como España, con una de las tasas más bajas de criminalidad y homicidios del mundo, es donde más se oculta y se evita la cuestión de la muerte. Como si por no verla dejase de existir o si por poner muchas cámaras de seguridad le fuésemos a tener menos miedo. En mi experiencia, que la muerte forme parte de la vida cotidiana y se trate con naturalidad es saludable.

De pequeña, todos los sábados, mis padres, mis hermanas y yo íbamos a visitar a mi abuela y a mi abuelo a Casares, un pueblo blanco de unos tres mil habitantes de la serranía malagueña. Allí existe la superstición de que, cuando los buitres sobrevuelan las ruinas del castillo desde el que los árabes controlaban los cientos de kilómetros que van del estrecho de Gibraltar a Ronda, alguien está agonizando. En realidad, las probabilidades de que alguien se esté muriendo suelen ser altas, teniendo en cuenta el envejecimiento de su población por el éxodo rural y que la leyenda no establece un plazo máximo entre la aparición de las aves y la defunción. Pero recuerdo la normalidad con la que escuchábamos a los adultos decir que alguien se estaba muriendo y cómo confirmaban su sospecha si sonaban las campanas de la iglesia. Alguien se asomaba entonces al balcón y esperaba a que pasara algún vecino o vecina para preguntarle quién era el difunto. Pocas horas después, los mayores se turnarían para ir al velatorio mientras una de las mujeres se quedaba a nuestro cuidado.

En verano, solía pasar una semana con ellos. Los viernes, mi abuela me llevaba al cementerio, a pesar de que sabía que mi madre hubiera preferido que hiciéramos cualquier otra cosa. Era muy graciosa cuando intentaba deslizar, de las maneras más peregrinas, que no se lo dijera. A mí, lógicamente, me gustaba tanto guardar secretos con ella como hacer cualquier actividad propia de los adultos.

El rito comenzaba en el mercado, donde siempre elegíamos las flores de los colores más chillones. Subíamos las cuestas, yo siempre quejándome de a quién se le ocurrió construir un pueblo en un risco, y ella haciendo gala de sus gemelos de hierro. Después, tocaría limpiar el nicho, tirar los ramos marchitos y colocar los nuevos tras grandes debates sobre cómo quedarían mejor. Acabada la tarea estética, dábamos un paseo por los distintos pasillos repasando la limpieza de las tumbas de mis abuelos, bisabuelos y algún conocido de ellos. Cuando nos llegaba el mal olor, mi abuela daba media vuelta y dábamos por acabada la excursión. Solo una vez me tuvo que explicar la razón.

Cuando fue mi abuela la que murió, no pude ir a su entierro porque me encontraba en Guatemala. Tenía veinticuatro años y en aquel momento agradecí enormemente haberme ahorrado el trance: prefería conservarla viva en mis recuerdos. Cuando murió mi abuelo, conduje doce horas hasta llegar a su casa. La calle estaba llena de personas, cuyos rostros no recuerdo, que me daban el pésame mientras yo avanzaba. En el salón, donde había pasado encamado sus últimos meses de vida, se encontraba el ataúd. Alrededor, mi madre, el resto de sus hijos y nietos. La estancia era pequeña, así que pasamos toda la noche sentadas con nuestras rodillas rozando el féretro, mientras su gata maullaba desesperadamente en la planta superior de la vivienda. Ahí entendí la función del velatorio: disponíamos de todas esas horas en casi total silencio para asentar el pensamiento de la pérdida, o como lo tituló magistralmente Rosa Montero, «la estúpida idea de no volver a verte». Y, también, para que la comunidad pudiera visibilizar el pesar por su muerte, representar una especie de reconocimiento póstumo a uno de sus miembros, lo que, descubrí, aporta consuelo a algunos familiares.

El rito continuó con la llegada, por la mañana, de dos trabajadores de Santalucía, «el seguro de los muertos», como lo llamaban mis abuelos y todo el mundo en el pueblo. Los había visto pagarlo toda su vida, en efectivo y a domicilio: un agente venía una vez al mes y, puerta por puerta, iba cobrando por plazos el sueldo de esos dos hombres trajeados, el ataúd, el traslado hasta el tanatorio, los cafés que allí nos servirían, la incineración.

Y así llegó, para mí, el momento clave de la cuestión. Me pidieron que fuese yo la encargada de ir a buscar la urna al día siguiente. Recoger las cenizas de alguien es una especie de acto de fe: un desconocido te alarga una pequeña bolsa de plástico y te dice que contiene alguien que ha determinado tu vida o, incluso, por quien darías la tuya. Me confundió la sensación de inesperada ligereza en el brazo; el desconcierto de mi bíceps, preparado inconscientemente para cargar con ochenta kilos, y encontrarse, de repente, inútil ante la liviandad. La muerte es una idea que no encuentra asidero en el raciocinio: flota como un globo infantil de helio, siempre a punto de salir volando y perderse en las alturas. Al principio, recuerdas constantemente la muerte del ser querido porque es la única forma de convencerte de que ya no está y de que nunca volverá. No es un tic emocional, es pragmatismo. Puro y duro. Ante la falta de una prueba física que te lo demuestre continuamente, es el pensamiento recurrente el que cumple la función de validar el hecho.

Por eso, durante las primeras semanas de estado de alarma en España, una serie de periodistas insistimos en que era fundamental que se nos permitiera documentar la muerte provocada por la pandemia. Solo así, buena parte de la población tomaría conciencia de la gravedad de la situación y de la importancia de cumplir con el confinamiento, el distanciamiento social y todas las medidas de prevención necesarias. Sin embargo, al principio, resultó prácticamente imposible acceder a los hospitales, a los cementerios y a los tanatorios. Frente a las imágenes que nos llegaban de Italia o Francia, en España había un bloqueo unánime por parte de las instituciones a la prensa para impedir que se mostrasen a las personas intubadas, los féretros acumulándose en las morgues o los enterradores metiendo ataúdes en las tumbas en la más absoluta soledad. El Gobierno había adoptado un discurso marcial para combatir el virus y, por tanto, como todos los generales de un Ejército en guerra, impuso todos los obstáculos posibles para evitar que se vieran las bajas en combate. Y puesto que la población era tratada como la tropa a la que hay que mantener la moral alta, una parte reaccionó con furia cuando los periodistas exigimos nuestro derecho y deber de informar y mostrar los estragos causados por la mayor crisis sociosanitaria de, al menos, el último siglo.

El 28 de marzo, dos semanas después de que se hubiese declarado el estado de alarma, publiqué un artículo titulado «¿Por qué es imprescindible documentar la situación de los hospitales con el COVID-19?». En él explicaba los riesgos de asumir el principio de la propaganda bélica de restringir el derecho a la información en defensa de supuestos fines superiores, como la salud; el paternalismo adoptado por el Estado para decidir qué estaba preparada su ciudadanía para saber y qué no; la desconfianza que sembraban las instituciones sobre nuestra ética profesional, basada en un código deontológico que defiende el derecho a la intimidad y al honor, y, por último, el daño que estaban infligiendo a nuestra memoria histórica: sin imágenes no tendríamos pruebas testificales de lo ocurrido y, como bien están demostrando los negacionistas de distintas causas, incluido el Holocausto, sin fotografías y vídeos les sería mucho más fácil sostener sus arbitrarias y fantasiosas teorías.

En las primeras horas, el artículo despertó en algunas personas reacciones iracundas. Me acusaban de falta de sensibilidad, de afán de morbo e, incluso, algunos tuiteros escondidos tras seudónimos me avisaban de que, de encontrarme en un hospital, me sacarían de allí a patadas. El miedo provocado por la pandemia había exaltado la crispación que ya vivíamos previamente. Pero, con el paso de las semanas y el colapso del sistema sanitario, fueron los propios trabajadores y trabajadoras del sistema público de salud los que pidieron que se mostrase la dimensión de la tragedia, y en el caso de las residencias, sus trabajadoras las que reclamaron que se diese testimonio de su soledad frente a la muerte masiva de sus usuarios. Esa es la regla habitual: son precisamente quienes están viviendo o asistiendo a una injusticia quienes reclaman la presencia de periodistas. Pese a todo: pese a la merecida crisis de credibilidad que sufrimos, pese al sensacionalismo, a la manipulación, a la simplificación... Son quienes se sienten abandonadas, ninguneadas o maltratadas por el Estado quienes conservan la esperanza de que, si la comunidad conoce lo que están pasando, los responsables de su situación no tendrán otra alternativa que hacer algo para remediarlo. En la mayoría de las ocasiones no es así, y la indecencia sigue guiando su acción. Pero el hecho de que, cuando todo se desmorona, la ciudadanía tenga tan clara nuestra función debería ser razón suficiente para que nosotros, los periodistas, nunca la olvidemos.

En aquellas primeras semanas de confinamiento, al recorrer las calles, carreteras y aeropuertos vacíos, me encontré varias veces en el mismo estado en el que te deja estar viajando por el desierto. Cuando llevas horas conduciendo, en silencio, entre dunas, hay un momento en el que el viaje pasa a ser hacia dentro. La monotonía del paisaje hace que este se transforme de objeto a espejo de nuestra mirada. Y el reflejo que nos devolvía la mirada de nuestra sociedad en aquellos días era de un miedo atroz a que se nos hubiese acabado nuestro tiempo. Es lógico que muchos convirtieran su deseo de que de aquella pandemia saldríamos «mejores» en una especie de mantra. Cuando se decretó el confinamiento en Italia, antes que en España, lo primero que pensé fue en lo difícil que sería para esos padres y madres que, por fin, durante unos días, iban a poder desayunar y almorzar con sus hijos e hijas, tener que volver después a su vida expropiada por horas estériles en el traslado y en la permanencia en sus puestos de explotación. Era lógico pensar que, superada la pandemia, la clase trabajadora se rebelaría contra el sistema neoliberal o que el sistema neoliberal se contendría para evitar la reactivación de las protestas ciudadanas que se sucedieron hasta marzo de 2020. La modernidad, con la industrialización y la robotización de la economía, había prometido un aumento de la prosperidad y una reducción de la jornada laboral. Exactamente lo contrario que lleva ocurriendo desde, al menos, el crac de 2008.

En el último siglo, en los países europeos en general y en España en particular, hemos ganado cuarenta años de esperanza de vida. Entre 1910 y 2010, en solo cuatro generaciones, los españoles y españolas hemos pasado a vivir el doble de tiempo de media. No hay avance comparable en la historia de la humanidad. Y de mantenerse la tendencia actual, la mitad de los niños y niñas que están naciendo ahora cumplirán, al menos, los cien años de edad.

Y, sin embargo, hay una sensación generalizada, cierta o no, de que nunca como hoy nos ha faltado el tiempo, de que vamos con retraso desde antes de despertarnos, de que se nos acumulan las tareas pendientes y de que la carga mental cada vez será mayor porque nunca pondremos la lista a cero. La vida cada vez nos pesa más y cada vez nos sabe a menos. Cuando no es la precariedad o la pobreza, son las altas expectativas, el miedo a una vida que, en comparación con lo que nos muestran los medios de comunicación y las redes sociales, podría ser considerada insatisfactoria o vulgar, la autoexigencia y la autoexplotación y, a menudo, todo a la vez. Un cóctel que, como mínimo, está diseñado para provocar crisis de personalidad y de ansiedad.

Vivimos en una era de barbarie política que ha implantado un modelo socioeconómico que, como buen maltratador, nos enferma con su mensaje recurrente de que no somos suficiente para él y de que tenemos suerte de que nos siga dando oportunidades. Así es para los que no tienen posibilidad de elegir y son forzados a aceptar la explotación para sobrevivir. Así es, cada vez más, para los que trabajan en sectores con prestigio social, como la academia o la cultura, pero con una baja remuneración económica. Esa falta de tiempo es la que explica también cuáles son los principales pesares de quienes saben la inminencia de su muerte.

«Lo que más le pesa a una persona sin hijos de mediana edad son las cosas que ya no podrá hacer: viajar, arreglar un enfado con un familiar, experiencias personales como escalar una montaña o tener una relación sexual determinada», me explica Martín Escandón, psicólogo de la Asociación Española contra el Cáncer. «En cambio, quienes tienen hijos menores o jóvenes, lo que más temen es perderse su vida, lo que ya no les podrán enseñar, decir o hacer con ellos. También suele preocuparles en qué situación económica les van a dejar. Tienen que solucionar en tres meses lo que pensaban hacer en quince años», me cuenta este profesional, que no tiene la sensación de trabajar con la muerte porque la mayoría de sus pacientes se curan.

«Y luego están quienes tienen la enfermedad en un estado muy avanzado, que no tienen calidad de vida y que ven la muerte como una salida, como una solución. Entonces, su preocupación es cómo se van a morir», me explica, con su serenidad habitual. «La muerte, como la verdad, está sobrevalorada, porque hay cosas mucho peores que la muerte. Se suele decir que lo peor es que a una madre se le muera un hijo. La realidad es que hay algo peor: que desaparezca», continúa, desmadejando la gravedad de los temas, como si, al convertirlos en un hilo por el que van discurriendo los argumentos, el peso de la lógica y de lo previsible los volviesen más asumibles.

Fue con este afán con el que comencé a escribir este libro. Cuando descubrí que buena parte de las historias que había contado como periodista estaban atravesadas por los grandes miedos de la historia, y que eran los mismos que están instrumentalizando los fundamentalistas de extrema derecha para blindar su poder político y económico, sentí la necesidad de diseccionarlos. Despertó en mí una curiosidad voraz convertirme en microscopio y repasar lo vivido con este nuevo prisma, que me permitiría ver detalles que, en su momento, me habían pasado desapercibidos. Escribir es, también, la oportunidad de vivir dos veces.

Era extraño. Siempre había pensado que ser periodista me estaba dando la oportunidad de conocer a personas de una valentía extraordinaria, que asumían todo tipo de riesgos porque no se resignaban a la vida que, supuestamente, les estaba destinada. Veía su rebeldía y me indignaba que, a menudo, fuesen retratadas como dóciles, sumisas, pedigüeñas: esa condición reduccionista de ser víctima y nada más que víctima. Pero no me paraba a desentrañar qué papel jugaba en ellas el miedo y qué mecanismos desarrollaban para seguir adelante, incluso con ellos de la mano. Hizo falta que la pandemia dejase el mundo en suspenso para que reparase en cómo los miedos, que siempre habían sido un instrumento político empleado por todos los tipos de regímenes, estaban ahora convirtiéndose en el andamiaje de la estructura de los gobiernos. Cada vez más, los líderes políticos anuncian sus decisiones como respuesta al contrario: para combatir, para prevenir, para contrarrestar, para blindar... Se está consolidando así una legislación defensiva que raramente amplía o ahonda en los derechos reconocidos hace décadas, sino que se presentan a la opinión pública continuamente en la cuerda floja, en medio de debates encarnizados sobre su supresión o rescate. Despertarse cada día en el mito de Sísifo agota y desmoviliza: el vaciado de políticas de justicia social de las democracias occidentales durante las dos últimas décadas del siglo XX las ha conducido, en el XXI, a tener que defender su razón de ser. Y en medio, la ultraderecha nos provoca continuamente para que caigamos en la trampa de volver a debatir sobre las razones por las que tenemos derecho al aborto libre y seguro, al matrimonio entre personas del mismo sexo o a la sanidad gratuita y universal. La dignidad y los derechos humanos no se debaten, se garantizan y se protegen. De lo contrario, avivamos una pugna tan estridente como las ventiscas de verano: eriza la superficie del mar sin afectar a sus corrientes profundas. Por debajo, como llevamos observando desde 2001 con la expansión de la doctrina del 11S, se ha ido instaurando una infraestructura política del miedo. En opinión de Patrick Boucheron y Corey Robin, autores de *El miedo. Historia y usos políticos de una emoción*, este andamiaje de control social está conformado por el aparato burocrático, las instituciones creadas para elaborar perfiles de potenciales sospechosos y llevar a cabo prácticas de vigilancia masiva, las agencias gubernamentales y la aprobación de un cuerpo normativo cada vez más restrictivo.

Son, precisamente, aquellos poderes que escapan del escrutinio y de la elección popular, el llamado «Estado profundo», los que están socavando desde dentro los pilares de las democracias liberales para secuestrarlas. El fascismo y el neoconservadurismo que vuelve con su agenda reaccionaria a los parlamentos de las democracias occidentales tiene como importantes aliados a parte de los miembros de la judicatura, de las fuerzas y cuerpos de seguridad del Estado, de las monarquías, de las agencias de seguridad nacional, de los consejos de administración de los medios de comunicación y de las grandes empresas que cotizan en la bolsa. Esta es la corriente de fondo que va transformando nuestras sociedades. Como recogía uno de los capítulos más reveladores de la serie *El cuento de la criada*, las señales están ante nuestros ojos en forma de un chorreo de noticias aparentemente sueltas, inconexas, puntuales. La protagonista, la publicista June Osborne, convertida en vientre de alquiler por la élite de la dictadura teocrática, así lo descubre cuando, durante uno de sus intentos de huida, se oculta en el edificio de la antigua redacción del *Boston Globe*. Al repasar los ejemplares de periódicos antiguos, se da cuenta de que «estabais ahí todo el tiempo, pero nadie se dio cuenta». En realidad, sí había quienes se habían dado cuenta, personas tan cercanas a ella como su propia madre. Una activista de los derechos humanos que durante años salió a la calle a manifestarse con sus compañeras y compañeros para denunciar el peligroso auge del fascismo y los recortes de derechos fundamentales. Como se ve en la serie, basada en la novela homónima de Margaret Atwood, la mayoría de la sociedad las trató como lunáticas, alarmistas y radicales izquierdistas hasta que, prácticamente, los fundamentalistas habían tomado la Casa Blanca. Pero mientras ellas eran criminalizadas, multadas y encarceladas por protestar, como va constatando June a medida que va pinchando recortes en la pared, en los medios se iban sucediendo las noticias sobre los «orígenes de Gilead» —como fue renombrado Estados Unidos—, la «estructura de poder», la «militarización» y los «recortes de derechos civiles».

La diferencia con esta distopía es que en la actualidad estamos más que avisados y que la mayoría sí sabemos qué están ahí, avanzando y normalizando su discurso de odio gracias a una maraña de miedos. Desde el terreno de la información, del activismo y de la ficción llevamos años alertando y siendo alertadas de su ofensiva, que para triunfar necesita del caos y de la confusión. De ahí mi necesidad de poner orden y nombre a los temores, y rostros, vidas y contextos a quienes los sufren, los enfrentan y los integran como unos elementos más de la vida. La doctrina del shock involucionista se nutre de la percepción de un estado de calamidad permanente y de la violencia con la que la economía castiga a la mayoría de la población. Si te dejas arrastrar por este clima de barbarie política, puedes terminar vencido por la impotencia y asumiendo el cinismo como agarradero emocional para la supervivencia. Así que necesitaba cribar los miedos hasta quitarles toda la paja, y con el grano resultante hacerme una cartografía sobre qué nos atenaza, por qué y quiénes se lucran de la fragilidad que nos provoca estar dominados por esta emoción.

Cuando me puse a escribir me di cuenta de que si mi propósito era entender lo que había observado y relatado hasta entonces, por honestidad, no podía excluirme de la narración. Siempre me ha rechinado el yo en el periodismo, me preocupa que los involucionistas lo utilicen para legitimar su campaña de desprestigio contra nuestro oficio, contra el valor incontestable de los hechos y contra la veracidad de la información. Los hechos son los que son y el periodismo honesto los recoge, los expone, los contextualiza y, en última instancia, los interpreta. Hay una gran diferencia entre admitir que en este proceso es inevitable que haya un sesgo de subjetividad, a negar la posibilidad de informar de manera independiente y veraz. Pero había otra razón por la que escribir desde el yo también me generaba pudor: temía que pudiera interpretarse como un ejercicio de vanidad. Ninguno estamos a salvo de las trampas al solitario que nos juega el ego, pero, en este caso, me hice visible en la narración buscando todo lo contrario. He sacado a flote quién era yo en cada momento, cómo me influyeron y transformaron esas historias y miedos porque entendí que ocultarme tras la voz de una narradora omnisciente me habría situado en un atril de superioridad intelectual y moral desde el que, supuestamente, gozaría de legitimidad para sentar cátedra. Tendría que ser muy necia para plantearme un libro sobre los miedos como quien afronta un informe forense del que extraer conclusiones.

Escribir sin esconderme detrás de ninguna careta —ni la de periodista, ni la de ensayista, ni la de docente— me ha brindado el mayor goce posible del ejercicio de la reflexión y la escritura: sorprenderme con mis propios pensamientos, contradicciones y dudas. Si hay algo que detesto son los discursos panfletarios, en los que las palabras y las ideas parecieran apretarse formando filas con un solo propósito en común: confirmar la idea con la que se empezaron a escribir. Pensar es exactamente lo contrario: es, física o mentalmente, escribir, reescribir, borrar y volver a escribir. Quería, además, que parte de ese proceso impregnase de alguna manera este libro, como una reivindicación en la forma del contenido. Frente a un ambiente en el que se agolpan las certezas hasta la asfixia, el reconocimiento del ejercicio consciente de la duda. Y tras incontables lecturas y entrevistas la única pista que he atisbado sobre cómo frenar a quienes se envalentonan viéndonos muertos y muertas de miedo es produciendo políticas del bienestar. Pero, en el proceso, he gozado del privilegio —porque se ha convertido en un privilegio— de destinar mi tiempo a hocicar en la complejidad y, en medio de la maraña de ruido y detrito, encontrar un par de ideas originales a las que, con gusto, darles vueltas y vueltas. Poder pensar durante la escritura de este libro me ha permitido entender lo más básico, la llama inicial y el rescoldo final, que han pasado del plano de las ideas a ser carne gracias a este viaje de vuelta por lo vivido, a este «volver con la frente marchita» que escribieron Carlos Gardel y Alfredo Le Pera en 1934, y que en mí resuena por la garganta de Estrella Morente.

Tengo miedo del encuentro
con el pasado que vuelve
a enfrentarse con mi vida.
Tengo miedo de las noches
que, pobladas de recuerdos,
encadenan mi soñar.
Pero el viajero que huye
tarde o temprano detiene su andar.

Hacía falta frenar para retomar el vuelo con la humildad de saber que para temer tenemos que estar vivas. Y que si hay un miedo que hay que respetar por encima de todos es el miedo a morir. Si el temor a la muerte no fuera radicalmente humano, probablemente, todas las historias que he contado no habrían existido: porque son historias de resistencia, de rebeldía, de lucha por la vida frente a quienes nos preferirían silentes, parados, muertas.

En mayo de 2020, tras dos meses de confinamiento y cuando aún no se podía prever que vendrían sucesivas olas de contagios de COVID-19, visité el tanatorio de Collserola, a veinte minutos de Barcelona. Ante el colapso de las morgues y de los hornos crematorios de Cataluña, el aparcamiento de este edificio de hormigón gris se había convertido en un depósito de ataúdes. Cientos de cajones de madera se extendían ante nuestra mirada, cada uno con sus calidades de madera y de adornos: el último signo de la clase social a la que pertenecían los difuntos que albergaban. Sus trabajadores seguían trabajando como si estuvieran gestionando cifras propias de un país en guerra: habían pasado de recibir una media de treinta y cinco personas fallecidas al día a doscientas.

Uno de quienes se movían por este espacio con diligencia y suavidad era el tanatopractor Jordi Fernández, quien se dedica desde hace más de veinte años a preparar a los fallecidos para que tengan la mejor apariencia posible durante el velatorio. Cuando le entrevisté, me sorprendió su serenidad y su disposición para hablar no solo de su trabajo, sino también de cómo lo vivía su entorno íntimo. Jordi tiene una voz suave, es cercano y cálido. Cuando habla, conjuga convicciones éticas con emoción. En aquella primera conversación, me sorprendió que no dudase en explicar, sin darse importancia, que había incumplido dos normas que, entendía, no tenían razón de ser. Una de ellas era la prohibición de mostrar, aunque fuese a distancia y con cristalera de por medio, las personas fallecidas por razones distintas a la COVID a sus familiares. Él y sus compañeros sabían cómo lastra el duelo la imposibilidad de reconocer al difunto. De hecho, los conductores de los coches fúnebres fueron sorprendidos más de una vez en los cementerios por familiares desesperados. Querían saber dónde habían ido a parar los restos de sus muertos. Otra ocasión en la que Fernández antepuso la humanidad al cumplimiento de las normas fue cuando una joven se coló en el tanatorio para rogar que le entregasen una medalla que llevaba colgada su abuela en el momento de morir. Quería conservar ese recuerdo. Jordi abrió la bolsa en la que se encontraba el cadáver de la anciana, le desabrochó la cadena y se la entregó. No olvida la mirada de agradecimiento que recibió.

En aquella conversación, Fernández me dijo que se encontraba bien, pero que no sabía si cuando todo pasase necesitaría terapia psicológica. En septiembre de 2021 volvimos a hablar. Me contó que la empresa para la que trabaja les ofrece terapia grupal una vez al mes y que le sienta bien. Que la única diferencia que percibe es que se siente «más tierno y que se sulfura con más facilidad». Pero este ablandamiento había comenzado antes. A Jordi le diagnosticaron un cáncer linfático hace seis años. «Estaba en la mejor etapa de mi vida: mi hija Sofía tenía cuatro años y mi hijo Álex, diez. Un día, en la comida, él me preguntó:"Papá, ¿te vas a morir?". Desde el principio había afrontado la enfermedad con la certeza de que iba a curarme, pero esa pregunta me desmoronó y me forzó a asumir esa posibilidad. Otro día, estábamos en el salón y escuchamos un ruido en el baño. Era mi hija. Se estaba rapando. Cuando le dijimos que qué estaba haciendo, nos respondió:"Yo quiero estar como tú, papá"».

Tras este recuerdo, Jordi se emociona y, en lugar de ocultarlo, lo reivindica. «He soltado estas lágrimas contigo y me he quedado muy bien». Por las manos de Jordi han pasado más de veinte mil personas fallecidas, muchas de ellas niños y niñas. «Esta mañana ha venido a elegir el ataúd la madre del crío cuyo padre secuestró y asesinó para castigarla. Ves esa escena y te sorprende que se intente ocultar la muerte, cuando está en todas partes». Pero él mismo es consciente del tabú que sigue rodeando a todo lo que supone un fallecimiento, por lo que aún no ha explicado a sus hijos a qué se dedica. Él y su mujer temen que pueda dar lugar a chistes y burlas en el colegio. «Convivir de manera tan íntima con la muerte me hace recordar continuamente que, en las posibilidades de cada uno, hay que aprovechar mientras se puede para ser feliz», me dice. Y sabe perfectamente que no se trata de un eslogan publicitario ridículo, sino de toda una corriente filosófica.

Durante el siglo XVIII tuvo una gran difusión la ética de la felicidad, de la cual, el texto más famoso que nos ha llegado hasta hoy es el *Discurso sobre la felicidad* de Madame du Chatelet, filósofa y científica francesa a la que le debemos parte de la divulgación de las ideas de Newton.

Pese a su posición privilegiada como aristócrata, se pasó buena parte de su vida exigiendo a sus colegas que dejasen de ningunear sus investigaciones por ser mujer y que las juzgasen estrictamente por el valor de sus aportaciones a campos tan diversos como las matemáticas o la reivindicación de la alegría. «Para ser felices debemos deshacernos de nuestros prejuicios, ser virtuosos, gozar de buena salud, tener inclinaciones y pasiones, ser propensos a la ilusión, pues debemos la mayor parte de nuestros placeres a la ilusión, y ¡ay de los que la pierdan! En lugar de hacerla desaparecer merced a la antorcha de la razón, tratemos de engrosarla». El mandato de esta intelectual es claro: que para que el conocimiento sirva a su función más honorable —la consecución de un mundo más justo, regido por el bien común y la dignidad— ha de preservar la llama de la pasión, el *eros* por el conocimiento y, por tanto, tomarse muy en serio el valor revolucionario y transformador de la alegría.

Como todos aquellos que viven de su trabajo en el campo, mi abuela se dejó el cuerpo y la salud produciendo ella misma el sustento de la familia: criar animales, cultivar, cocinar, limpiar, cuidar. Todas las horas del día, todos los días del año. Cuando le tocaba empezar a disfrutar de su casita en el pueblo, con la que había soñado toda su vida, de sus hijos ya criados, de sus nietos y nietas, se le mató su niño de dieciocho años. Y ella, durante un tiempo, se murió con él. Pero después, poco a poco, fue volviendo a la vida, al principio como una sombra, después, cada vez más, deslumbrándonos con su alegría.

La imagen que mejor define su carácter la grabé en mi memoria el día que la convencí para que jugáramos al tenis en una pista cercana a mi casa. Ni ella ni yo habíamos cogido jamás una raqueta, pero a mi padre se las habían regalado con una promoción y no se me ocurrió nadie mejor con quien estrenarlas. Y allí estaba ella: vestida con camisa, falda y medias negras, sus mocasines con un poco de tacón y las ligas clavándose en las rodillas, mientras daba raquetazos al aire para hacer feliz a su nieta de siete años. Según iban pasando los veranos —quienes crecimos en pueblos pesqueros medimos la infancia en veranos— fue sustituyendo, primero, el negro por el gris y el azul oscuro; después, por el blanco, y, finalmente, por los estampados florales de los colores más rabiosos. Para entonces casi llegábamos a los años 2000 y, aun así, hubo quien la criticó en el pueblo por vestirse de color habiendo perdido a un hijo. Pero mi abuela ya no atendía a esas minucias. Sabía que se le acababa la vida y que el dolor del desgarro nunca se suavizaría. Así que decidió sobrellevarlo yendo a mojarse los pies en la playa con su aparato de la diálisis, a bailar pasodobles con sus amigas en la feria de agosto y juntándose con nosotras para divertirse todo lo que pudiera. Hasta que la tortura del dolor de la enfermedad acabó con sus señas de identidad. Nada degrada tanto al ser humano como el dolor y por eso nunca lo deberíamos permitir.

Cuando mi abuela murió, tuve claro que su legado sería la alegría, la palabra que tengo tatuada en la muñeca de la mano con la que escribo. Porque urge recuperar la tradición de la ética de la felicidad, reconstruir una política que garantice las condiciones materiales, sociales y culturales para que las personas puedan, podamos, alcanzar vidas plenas, interesantes, emocionantes y apasionadas; con derecho al pan, por supuesto, pero también a las rosas, al vino y a los besos. Esa es la vía más eficaz para desenmascarar a las bestias. Un estado del bienestar que nos revitalice con su respaldo nos permitirá demostrar que sin su multimillonaria maquinaria destinada a producir odio, pobreza, frustración, mentira, manipulación, amenazas y enemigos, la ultraderecha y la derecha reaccionaria no solo son incapaces de producir miedo, sino incluso de dar miedo. Porque evaporado el humo y silenciado el ruido, comprobaríamos que no son más que las marionetas financiadas por las grandes fortunas y las transnacionales para distraernos con su histrionismo, mantener sus privilegios y seguir ensanchando la desigualdad.

A los cuatro o cinco años tenía una pesadilla recurrente. La Bruja Avería, uno de los personajes más reconocidos de la mítica serie infantil de los años ochenta *La bola de cristal*, se aparecía flotando en el cielo nocturno de mi pueblo. Con su melena de cables de colores y sus colmillos vampirescos, nos sobrevolaba y vigilaba a sus habitantes. Yo siempre me despertaba sobresaltada sin entender por qué su aspecto me generaba ese pavor. Era demasiado pequeña para entender el significado de algunas de sus frases más recordadas, como «¡Viva el mal! ¡Viva el capital!» o «Ponen mucho esmero los banqueros y los pobres sufren serios quebraderos». Pero ese es el miedo peligroso, el que crispa, paraliza y desborda porque solo sentimos su viscosidad, pero desconocemos su composición. En su ensayo *El eco de los disparos*, la escritora Edurne Portela explica por qué es fundamental atender al papel que juegan los afectos para entender el comportamiento de una sociedad, y también la importancia de generar desde el arte y la cultura afectos positivos, siguiendo la teoría de la ética de Baruch Spinoza: «Un afecto que nos lleve a un mayor conocimiento de quiénes somos y a una responsabilidad al adquirir ese saber, y con ello, un mayor conocimiento del mundo en el que vivimos, que hemos heredado y también creado a través de nuestras acciones».

Si algo he aprendido en este viaje de la mano de quienes saben que se puede ser muy valiente y tener miedo es que solo ha sido posible gracias a la enseñanza feminista que nos legó Lolo Alba, la guionista de *La bola de cristal*, una serie que condensó el empuje y el entusiasmo que produjo la ansiada llegada de la democracia y su promesa de justicia social:

Solas no podemos; con amigos y amigas, sí.

Una máxima que complementó el clamor que alumbró la ola feminista que terminó de explosionar en 2018:

Queremos ser libres, no valientes.

Ojalá ambas cosas, ojalá que pronto volvamos a permitirnos desearlo todo. Para todo el mundo. Para ya.

«Para viajar lejos no hay mejor nave que un libro».
EMILY DICKINSON

Gracias por leer este libro.

En **penguinlibros.club** encontrarás las mejores recomendaciones de lectura.

Únete a nuestra comunidad y viaja con nosotros.

penguinlibros.club